LIVROS DE OCORRÊNCIA:
(IN)DISCIPLINA, NORMALIZAÇÃO E SUBJETIVAÇÃO

EDITORA AFILIADA

Conselho Editorial de Educação:
José Cerchi Fusari
Marcos Antonio Lorieri
Marcos Cezar de Freitas
Marli André
Pedro Goergen
Terezinha Azerêdo Rios
Valdemar Sguissardi
Vitor Henrique Paro

Dados Internacionais de Catalogação na Publicação (CIP)
(Câmara Brasileira do Livro, SP, Brasil)

Ratto, Ana Lúcia Silva
   Livros de ocorrência : (in)disciplina, normalização e subjetivação / Ana Lúcia Silva Ratto. — São Paulo : Cortez, 2007.

Bibliografia.
ISBN 978-85-2491306-8

   1. Disciplina escolar 2. Livros de ocorrência 3. Normalização 4. Subjetivação I. Título.

07-4937   CDD-371.5

Índices para catálogo sistemático:

1. Livros de ocorrência : Escolas : Educação   371.5

Ana Lúcia Silva Ratto

LIVROS DE OCORRÊNCIA:
(IN)DISCIPLINA, NORMALIZAÇÃO E SUBJETIVAÇÃO

LIVROS DE OCORRÊNCIA: (in)disciplina, normalização e subjetivação
Ana Lúcia Silva Ratto

Capa: Estúdio Graal
Preparação de originais: Carmen T. S. da Costa
Revisão: Maria de Lourdes de Almeida
Composição: Dany Editora Ltda.
Coordenação editorial: Danilo A. Q. Morales

Nenhuma parte desta obra pode ser reproduzida ou duplicada sem autorização expressa da autora e do editor.

© 2007 by Autora

Direitos para esta edição
CORTEZ EDITORA
Rua Bartira, 317 — Perdizes
05009-000 — São Paulo-SP
Tel.: (11) 3864-0111 Fax: (11) 3864-4290
e-mail: cortez@cortezeditora.com.br
www.cortezeditora.com.br

Impresso no Brasil — julho de 2007

Saudações/Agradecimentos

A meus pais, Nadir e Luizinho (em memória, meu eterno amor), Loló, Tião, Gui e Rafa, Lígia, Marcio, Yve, Filipe e Ana Clara, Beto, Rose, Renata, Felipe e Chris, Victor e Mariana, pessoas da família particularmente presentes, ajudando e incentivando, sempre que necessário. Presto aqui uma homenagem destacada a Loló/Maria Luíza Silva Rossi, irmã querida, pois, além de tudo, foi uma leitora preciosa, estimulando e dando sugestões fundamentais na feitura do segundo capítulo deste livro. Dedico-lhe este capítulo.

A Zequinha/José Ferreira Lopes, companheiro paciente, amoroso e bem-humorado, o grande estimulador para que tentasse ingresso no doutorado da Universidade Federal do Rio Grande do Sul (UFRGS), quando eu pensava, por exemplo, em virar motorista de táxi.

Às pessoas com as quais tive contato na escola em que levantei os livros de ocorrência pesquisados, particularmente à pedagoga com quem fiz sucessivas entrevistas, pela enorme disponibilidade e atenção dedicadas.

A Alfredo Veiga-Neto, professor-orientador de meus estudos de doutorado, por suas aulas brilhantes e por tudo o que com ele aprendi, em especial sobre o pensamento de Foucault. Também por aceitar-me como orientanda, sem nunca ter me visto antes; e pelo músico talentoso que é — qualidade que pude presenciar em vários momentos —, algo que o constitui de múltiplas maneiras. Dedico-lhe especialmente o capítulo 3 deste livro.

A Jorge Larrosa, professor-orientador de meus estudos em Barcelona, pelas aulas também brilhantes e pela acolhida amiga na cidade. Dedico-lhe o último capítulo deste livro. E à Fundação Coordenação de Aperfeiçoamento de Pessoal de Nível Superior (Capes), tendo em vista o fundamental e constante apoio recebido através de bolsa de estudo no Brasil e na Espanha.

Às pessoas que fizeram parte do grupo de orientação do Alfredo na UFRGS durante meu "doutoramento", pelas contribuições, cumplicidade e companheirismo no caminho da pantanosa produção de uma escrita como esta.

Aos docentes da linha de pesquisa *Estudos Culturais em Educação,* especialmente a Rosa Maria Hessel Silveira, Marisa Vorraber Costa, Maria Lúcia C. Wortmann e Alfredo Veiga-Neto, um grupo "da pesada" e em constante expansão, pela competência, dedicação e importância no cenário da produção teórica educacional contemporânea do país. E a seus(as) orientandos(as) também, pelas muitas trocas durante as aulas e as reuniões da linha de pesquisa.

A Sandra Mara Corazza, Tomaz Tadeu da Silva, Carlos Bernardo Skliar, Rosa Maria Bueno Fischer e Marie Jane Carvalho, docentes de outras linhas de pesquisa, pelo convívio, leituras e discussões em sala de aula. Quero agradecer especialmente à Sandra, pois a participação em seu seminário — "Para uma filosofia do inferno na educação: estranhos, grotescos, bárbaros, selvagens [...] e outros personagens afins", ministrado no primeiro semestre de 2001 — foi decisiva para as provocações que fiz em termos dos cenários criminosos e pecaminosos através dos livros de ocorrência. Dedico a ela, também, o segundo capítulo deste livro.

Aos docentes que estiveram presentes na banca de exame final de minha tese de doutorado, pela leitura atenta, valiosas análises e contribuições: Jorge Larrosa (parecer por escrito), Rosa Maria Hessel Silveira, Carlos Bernardo Skliar, Marcia Lise Lunardi, Antônio Cavalcante Maia e Alfredo Veiga-Neto.

Aos docentes que fazem parte do Setor de Educação da Universidade Federal do Paraná (UFPr), especialmente às pessoas que compõem o quadro de professores do Departamento de Planejamento e Administração Escolar, ao qual estou vinculada, pois estiveram "carregando um piano" um pouco maior durante meu afastamento para a qualificação. Especialmente agradeço a Gizele de Souza e Regina Celly de Campos Hagemeyer, sempre amigas e estimuladoras, mas também pelas leituras e sugestões feitas à minha tese de doutorado.

A Nara Luz C. Salamunes, amiga desde os tempos em que estudamos Pedagogia na UFPr e em que íamos juntas dar aulas na Escola Municipal Rio Negro, pelo constante apoio e contribuições analíticas dadas durante a elaboração da minha tese. A Ticyana Paula Begnini, minha ex-aluna-bolsista, querida companheira nos primeiros tempos de viagem sobre os livros de ocorrência, por sua "veia" de pesquisadora, pela significativa responsabilidade e dedicação dispensadas. E também a Frank Roy Cintra Ferreira, competente revisor da versão final de minha tese.

Por fim, saudações à cidade de Porto Alegre, ao sagu com creme, ao Bom Fim, parque da Redenção, rio Guaíba, e a uma de suas ilustres moradoras, Teresinha de Freitas Moreira, sempre com o fone de ouvido, acompanhando no radinho as notícias e, principalmente, os jogos do Inter.

Sumário

PRÓLOGO *La escuela como máquina moral*
Jorge Larrosa 13

INTRODUÇÃO O Encontro com os livros de ocorrência 17

CAPÍTULO 1 Percorrendo os labirintos sem fim das ocorrências 25

Delimitações iniciais 25
Percorrendo os labirintos sem fim das ocorrências 33
Grade de inteligibilidade da pesquisa 75

CAPÍTULO 2 A produção de cenários criminosos e pecaminosos nos livros de ocorrência 87

Considerações preliminares 87
Produzindo crimes 88
Dimensões jurídicas no pensamento de Michel Foucault: o inquérito 93
Produzindo pecados 99
Uma possível versão dos "sete pecados capitais" 103
A confissão como objeto de problematização no pensamento de Foucault 106
Seres confessantes 110

CAPÍTULO 3 Livros de ocorrência: quanto mais há o que vigiar, mais vigilância será necessária 113

Introdução 113
O poder disciplinar 115
Um tipo de olhar voltado para a vigilância: o "sonho político" de que cada criança se torne seu próprio vigia 118
O ideal do controle pleno: frustração, fragilidade e reforço 125
A escola também é vigiável, culpável e punível 128
Ordem, Modernidade e Pedagogia 130
A Pedagogia e sua ênfase no controle: o exemplo dos jogos escolares 136
"A vigilância estaria integrada à relação pedagógica?" 140

CAPÍTULO 4 Livros de ocorrência, normatização e normalização 143

Considerações preliminares: normatização e normalização 143
A produção do normal 147
Controle, pontualidade e homogeneização: "tempo útil, tempo de produção" 151
"Um lugar para cada coisa e cada coisa em seu lugar" 156
A transmissão da herança cultural às novas gerações: "conteudismo" e extenso leque de obrigações 161
"Os extremos não são desejáveis": a produção de crianças "normais" 164
A relação com as autoridades escolares: a centralidade da obediência às ordens 169
"Não há luz no fim do túnel": sejam lá quais forem nossas concepções, instrumentos ou fins, reações de conflito e de resistência acontecerão 174
Quando a escola é ameaçada de um motim 179

CAPÍTULO 5	Livros de ocorrência, exame e alianças: eficiência e fragilidade	187
	Escola, exame e alianças: dimensões de eficiência	187
	Escola e Conselho Tutelar: a escrita disciplinar, "jogos de empurra-empurra", conflitos	194
	A relação entre a escola e os pais através dos livros de ocorrência: apoio recíproco, cobranças, imposições	198
	O disciplinamento sobre os pais: vigilância, normalização, exame e "infantilização"	205
	Alguns cenários relativos à resistência dos responsáveis pelas crianças e ao "hospício escolar"	213
CAPÍTULO 6	A problematização da moral e da ética na disciplina escolar cotidiana	217
	Introdução: disciplina e moral na tradição pedagógica moderna	217
	Alguns exemplos sobre a "moralização dos modos de atuar" cotidianos na escola	220
	Alternativas à ênfase moral na disciplina escolar: a disciplina como método, como um "saber-fazer"	225
	Moral e ética em Foucault	228
	Dimensões morais presentes no funcionamento dos livros de ocorrência	236
	Possibilidades de um enfoque ético sobre a disciplina escolar	245

CONSIDERAÇÕES FINAIS 253

REFERÊNCIAS BIBLIOGRÁFICAS 260

Lista de quadros

1. Quadro ilustrativo da organização do mapeamento das ocorrências de 1998 e 1999 34
2. Presença das(os) responsáveis nas ocorrências de 1998 e 1999 35
3. Citação de docentes nas ocorrências de 1998 e 1999 39
4. Especificação de séries nas ocorrências de 1998 e 1999 39
5. Ocorrências por gênero: meninos e meninas citados nos anos de 1998 e 1999 41
6. Crianças citadas e não citadas nos livros de ocorrência com relação ao número total de matrículas existentes nos anos de 1998 e 1999 42
7. Por freqüência de aparição: crianças que aparecem uma única vez e que aparecem duas vezes ou mais nas ocorrências de 1998 e 1999 43
8. Tipos de "situação pura" narrados e número de vezes em que aparecem citados nas ocorrências de 1998 e 1999 45
9. "Situações mistas" e número de vezes em que cada tipo de situação aparece citada nas ocorrências de 1998 e 1999 57
10. Tipos de "conseqüências puras" narradas e número de vezes em que aparecem citados nas ocorrências de 1998 e 1999 60
11. "Conseqüências/ameaças mistas" e número de vezes em que cada tipo de conseqüência aparece citada nas ocorrências de 1998 e 1999 62

PRÓLOGO
La escuela como máquina moral

Jorge Larrosa*

Los estudios foucaultianos en Brasil están de enhorabuena. Ana Ratto no sólo ha escrito un libro más sobre Foucault, sino que ha usado a Foucault para hacernos a todos más conscientes de los potentes mecanismos disciplinarios y de control que funcionan en nuestras escuelas o, mejor, que hacen que nuestras escuelas funcionen. Porque las escuelas funcionan, a pesar de que nos pasemos el tiempo diciendo que no lo hacen, o que deberían hacerlo mejor. Las escuelas funcionan, es claro que funcionan. A toda máquina. A pleno rendimiento.

Aquí se trata de profundizar un poco más en la disección del dispositivo-escuela, de la máquina-escuela, de esa máquina de enseñar y normalizar, de vigilar y castigar, de aprender y de producir subjetividades. Se trata en este libro de su historia, naturalmente, porque hemos aprendido de Foucault, como Foucault aprendió de Nietzsche, que todo aquello que creemos natural, que damos por eterno y universal y evidente, es el resultado de un proceso de constitución tan azaroso como contingente. También la escuela. También esos libros de ocurrencias que parecen estar ahí desde siempre contando y, sobre todo, valorando los menudos episodios de la vida escolar. Los libros de ocurrencias podrían ser el archivo (o uno de los archivos) en el que se inscribe y se almacena el día a día de la escuelas desde un punto de vista moral. Pero la historia del dispositivo escuela tiene que ser

* Universidad de Barcelona, España.

relacionada con el presente. El simple trazado de lo que es histórico y contingente en nosotros nos ayuda a considerarlo también provisional y, por lo tanto, modificable. Nadie ha dicho que la máquina-escuela sea la única máquina socialmente posible de enseñar y de aprender, ni de moralizar. Nadie ha dicho que no podamos ser inventivos. Por eso, además de contribuir a una historia de la escuela, Ana Ratto nos enfrenta con nuestro presente. Con el presente de nuestras escuelas y, parafraseando a Nietzsche, con el porvenir de nuestras escuelas también. Este es un libro en parte histórico, pero no es un libro de historiador. Ana Ratto no es historiadora. Su preocupación es con el ahora, con ese aquí y ahora nuestro en el que la escuela sigue excluyendo, moralizando, normalizando.

La escuela, nuestra escuela, es un aparato fundamentalmente moral. Este libro tiene la virtud de mostrarlo con particular crudeza, con especial nitidez, sin ninguna ambigüedad. Los rituales y las prácticas escolares tienen que ver con el saber, sin duda, con el conocimiento, con enseñar y aprender, pero tienen que ver, sobre todo, con moralizar, con definir normas y desviaciones, imperativos y transgresiones. Por eso la escuela diferencia entre listos y tontos, entre niños que aprenden y niños que no aprenden, entre niños con éxito y niños fracasados, pero diferencia sobre todo entre buenos y malos alumnos, entre los que se adaptan y los que no a sus normas explícitas e implícitas de comportamiento.

Pero si este libro tiene que ver con el pasado y con el presente de la escuela como una máquina de moralización, también está comprometido con su porvenir. Me parece que la última parte de este libro plantea un desafío importante. No digo que lo resuelva, pero sí que abre la posibilidad de tomarlo en serio y de trabajar en su interior. El desafío de inventar, no sé si en la escuela o fuera de la escuela, nuevas posibilidades de vida. La crítica sólo es relevante si abre a la posibilidad. Posibilidad de aprender de otro modo, de enseñar de otro modo, de pensar de otro modo, de hacer de otro modo, de hablar y de escuchar de otro modo, de moralizar de otro modo. Por eso este libro se abre a la ética y a la estética. De la experiencia, de la vida. También a la ética y la estética de la experiencia en la escuela y de la escuela, en la vida y de la vida.

Tuve la suerte de compartir con Ana Ratto, en Barcelona, algunos de los meses en los que trabajaba en la tesis de doctorado que está en la base de este libro. Algunas veces percibía su desasosiego, sus problemas teóricos y metodológicos, su angustia con la escritura, sus enormes dudas sobre si estaba o no en el buen camino. En ocasiones, percibía su alegría en los descubrimientos, o ese sentimiento maravilloso de que algo que creíamos saber o que creíamos pensar, aunque confusamente, ha alcanzado al fin su formulación, su forma. A veces, la fe en su trabajo flaqueaba. A veces, el entusiasmo compensaba las dificultades del día a día en una ciudad extranjera y tal vez más hostil de lo que ella hubiera deseado. Tuve también conciencia de su enorme capacidad de trabajo, de su rigor intelectual, del tamaño de su autoexigencia. Además, me impresionó su compromiso con la educación, sus ganas de cambiar las cosas, de mejorar las cosas. De todos esos ingredientes está hecho este libro.

INTRODUÇÃO

O Encontro com os Livros de Ocorrência

> E isso a que chamamos autoconsciência ou identidade pessoal, isso que, ao que parece, tem uma forma essencialmente narrativa, não será talvez a forma sempre provisória e a ponto de desmoronar que damos ao trabalho infinito de distrair, de consolar ou de acalmar com histórias pessoais aquilo que nos inquieta? É possível que não sejamos mais do que uma imperiosa necessidade de palavras, pronunciadas ou escritas, ouvidas ou lidas, para cauterizar a ferida. Cada um tem a sua lista. (Larrosa, 1999: 22)

As questões disciplinares interessam-me a partir de vários lugares: da instável memória daquilo que venho vivendo e pensando sobre tais questões, das perplexidades decorrentes dos contatos com o cotidiano escolar, dos atravessamentos de uma profusão de discursos vindos da mídia, de conversas informais, dos debates acadêmicos — enfim, de uma busca pessoal para imprimir sentidos ao que poderia ser considerado a "difícil arte de estabelecer relações com o outro".

Dos tempos em que era estudante do curso de Pedagogia, nos anos de 1980, lembro-me de um enorme abismo entre o que acontecia no cotidiano, social e escolar, e o que ali era estudado. Parecia-me haver uma nuvem espessa de desmotivação com as abordagens trazidas pelo professorado, incapazes de trazer reflexões empolgantes sobre as problemáticas socioeducacionais. Como já esperado, os poucos mas memoráveis docentes que propunham questionamentos instigantes quanto à ordem instituída eram marxistas, conforme a unanimidade alcançada na época pelo discurso da Pedagogia Histórico-Crítica.

Comecei minhas atividades como professora das séries iniciais do ensino fundamental em 1984, em uma escola particular e, em seguida, na rede pública de Curitiba, onde assumi vaga em uma das escolas mais periféricas da cidade, conhecendo crianças e famílias em situação de extrema pobreza, desejando — como professora inexperiente, mas plena de dedicação e vontade — um mundo melhor para mim e para os outros. A visibilidade das crianças malcomportadas e com dificuldades de aprendizagem, que resistiam às expectativas de todo um conjunto de pessoas e circunstâncias, já era um grande mistério, desencadeador de profundas inquietações.

Aprofundei minha formação marxista quando realizei o curso de mestrado — na Pontifícia Universidade Católica de São Paulo (PUCSP) —, em que pude experimentar de modo mais convincente as atividades de estudo dos clássicos e da produção escrita. Minha dissertação[1] voltou-se para o campo da História da Educação, e trabalhei, a partir de fontes primárias, o processo de surgimento e de constituição da rede escolar mantida pela prefeitura de Curitiba, entre 1963 e 1979.

Segui como professora e pedagoga da rede pública curitibana de nível médio e, depois, iniciei minha experiência como docente universitária, em diferentes instituições. Em 1997, senti grande impacto ao assistir o minicurso "Michel Foucault e educação", ministrado por Alfredo Veiga-Neto, durante o encontro anual da Associação Nacional de Pesquisa e Pós-Graduação em Educação (Anped). Já trabalhando na Universidade Federal do Paraná (UFPr), comecei a estudar parte da bibliografia foucaultiana, ao mesmo tempo que procurava novas temáticas de pesquisa. E foi de dentro da sala de aula que surgiu o objeto de investigação que viria a desenvolver no doutorado.

Elaborei um roteiro de visita em escolas, visando direcionar a atenção das(os) alunas(os) para alguns procedimentos, documentos e formas de organização geralmente presentes no funcionamento escolar. Um dos pontos a levantar era o registro contido nos livros de ocorrência, usados no enfrentamento dos problemas disciplinares. O retorno foi instigante, pois a freqüência de utilização desses livros e o conteúdo das ocorrências foram, em grande parte, surpreendentes.

Além dos livros tradicionais destinados às crianças, havia uma escola onde eram usados com o professorado. Em alguns estabelecimentos, os registros tinham a forma de fichas informatizadas de ocorrências; em outros, existia mais de uma modalidade de livro, de acordo com a medição da gravidade da falta cometida. Um de meus alunos era secretário de uma escola cujas características contempla-

---

1. Sob a preciosa orientação de Maria Luísa Santos Ribeiro, a quem quero mais uma vez agradecer aqui.

vam alguns dos meus interesses específicos, e comecei a sondá-lo sobre as possibilidades de pesquisá-la. Diante da confirmação de disponibilidade desta unidade de ensino, pus-me a coletar dados empíricos e a desenvolver um projeto de pesquisa sobre os livros de ocorrência, a partir do qual ingressei, em agosto de 2000, no curso de doutorado do Programa de Pós-Graduação em Educação da Universidade Federal do Rio Grande do Sul (UFRGS), sob a orientação de Alfredo Veiga-Neto, vinculando-me à linha de pesquisa *Estudos Culturais em Educação*.

A tese — intitulada *Livros de ocorrência: disciplina, normalização e subjetivação*, defendida em dezembro de 2004 — tem por finalidade analisar questões disciplinares a partir das narrativas existentes em livros de ocorrência recentes utilizados no cotidiano escolar das séries iniciais do ensino fundamental.

Trata de caracterizar e problematizar, especialmente a partir do referencial foucaultiano, o tipo de lógica disciplinar que move tais livros — uma lógica que está para além das especificidades desta ou de qualquer escola — e articulá-la com um certo tipo de tradição pedagógica, chamada aqui de "Pedagogia da Completude", na qual se insere também a predominância de determinados modos de conceber a infância e a disciplina que lhe é necessária.

O presente livro é em grande parte a reprodução de minha tese de doutorado (Ratto, 2004). As diferenças giraram em torno da necessidade de ter que fazer algumas supressões com relação à tese, uma vez que esta ficou com um total de 322 páginas, distribuídas entre oito capítulos, contendo a citação de aproximadamente 250 ocorrências, uma extensão complicada para as atuais condições do mercado editorial. Administrei algumas supressões, reelaborações e/ou inclusões de notas, parágrafos e citações. No entanto, as alterações mais acentuadas referiram-se fundamentalmente a cortar a citação de ocorrências (cerca de 50) e a retirar o capítulo 2 da tese, voltado para a exposição do pensamento de Foucault, retomando alguns de seus trechos nos capítulos subseqüentes, tendo em vista a necessidade de garantir articulação e coerência ao conjunto.

Os livros de ocorrência com os quais trabalho foram utilizados no ensino de primeira à quarta série do ensino fundamental de uma escola pública de Curitiba e se referem aos anos de 1998, 1999 e 2000, contendo um total aproximado de 600 ocorrências. Trazem narrativas de situações que envolvem as crianças consideradas indisciplinadas ou problemáticas, tais como:[2] ·

---

2. As citações do conjunto das ocorrências existentes neste trabalho são sempre a transcrição literal dos registros, incluindo abreviações, letras maiúsculas e minúsculas, vírgulas, erros gramaticais, de ortografia e quaisquer outras marcas próprias do registro original. A intenção é mantê-lo o mais intacto possível. As ocorrências citadas são numeradas em ordem crescente; a numeração está grifada em negrito, para facilitar

Ocorrência 1. Os alunos Emanuel Marcondes, série "x", Cecílio M. Ferraz, série "y" e Douglas de Freitas Alves, série "z", foram advertidos por desrespeitarem a Inspetora Claudia, quando esta chamou-lhes a atenção por estarem gritando no pátio coberto no horário do recreio. Se o fato vier a se repetir os mesmos terão que vir acompanhados dos pais para ciência do fato. [Constam "Curitiba", data por extenso e a assinatura da pedagoga.]

Ocorrência 2. Aos "x" dias do mês "x" de "x" [ano], compareceram à Coordenação Pedagógica as alunas Renata (série "x"), Mariana (série "x") e Clara (série "x") para esclarecer questões de brigas. Renata veio pedir ajuda pois as outras duas meninas, segundo ela, ficam dando-lhe chutes e "murros" nas costas. Conversamos, esclarecemos o fato e as três meninas se desculparam. [Constam a data abreviada, a rubrica da pedagoga e a assinatura das três meninas.]

Ocorrência 3. Aos "x" dias do mês de "x" de "x" foi trazido o aluno Basileu F. Esmanhoto ao qual comeu a maçã de uma colega ao qual a mesma tem sido pega por outro aluno e entregue para Basileu. Quando este foi interrogado disse que não havia pego, só que no dia "x" o aluno em questão foi pego furtando material na sala de aula, no horário de recreio. Fica aqui registrado o fato sabendo-se que será solicitado a presença da mãe para conversarmos sobre o fato. O comparecimento da mãe será obrigatório no dia "x". [Consta somente a assinatura da diretora ao final.]

Ocorrência 4. Aos "x" dias do mês de "x" de "x" [ano], Dona Mercedes Campanelli, veio a Escola preocupadíssima explicar a situação de que Wellington Campanelli (série "x"), mesmo após remanejado, continua fugindo da escola e brincando na rua. Tem várias faltas e o Conselho Tutelar foi à casa da família para interferir. Foi conversado

---

sua localização, já que, ao longo de meu texto, será necessário remeter a ocorrências já mencionadas. Utilizei a fonte garamond para destacar e diferenciar a citação dos livros de ocorrência do texto principal e da citação das(dos) autoras(es). Quando julguei pertinente, fiz entre colchetes observações, para facilitar a leitura, prestar esclarecimentos ou indicar que há trecho suprimido, tendo em vista o objetivo da citação. Para garantir o anonimato, utilizei nomes fictícios para as pessoas envolvidas, procurando seguir a estrutura da narrativa: quando são mencionados nome e sobrenome, inventei um nome e um sobrenome; se é mencionado apenas o nome, apenas este foi substituído. Em geral, selecionei ocorrências em que as crianças não são reincidentes; quando o forem, isso será explicitado na citação, entre colchetes. Quando aparecem nos trechos citados a data da ocorrência, a série em que estuda a criança ou qualquer outro dado de identificação avaliado como desimportante ou sigiloso, substituo-os pelas letras finais do alfabeto.

muito com a criança, conscientizando-a da importância da escola.
[Constam a data abreviada e as assinaturas da pedagoga e da mãe.]

Gritos, brigas, furtos, fugas da escola: eis algumas das condutas que aparecem como problemáticas nas narrativas dos livros de ocorrência. Em um nível muito básico de descrição, os livros de ocorrência servem para agir sobre os comportamentos infantis percebidos como indisciplinados, visando corrigi-los. A utilização desse tipo de instrumento de controle não é recente no cotidiano escolar. Durante a minha infância, tais livros eram mais conhecidos como "livros negros". Os livros que pesquisei são de tipo "clássico", registrados em livros de ata, em tom fortemente inquisitorial, dentre outros, no contexto dos instrumentos pedagógicos antigos e ao mesmo tempo atuais da cultura escolar, algo que especialmente favorece aproximações com o universo foucaultiano.

Os livros de ocorrência compõem uma problemática delicada e, diante dos discursos humanizantes, emancipadores ou democratizantes que permeiam o campo educacional, são às vezes vistos como algo execrável ou constrangedor, uma espécie de "mal necessário", a que as autoridades escolares recorrem para assegurar a sobrevivência diária da instituição. Por outro lado, cada um de nós sabe o quanto é difícil lidar com as questões disciplinares, espremidos em meio às normas, aos descompassos entre o que pensamos fazer e o que é feito de nós, ao nosso desejo sempre contestável de "fazer o bem".

No contexto escolar, particularmente, crescem as queixas a respeito da ingovernabilidade das novas gerações, associando-a, dentre outros fatores, ao declínio das instituições e autoridades tradicionais, ao aumento da violência urbana e às novas influências trazidas pela indústria cultural e de consumo. Através da mídia, de pais, professores e outros profissionais atentos ao campo educacional, não é raro entrarmos em contato com discursos que apontam o crescente "clima de guerra" ou "de hospício" vivenciado no cotidiano escolar, algo que ganha contornos de máxima complexidade na medida em que a disciplina se articula com questões de cultura extra e intra-escolar.

"A indisciplina seria, talvez, o inimigo número um do educador atual", tendo em vista os inúmeros relatos disponíveis de docentes sobre as dificuldades encontradas quanto à questão disciplinar no cotidiano escolar, traduzida em termos como "*bagunça, tumulto, falta de limites, maus comportamentos, desrespeito às figuras de autoridade* etc." (Aquino, 1996: 40; grifos no original), uma problemática que atinge tanto as escolas de tipo público, quanto privado.

Já Lajonquière toma como ponto de partida de suas análises a identificação de dois grandes temas recorrentes nas atuais problematizações escolares. Para esse autor, um desses temas emerge, em especial, de suas consultas informais quanto a lançamentos editoriais mais recentes ou títulos dos trabalhos apresentados em encontros que discutem a educação: os problemas ou distúrbios de aprendizagem. O outro grande tema, que é o que interessa aqui, surge à margem das publicações e dos discursos pedagógicos mais freqüentes, a partir de conversas com colegas: a indisciplina escolar.

> Sob essa rubrica em particular lista-se, como acontece também em se tratando dos problemas de aprendizagem, uma série de produtos bastante díspares. Assim, temos que a indisciplina escolar se expande num intervalo de variabilidade que bem pode ir do não querer emprestar a borracha ao colega até o extremo de falar quando não foi solicitado, passando, é claro, pela conhecida resistência em sentar-se "adequadamente" na carteira. (Lajonquière, 1996: 25)

Também Xavier destaca a centralidade da problemática disciplinar, em pesquisa feita sobre a rede escolar mantida pela Prefeitura de Porto Alegre. Dentre as questões relacionadas aos rotineiros problemas disciplinares apontados, encontram-se

> a agitação das crianças, as conversas paralelas, o ritmo diferenciado de respostas do grupo, as agressões físicas, os "palavrões", os furtos, a presença de alunos drogados, de estudantes mais velhos, de crianças oriundas de classes especiais, de "meninos e meninas de rua", a interferência de "gangues" no cotidiano das instituições, a não existência de "normas de convivência" ou o não-respeito às existentes, o apego a práticas tradicionais, a prática pouco comum de trabalhos em grupo, a falta de participação nas decisões, a resistência em trabalhar temas considerados "não escolares" ou "políticos", a rejeição de alguns alunos pelo grupo e, ainda, a não aceitação ou compreensão da escola, dos alunos e dos pais, de sua proposta de trabalho. (Xavier, 2002: 19)

Como será possível perceber, a riqueza dos elementos a serem analisados nas narrativas é extraordinária e diante das necessárias delimitações de qualquer pesquisa, permanece em aberto que sejam explorados a partir dos vários recortes temáticos ou teóricos possíveis. Tendo em vista o que aqui consta, as ocorrências mencionam provas, testemunhos, confissões, conscientizações, parcerias, normas estabelecendo ordenamentos para os sentidos e usos do tempo, do espaço, das atividades, dentre outros vários aspectos definidores da cultura escolar com decisivos efeitos sobre a constituição dos sujeitos aí implicados, o que abre um fecundo leque de vinculações com o que Foucault aponta como sendo as sociedades disciplinares, ou com o que chama de relações de poder de tipo disciplinar, baseadas na necessidade de extensiva vigilância, normalização, exame ou controle. Cabe ressaltar desde já que Foucault não está problematizando todo e qualquer tipo de disciplina, mas aquele que se estabelece no cotidiano das várias instituições na medida em que a Modernidade vai se configurando e que de alguma forma chega até nós na atualidade. Nesse sentido, uma das constantes perguntas a mover este livro refere-se à atualidade ou/e não da produção de Foucault para pensar a escola e o mundo contemporâneo.

A perspectiva central de análise é a de que a disciplina e a indisciplina são produzidas socialmente e na escola, sendo indissociáveis da lógica que as institui, do conjunto dos elementos definidores do que é necessário ou prejudicial ao seu ordenamento cotidiano. Nada em si mesmo é "bom" ou "ruim", tudo depende do contexto e do tipo de lógica em que se insere. No caso do mundo escolar, o pressuposto aqui adotado é o de que algum tipo de disciplina lhe é necessário e bem vindo, a questão é definir qual.

A lógica disciplinar que sustenta o funcionamento dos livros de ocorrência pesquisados — pressupostos, objetivos, valores, efeitos — será enfocada a partir do conteúdo das narrativas dos livros de ocorrência, em articulação com cinco eixos interpretativos básicos interligados.

Um remete ao apontamento da circulação diária de uma espécie de crimes e de pecados na escola, algo que será tratado no capítulo 2 deste livro. Outros três eixos vinculam-se aos três instrumentos básicos através dos quais, conforme Foucault, as relações de poder de tipo disciplinar apóiam-se para efetivar-se: a vigilância, a sanção normalizadora e o exame, o que será abordado, respectivamente, nos capítulos 3, 4 e 5. O último eixo interpretativo volta-se sobre o acento moralista existente nessa lógica disciplinar, indicando alternativas no âmbito de uma "Pedagogia de Incompletude" e da ética foucaultiana, análise a ser desenvolvida no capítulo 6.

A seguir, apresento as caracterizações fundamentais da pesquisa, a metodologia construída em torno dos dados, o levantamento quantitativo e qualitativo das ocorrências, assim como justifico as opções que faço com relação à delimitação das análises a serem posteriormente desenvolvidas.

CAPÍTULO 1

Percorrendo os Labirintos sem Fim das Ocorrências

> Não haverá nunca uma porta. Estás dentro
> E o alcácer abarca o universo
> E não tem nem anverso nem reverso
> Nem externo muro nem secreto centro.
> Não esperes que o rigor de teu caminho
> Que teimosamente se bifurca em outro,
> Que teimosamente se bifurca em outro,
> Tenha fim. É de ferro teu destino
> Como teu juiz. Não aguardes a investida
> Do touro que é um homem e cuja estranha
> Forma plural dá horror à maranha
> De interminável pedra entretecida.
> Não existe. Nada esperes. Nem sequer
> A fera, no negro entardecer.
>
> (Borges, 1999: 388)

Delimitações iniciais

A seleção da escola para a análise dos livros de ocorrência passou pelo interesse em buscar aproximação com a rede pública de ensino — na qual tenho uma experiência pessoal mais efetiva —, e com uma escola que ofertasse ensino de primeira à quarta série do ensino fundamental, envolvendo uma faixa etária relativamente específica do que se entende por infância, aquela que mais maciçamente se encontra dentro da escola. Quanto à delimitação temporal, minha definição pautou-se pelo interesse em fazer uma discussão sobre as relações de poder e de disciplina na escola no contexto da contemporaneidade, o que indicava que os livros de ocorrência precisariam ser recentes.

Assim, os livros de ocorrência com os quais trabalho referem-se a uma escola pública de grande porte, que oferece ensino de primeira a quarta série do ensino fundamental, nos turnos da manhã e da tarde, e educação de jovens e adultos, à noite. É uma escola localizada em Curitiba, que atende uma população de baixo poder aquisitivo.

Os livros de ocorrência pesquisados começaram a ser utilizados no ano de 1998,[1] sendo que as ocorrências aqui analisadas referem-se ao período de 1998 a 2000. Em razão do trabalho e do tempo exigidos no tipo de minucioso levantamento pretendido e tendo em vista o volume e a riqueza de dados encontrados, esse recorte temporal mostrou-se suficiente para a problematização do funcionamento dos livros de ocorrência, no contexto contemporâneo de uma análise sobre disciplina escolar.

A escola tem dois tipos de livros de ocorrência: um que chamarei de "livro resumido" e outro que designarei como "livro completo". Existe apenas um único "livro resumido", do tipo "livro de ponto",[2] com registros relativos aos anos de 1998, 1999 e 2000. Tais registros são distribuídos ao longo de 29 páginas, escritas na frente e no verso. Subentende-se que os registros seguem uma ordem cronológica, pois que só às vezes aparece a indicação de data. As ocorrências não são numeradas. Levantei o registro de 89 ocorrências em que é possível identificar do que se trata, algumas envolvendo a repreensão de turmas inteiras. Eis exemplos de narrativas existentes nesse "livro resumido":

> **Ocorrência 5.** Oscar Magalhães de Moraes e Maximiliano Bortolan no horário de entrada do recreio quebraram com chutes a caixa de

---

1. Não existe documentação deste tipo anterior a este ano. A pedagoga entrevistada — que instituiu o uso dos livros de ocorrência analisados nesta pesquisa — informou que, por motivos que não serão aqui explicitados, perdeu-se na escola uma série de documentos.

2. O "livro de ponto" é usado em locais de trabalho para controlar o horário de chegada e de saída dos funcionários. Apresenta um padrão, sendo que as páginas são numeradas e divididas conforme os seguintes itens que aparecem no alto de cada página: data e ano, subdividido em dia e mês; entrada, subdividido em assinatura e horário; saída, subdividido em assinatura e horário. Nota-se um certo improviso, por parte da escola, na escolha desse tipo de material para o registro das ocorrências, pois a formatação das páginas não corresponde à estrutura do registro das ocorrências. Esse material foi xerocopiado em setembro de 2000; a última ocorrência em que é possível identificar a data refere-se ao dia 27 de setembro de 2000.

proteção da chave de luz do corredor. [Constam as assinaturas dos dois alunos.]

Ocorrência 6. Os alunos da série "x" no dia "x" entraram correndo para a sala de aula. [Embaixo, consta a relação das crianças, listando-se 26 nomes.]

Pelas narrativas, nota-se que a maioria das situações ocorre no período do "recreio", nas filas de entrada e saída ou no momento de troca de docentes. Segundo informações obtidas na escola, esse livro fica sob responsabilidade da Coordenação Administrativa — uma função técnica acoplada ao serviço de Secretaria — e, conforme testemunho da pedagoga em entrevista, aí se registravam problemas considerados de importância menor, "briguinhas leves", especialmente nos horários em que a Coordenação Pedagógica estava envolvida com outras questões. Ela informou que esse tipo de instrumento disciplinar deixou de ser usado em 2001.

O "livro resumido" reúne narrativas sucintas das situações ocorridas. No entanto, é muito comum apenas aparecerem os nomes das crianças envolvidas, não constando a data, nem o tipo de situação correspondente ou a providência adotada pela escola; a pessoa encarregada do registro apenas escreve o nome da criança (que, às vezes, assina ao lado da anotação) e sua série. Com isso, torna-se impossível entender parte desses registros, pois não se sabe o que aconteceu. Por essa razão, dentre o conjunto dos registros computados no "livro resumido", somente utilizarei ao longo deste texto as narrativas compreensíveis (89 ocorrências), sempre especificando quando se tratar de exemplos retirados desse tipo de livro de ocorrência usado na escola.

O outro tipo de livro de ocorrência, que chamei de "livro completo", é do tipo destinado ao registro de atas, encadernado em capa dura de cor preta. As ocorrências são escritas na frente e no verso de cada folha, e as páginas são numeradas.[3] É restrito o acesso a esse livro, que fica sob responsabilidade e guarda das pedagogas que atuam na escola. Dois volumes trazem os registros das ocorrências. De um, constam quarenta e nove páginas, com todas as ocorrências de 1998 e uma parte das ocorrências de 1999. O outro volume traz o restante das ocorrências do ano de 1999, registradas até a página 53, a partir da qual se iniciaria o registro das

---

3. Conforme o padrão do livro de ata, a numeração faz com que a retirada de qualquer uma das folhas seja facilmente identificável, já que a seqüência numérica fica interrompida. Esse tipo de livro tende a ser usado nas situações em que se busca garantir a preservação intacta das informações ali contidas, posto que qualquer rasura ou interrupção na seqüência das informações é perceptível.

ocorrências relativas ao ano de 2000.[4] Os registros seguem ordem cronológica, e as ocorrências são numeradas em ordem crescente.

Decidi priorizar a análise das anotações relacionadas à segunda modalidade de registro — a dos "livros completos" —, porque oferecem dados mais detalhados sobre a dinâmica de funcionamento dos livros de ocorrência dessa escola. Em 1998, o número de ocorrências levantadas foi de 278; em 1999, 239; o total, portanto, foi de 517 ocorrências.[5] Assim, a maioria das ocorrências citadas neste livro e o mapeamento quantitativo/qualitativo que efetuei referem-se a essa modalidade de livro de ocorrência existente na escola.

A modalidade "livro completo" de registro de ocorrências apresenta o seguinte tipo de informação: o número e a data da ocorrência; o nome, a série e a assinatura das crianças envolvidas; descrição da situação ocorrida; sua conseqüência ou a providência tomada pela escola, em forma efetiva ou de ameaça; a citação de nomes e assinatura de responsáveis, docentes, pedagogas e/ou da diretora da escola; eventualmente, citam-se outros nomes, como os de inspetoras e guardas.[6]

Nem sempre as ocorrências trazem todos esses dados, mas sua formatação, digamos, modelar os traz. De modo quase constante, as narrativas indicam data — no início, meio e/ou fim da ocorrência —, nome das crianças envolvidas e situação

---

4. As fotocópias desses livros de ocorrência foram feitas gradativamente, ao longo das várias visitas à escola. Como será explicado na próxima nota, quando tentei obter acesso às ocorrências relativas ao ano de 2000, a pedagoga com quem sempre fiz os contatos informou-me que os livros se haviam extraviado.

5. Embora os números anotados indiquem o registro de 312 ocorrências na parte do livro referente ao ano de 1998, algumas aparecem com número repetido e há lacunas na numeração; por isso, o número efetivo de ocorrências mapeadas nesse ano é de 278. Pelos mesmos motivos, o número de ocorrências relativo ao ano de 1999 é de 239. Por outro lado, na xerocópia dos registros de 1998, feita durante a primeira visita à escola, seis ocorrências ficaram ilegíveis; tentei refazer a xerocópia dessa parte, sem sucesso; no início de 2001, quando fazia a segunda entrevista com a pedagoga, esta me informou que os livros referentes a 1998, 1999 e 2000 tinham se extraviado e, apesar de estarem tentando encontrá-los, ainda não haviam sido localizados. Assim, há mais seis ocorrências relativas a 1998 que não foram examinadas. Por outro lado, as ocorrências relativas ao ano de 2000 não puderam ser incorporadas às análises sobre essa modalidade de livros de ocorrência.

6. Utilizarei o termo "criança" para facilitar minha escrita, devido a questões tanto de faixa etária, como de gênero. Quanto à faixa etária, uso "criança" com base na faixa etária média, entre sete e dez anos, correspondente às séries iniciais do ensino fundamental; no entanto, há alguns poucos registros que mencionam estudantes de até quatorze anos. Tendo em vista preocupações de gênero, mas também na tentativa de variar ou simplificar minha escrita, usarei expressões como "criança", "estudantes", "alunos e/ou alunas". Ainda com relação às questões de gênero, as "pedagogas" serão sempre nomeadas desta forma, pois não há homens nesse conjunto. Como a maioria das pessoas que ocupam o cargo de inspeção na escola são mulheres, tenderei a nomeá-las como "inspetoras". Quanto ao corpo docente, distinguirei os dois gêneros, "professoras" e "professores", ou falarei de "professoras", já que estas são a maioria.

ocorrida. Todos os nomes citados — estudantes, docentes, responsáveis — às vezes são redigidos de forma completa; às vezes, não. Isso dificulta (e muitas vezes impossibilita) saber se, quando os nomes se repetem, a referência é à mesma pessoa. As assinaturas mais freqüentes são as das crianças, as dos pais — recorrentemente chamados pela escola — e as das pedagogas, responsáveis pelos registros.[7]

Eis exemplos das ocorrências anotadas neste tipo de livro de ocorrência:

> **Ocorrência 7.** Os alunos Dante e Nagib da série "x" pularam o muro na hora do recreio. Se houver reincidência do fato, os mesmos serão suspensos das aulas. [Constam a data abreviada, a rubrica da pedagoga e as assinaturas dos dois alunos.]
>
> **Ocorrência 8.** As alunas Olinda B. Vivaldi e Patrícia M. Vespúcio estão sendo advertidas por chegarem na escola às 8h e 55 minutos. Estão levando convocação para os pais comparecerem à escola para tomarem ciência do fato. [Constam as assinaturas da pedagoga, de uma das mães e a data.]

Formalizei o pedido de acesso aos dados empíricos necessários, acompanhado do compromisso de manter sigilo rigoroso quanto a qualquer possível identificação da escola ou das pessoas envolvidas. Fiz a primeira visita à escola em setembro de 1999, quando coletei dados gerais na Secretaria e providenciei xerocópias de documentos como o regimento escolar, o projeto político-pedagógico e os livros de ocorrência existentes até então.[8] Também foram realizadas duas entrevistas — a primeira no começo de 2000 e a segunda no início de 2001 — com a pedagoga que então trabalhava nos dois turnos de funcionamento da escola.[9]

Como é importante garantir o anonimato da escola, não explicitarei detalhadamente os dados de sua caracterização. A questão é complexa, pois nem sempre a mera omissão ou troca de nomes assegura seu sigilo. Não adianta ocultar o nome de uma escola se, ao especificar a quantidade total de estudantes por

---

7. Mas há também algumas ocorrências registradas e assinadas pela diretora da escola.

8. Todos os dados aqui apresentados referem-se aos processos vigentes na escola entre setembro de 1999 e início de 2001, período no qual eles foram coletados. Tanto o regimento escolar quanto o projeto político-pedagógico, por motivos que não serão aqui explicitados, passavam por reformulações, sendo que, até o momento da última visita, eles ainda não estavam disponíveis para fotocópia.

9. Durante o período de levantamento dos dados empíricos, contei com o trabalho de duas alunas bolsistas, vinculadas ao Programa Institucional de Bolsas de Iniciação Científica (Pibic) da UFPr: Ticyana Paula Begnini, de agosto de 1999 até março de 2000, e Giselle Regina Matioski, de agosto de 2000 até março de 2001.

turno e por séries, sua data de fundação, sua localização geográfica ou sua alçada administrativa, a identificação fica deduzível do contexto em que se encontra. Nessas condições, buscarei expor dados de caracterização da instituição de ensino que se vale dos livros de ocorrência em foco de modo que seu anonimato fique protegido e, ao mesmo tempo, a necessária aproximação com o universo empírico seja viabilizada.

Trata-se de uma escola pública de Curitiba, que atende entre 1,5 e 2 mil estudantes matriculados da primeira até a quarta série do ensino fundamental, nos turnos da manhã e da tarde. Em 1998 e 1999, essas matrículas mantiveram-se relativamente estáveis, não apresentando alterações significativas. Naqueles dois anos, a média de professoras(es) manteve-se inalterada, acima de trinta docentes em cada um dos dois turnos. Conforme informações obtidas junto à secretaria da escola, esta contava também com pedagogas, distribuídas entre os turnos da manhã e da tarde, guarda e algumas(alguns) inspetoras(es) em cada um dos turnos.

A informação obtida nas visitas feitas à escola foi a de que os livros de ocorrência eram utilizados só durante o período diurno, no funcionamento das séries iniciais do ensino fundamental. Durante a última visita, feita no início de 2001, fui informada de que os livros também eram esporadicamente utilizados no período noturno, no ensino de jovens e adultos. Consegui xerocopiar esse material, registrado nos mesmos moldes dos "livros completos" do ensino diurno, em um livro de atas: constam poucas ocorrências, apenas sete em 1998, doze em 1999 e nenhuma em 2000.

Como esta pesquisa volta-se para a análise de questões disciplinares no contexto da infância, desconsiderarei essas dezenove ocorrências registradas no EJA. Desse modo, compõem o universo de ocorrências sobre o qual este trabalho se debruça as 89 ocorrências anotadas no "livro resumido" e as 517 registradas nos "livros completos" — ambos utilizados no ensino da primeira à quarta série do ensino fundamental —, o que soma um universo total de 606 ocorrências.

A opção de investigar os livros de uma única escola deu-se em função do volume de dados encontrados e da expressiva riqueza existente no conteúdo das ocorrências. A escolha de uma escola favoreceu uma aproximação mais detalhada com as dinâmicas disciplinares em questão.

Creio que é importante apontar ainda os sentidos implicados quando classifico os livros de ocorrência como contendo narrativas. Um dos pressupostos adotados neste estudo é o de que os sujeitos não estão dados, não preexistem, não carregam características anteriores constituídas a partir de fundamentos últimos, transcendentais, invariáveis, naturais, como, por exemplo, a capacidade humana universal de pensar e de estabelecer a verdade ou a do sujeito ser portador de sua consciência. Trata-se do desinteresse por todo dado apriorístico, em favor de um discurso que afirma ser o sujeito — assim como os saberes, as verdades e tudo o mais que está no mundo — fruto do conjunto de possibilidades que o produz e o define, histórica e culturalmente.

Isso remete ao papel da linguagem na produção da realidade e a uma não identificação com posições que afirmam existir um mundo que independa ou que seja exterior aos modos de defini-lo ou nomeá-lo. A palavra, os signos, antes de representarem, instituem, criam o mundo, definindo-o de certas maneiras e não de outras. Desse ponto de vista, nem os sujeitos, nem a razão, nem a verdade existem independentemente dos discursos que os afirmam. Tal dimensão constitutiva da linguagem com relação ao mundo não significa que não existam materialidades, "coisas" que estão no mundo, "em tese", independentemente de nossa vontade ou palavra. Mas, para que tenham sentido e significado, precisam ser expressas pelas práticas culturais de significação, pela linguagem, pelos discursos, por aquilo que afirma o que são ou deixam de ser, em que condições, com quais características. Por exemplo, existe esse algo material que designamos como "criança", mas este conceito não traduz a essência do que seja ser criança ou não remete a certos atributos invariáveis (como a inocência, a espontaneidade etc.) independentes do contexto lingüístico. Nessa perspectiva, os sentidos atribuídos ao ser criança, longe de traduzirem aspectos de uma essência invariável ou universal do ser criança, veiculam significados culturais e históricos do que é esse ser.

Também são muito concretos os efeitos de verdade dos discursos, agindo sobre os corpos e mobilizando um conjunto variado de instituições, artefatos culturais, mercadorias, afetos, concepções, tecnologias, guerras, edifícios, vacinas, remédios, músicas, enfim, efeitos que produzem a organização simbólica e material das sociedades, produzindo identidades. Assim, as verdades estão no mundo, não são vistas aqui como algo do mundo, intrínsecas a este, como afirmava Alfredo Veiga-Neto em suas aulas.

Essa produção, no entanto, não se dá no vazio. Há uma política de produção das verdades que regula o que pode ser dito, como e quem pode dizer. Essa regulação é definida por Foucault como sendo própria dos regimes de verdade,

> isto é, os tipos de discurso que ela [a sociedade] acolhe e faz funcionar como verdadeiros; os mecanismos e as instâncias que permitem distinguir os enunciados verdadeiros dos falsos, a maneira como se sanciona uns e outros; as técnicas e os procedimentos que são valorizados para a obtenção da verdade; o estatuto daqueles que têm o encargo de dizer o que funciona como verdadeiro. (Foucault, 1982: 12)

E se aí há uma política da verdade, há disputas e lutas, posto

que os significados estão sendo constantemente negociados e que estão conectados a políticas de verdade em ação na sociedade. Assim, o campo da cultura está em tensão permanente. Tensão esta que nada mais é do que manifestação do poder e das assimetrias que ele gera. Nada mais que sua face visível. (Bujes, 2001: 27)

É nesse amplo contexto que trato os livros de ocorrência como narrativas. Não os trato como narrativas movida por preocupações da ordem das análises dos discursos ou na direção do que marcou a produção arqueológica de Foucault, com suas ênfases nos processos históricos de geração das epistemes definidoras do que é pensável e dizível em cada época. Embora essas questões constituam o cenário em que são construídas as narrativas, os regimes de verdade definidores do que ali é definido como "mau comportamento" ou do que é considerado como "problema disciplinar", não as tomarei como objeto lingüístico ou *arqueológico* de problematização.

Nessas circunstâncias, são narrativas que funcionam em meio aos regimes de verdade, com força definidora do que é o real. Por exemplo, quando os livros registram que um aluno se "comportou mal" na hora do recreio, que "desacatou" a professora, ou que "cortou o cabelo de duas colegas alegando que elas o xingaram", considero que são narrativas que definem o que aconteceu, se uma briga, uma brincadeira ou um furto. Tais definições, no entanto, são feitas em meio às relações com os regimes de verdade que socialmente condicionam nossas maneiras de ver e definir a realidade, direcionando e constituindo nossa leitura e ação no mundo. Assim, se ali está escrito que houve uma "briga", que um aluno "tirou sangue" do outro e que isso é ruim, tomo isto como a expressão das regras, normas, regimes de verdades, expectativas, papéis, valores — enfim, do que poderíamos chamar de expressões da cultura escolar e social.

Mas as narrativas são aqui enfocadas, principalmente, como um tipo de discurso que tem efeitos sobre nossa identidade:

O tempo se converte em tempo humano ao organizar-se narrativamente. O eu se constitui temporalmente para si mesmo na unidade de uma história. Por isso, o tempo no qual se constitui a subjetividade é tempo narrado. É contando histórias, nossas próprias histórias, o que nos acontece e o sentido que damos ao que nos acontece, que nos damos a nós próprios uma identidade no tempo. (Larrosa, 1994: 69)

Larrosa (1994) enfatiza, em seus escritos, a dimensão auto-reflexiva das narrativas, tomando como referência certas práticas pedagógicas em seus efeitos do autonarrar-se, como é o caso das práticas de cunho confessional, terapêutico ou de auto-avaliação. Já Stuart Hall (1999), por exemplo, mais próximo do campo da

História e dos Estudos Culturais, enfatiza as narrativas que estabelecem identidades coletivas, como a de nação ou de povo.

Nesse sentido, ao tratar os registros contidos nos livros de ocorrência como forma de narrativas, o entendimento é o de abordá-las como discursos que têm efeitos sobre as identidades, sobre aquilo que aprendemos com relação a quem somos ou devemos ser, organizando nossa história no tempo, dando conteúdo à nossa memória, estabelecendo nossa identidade nas encruzilhadas entre o passado, o presente e o futuro, e conferindo, assim, sentidos e valores à nossa existência.

Percorrendo os labirintos sem fim das ocorrências

O que fazer com esse material? Como me localizar diante de volume tão grande de nomes, séries, situações ou providências narradas nesses livros? Todos os que estamos atentos ao funcionamento das escolas básicas podemos ter uma série de pré-noções a respeito — como, por exemplo, a de que os livros servem para controlar as crianças que tumultuam as atividades escolares: estão ali as crianças consideradas "impossíveis", "agressivas", "perigosas" ou, simplesmente, "malcomportadas". Mas, tendo em vista a diversidade de dados disponíveis, como viabilizar uma aproximação rigorosa? Comecei a ler as mais de seiscentas ocorrências e naquele momento me pareceu inevitável construir certos parâmetros ou classificações iniciais para a caracterização desses livros, para então quantificá-los e os problematizar. Eis um exemplo tirado do livro:

> **Ocorrência 9.** Aos "x" dias do mês "x" de "x" [ano], as alunas Amélia Lima de Abreu e Ilza Borba Flores estiveram na Coordenação Pedagógica para esclarecer o ocorrido na hora do recreio (chuva) qdo [quando] a inspetora Florinda estava na sala da série "x". A inspetora disse que teve que separar as 2 meninas que estavam brigando. Uma delas, a Amélia, agarrou a outra pelos cabelos, chegando até a tirar um maço de cabelos da Ilza. A briga ocorreu devido a pecuinhas entre as meninas e fofocas de colegas (Lúcia Helena, Moema...); sendo que a Moema, a Lúcia Helena e a Waleska, todas da série "x", prometeram de bater na Amélia na hora da saída. As alunas Amélia e Ilza desculparam-se na minha frente e prometeram que não mais irão brigar. [Ao final, constam local ("Curitiba"), data e as assinaturas da pedagoga e das duas alunas.]

Tendo em vista a estrutura narrativa de uma "ocorrência completa" — tal qual a do exemplo anterior —, busquei desmembrá-la para organizar preliminarmente o levantamento em quadros. O critério que adotei foi o de transcrever de modo literal a narrativa que encontrei nos livros, a partir dos seguintes itens: número e data da ocorrência; nome de crianças e docentes envolvidos, anotando aí também as pessoas que assinam a ocorrência; série/turma das crianças citadas; situação descrita; conseqüência ou ameaça de providência a ser tomada. Por último, coloquei a identificação das crianças em ordem alfabética, buscando agrupá-las quando citadas em mais de uma ocorrência. A título de exemplo e já com o cuidado de substituir os nomes mencionados, o mapeamento das ocorrências ficou organizado como mostra o Quadro 1.

Quadro 1
Quadro ilustrativo da organização do mapeamento
das ocorrências de 1998 e 1999

Nº da ocorrência/ data/	Crianças citadas	Docentes, assinaturas	Série/ turma	Situação	Ameaça/ conseqüência
nº "x" data: "x"	Ângelo Sena	Profa. Áurea; só o aluno assina	Série "x"	Ângelo Sena – série/turma "x" – Profa. Áurea (data "x") chegou atrasado e não faz as tarefas.	Sem conseqüência
nº "x" data: "x"	Mônica Romero da Luz; Carlos;	Assinam a pedagoga e a aluna	Série "x"	A aluna Mônica Romero da Luz , série "x", está sendo advertida porque espirrou um jato de espuma em seu colega Carlos, pois o mesmo estava chamando-a de ladra.	Conversei com a menina, para que não repetisse tal ato, *pois se isto tornar a acontecer terei que chamar seus pais.*
nº "x" data: "x"	Miltom Amorim	Só a pedagoga assina	Série "x"	O aluno Miltom Amorim, série "x", desentendeu-se com o colega de sala, **chutou suas pernas e respondeu mal à professora auxiliar.**	Sem conseqüência
nº "x" data: "x"	Eduardo Nunes Pontes	Assinam a pedagoga e a mãe	Não diz	Aos "x" dias..., a Senhora Vera Nunes Pontes, mãe do aluno Eduardo Nunes Pontes, esteve aqui na escola a pedido da Coord. Pedagógica pois o mesmo está faltando às aulas de recuperação aos sábados.	Conversei com a mãe e esclarecemos o que estava acontecendo, ficando explícita a importância do aluno não faltar à recuperação.

Fonte: Livros de ocorrência.

Em meio a várias leituras e releituras desses dados empíricos, como não era possível saber antecipadamente quais aspectos seriam posteriormente importantes, pautei o trabalho no sentido de localizar o maior número possível de particularidades, de visualizar o alcance, a dinâmica dos livros e suas possíveis implicações dentro do contexto de uma análise detalhada sobre seu funcionamento e, ao mesmo tempo, de uma discussão mais abrangente sobre disciplinamento.

Estabeleci, então, marcos iniciais para a análise quantitativa e qualitativa: especificação de gênero, buscando levantar a incidência de meninos e meninas, isoladamente ou em grupo, bem como os "campeões de ocorrência", ou seja, os que mais aparecem nas ocorrências; especificação das séries/turmas citadas; das professoras(es) citadas(os); das(os) responsáveis presentes nos registros.

Quanto à narrativa das situações e das conseqüências, fui definindo algumas modalidades a serem destacadas, tendo em vista especialmente as especificações existentes nas narrativas — mas, também, certas preocupações socialmente recorrentes quando o assunto é disciplina, como é o caso da sexualidade, porte de armas e drogas. Para facilitar o levantamento quantitativo, separei as várias modalidades de situações e conseqüências por um código de cores e sombreamentos diferenciadores, na direção do que aparece no quadro anterior, novamente ressaltando que o mapeamento baseou-se nas ocorrências existentes no livro "completo".

Apresento, a seguir, o resultado desse trabalho de levantamento preliminar, entrecruzando os vários quadros com comentários que possam esclarecer seus

Quadro 2
Presença das ou dos responsáveis nas ocorrências
de 1998 e 1999

Presença das(os) responsáveis	1998[10]		1999		Total	
	Abs	%	Abs	%	Abs	%
Responsáveis são chamados pela escola	67	24	116	49	183	35
Responsáveis vêm à escola por vontade própria	19	7	37	15	56	11
Ocorrências nas quais os responsáveis estão presentes na escola	86	31	153	64	239	46
Ocorrências nas quais os responsáveis não estão presentes	192	69	86	36	278	54
Total de ocorrências	278		239		517	

Fonte: Livros de ocorrência.
Nota: Abs = números absolutos.

---

10. Efetuei arredondamentos nas percentagens, para eliminar algarismos após a vírgula e facilitar a leitura dos dados quantitativos. Assim, por exemplo, em vez de "30,93%", constará "31%".

conteúdos. Tais comentários não serão feitos em uma direção analítica, mas, sim, descritiva e ilustrativa, visando a esclarecimentos sobre o conteúdo geral dos dados empíricos coletados, sobre o caminho percorrido para alcançá-los, assim como sobre as escolhas ou delimitações a serem posteriormente especificadas.

Computei no item "Responsáveis são chamados pela escola" ou "Responsáveis vêm à escola por vontade própria" os casos em que aparece a assinatura deles ou em que se subentende, pela narrativa do livro, sua presença efetiva na escola, ainda que não tenham assinado a ocorrência. Há também muitos registros que mencionam apenas a ameaça de que os pais sejam chamados, algo que não computei no Quadro 2 mas que reforça significativamente a dimensão da importância deles no disciplinamento efetuado pela escola.

Na maioria dos casos, quem aparece é a mãe. De modo mais esporádico, consta a presença do pai e de parentes, como a tia, a avó e a irmã. Em função das narrativas encontradas nos livros, deduz-se que a preferência da escola é a de que sejam os pais a comparecer à escola.

Entre os motivos relevantes para a escola chamar os pais (ou ameaçar chamá-los) estão os que envolvem narrativas de "brigas" e de "mau comportamento" da criança. No entanto, nem sempre que as narrativas definem situações com esse perfil eles são chamados, sendo que a escola "resolve" diretamente com a criança o que aparece nos livros como problemático.

Em situações narradas como "atraso", "fuga" ou "gazeteamento das aulas", bem como de "faltas excessivas" da criança, quase sempre os pais são chamados ou é apontada a ameaça de que o sejam, o que se relaciona com as questões da obrigatoriedade do ensino fundamental. Em um âmbito mais geral, trata-se ainda de a escola proteger-se ou se prevenir contra possíveis acusações de negligência.

Quando os pais chegam à escola por vontade própria, sem terem sido chamados, as narrativas geralmente referem-se a "queixas sobre agressões" ou "ameaças" sofridas por seus filhos ou filhas ou, ainda, à solicitação de transferência de turno ou de escola.

As conseqüências narradas nas ocorrências em que os pais são chamados pela escola giram em torno de uma "conversa conscientizadora", do "encaminhamento" da criança a "especialistas", do envio do caso ao Conselho Tutelar — geralmente, por "excesso de faltas" ou "mau comportamento" —, do registro do comprometimento deles para superar o problema, de aconselhamento, do alerta a respeito de seus deveres legais para com a criança, dentre outros. Reproduzo, a seguir, trechos de ocorrências nessas direções:

> **Ocorrência 10.** [Narrativa sobre uma mãe que é convocada pela escola para justificar as faltas excessivas de seu filho.] Fica a mãe ciente de que se o aluno continuar faltando, o fato será relatado ao Conselho Tutelar para que se tome as providências necessárias neste sentido. [Constam "Curitiba", a data por extenso, as assinaturas da pedagoga e da mãe.]
>
> **Ocorrência 11.** [Narrativa sobre uma tia que comparece à escola para tratar do baixo rendimento de sua sobrinha.] Foi combinado que todos os dias ela observará as atividades e rubricará e, virá a cada 15 dias conversar com a regente p/ acompanhar a situação educacional da "sobrinha-filha". A pedagoga tb. [também] fez encaminhamentos p/ avaliação psicológica; pois a aluna tem uma história de vida bem complicada; assim eu enquanto orientadora o julgo; o que vem interferir na conduta da aluna e principalmente dentro da sala de aula. [Constam "Curitiba" e data rubricada, as assinaturas da pedagoga e da tia.]

Também no sentido de dimensionar preliminarmente a importância e o papel dos pais nesta teia disciplinar, cabem alguns exemplos de narrativas que explicitam apenas a ameaça de que eles poderão ser chamados se a criança reincidir no problema apontado:

> **Ocorrência 12.** [Narrativa sobre duas alunas que se agridem na fila de entrada.] Caso haja reincidência, os pais serão chamados para tomarem ciência do comportamento das filhas. [Constam "Curitiba", data rubricada, assinaturas da pedagoga e das duas alunas.]
>
> **Ocorrência 13.** [Narrativa em que um aluno pula o muro para comprar bolachas.] O aluno já tem 3 ocorrências; na próxima seus pais serão chamados na escola. [Constam rubrica da pedagoga e assinatura do aluno.]

Como pôde ser visto no Quadro 2, há um significativo aumento, entre 1998 e 1999, do número de ocorrências em que os responsáveis estão presentes na escola. Em 1998, representavam 31% do total e em 1999, 64%. Devido ao aspecto da pressa com que os registros são feitos, em meio à "correria" do dia-a-dia escolar, conforme a pedagoga afirmou na entrevista, há a possibilidade de que nem sempre essa presença seja mencionada. Por outro lado, é mais provável que essa freqüência tenha crescido em função de a escola ter passado a enviar obrigatoriamente comunicação ao Conselho Tutelar com todos os casos de falta excessiva do alunado, acompanhada do registro das providências anteriores tomadas para a resolução da questão, o que com certeza inclui o chamamento dos pais para informações. Como será explicado posteriormente, o Conselho Tutelar foi criado, em Curitiba, no ano de 1998, sendo que, nesses primeiros tempos de implantação do novo órgão, é possível ter havido um período inicial de acomodamentos e esclarecimentos, processo este que pode ter resultado no acentuado crescimento do registro dessas presenças que se verifica no ano de 1999.

No entanto, mesmo considerando que a freqüência de 31% das ocorrências narrando a presença dos responsáveis na escola em 1998 significa apenas a metade da verificada em 1999, esta não me parece desprezível. Trata-se de uma percentagem considerável, ainda mais se não perdemos de vista a relevância do número de narrativas em que consta apenas a ameaça de que eles sejam chamados, dado que será apresentado nos Quadros 10 e 11. Tudo isso aponta para o funcionamento de vínculos significativos sobretudo entre os pais e a escola nas questões disciplinares, algo que será especialmente analisado no Capítulo 5.

Na entrevista, a pedagoga afirmou que, em geral, os pais não são chamados na primeira ocorrência, a não ser em casos graves, quando as inspetoras ou mesmo as pedagogas podem até ir à casa deles para chamá-los, tal como aparece em algumas narrativas. Outra tendência mencionada por ela é a de que o comparecimento das(os) responsáveis na escola é visto como positivo, já que o problema tende a ser resolvido.

A análise sobre a incidência de certas professoras ou séries envolvidas no registro das ocorrências não trouxe particularidades que parecessem relevantes. Ficou difícil de visualizar esse tipo de nuances na medida em que, de um lado, é grande a quantidade de ocorrências em que não aparece citado o nome da professora (em 69% das ocorrências de 1998 e 1999, esses nomes não são registrados) e, de outro, ainda que as percentagens cresçam significativamente com relação à especificação das séries (68% das ocorrências de 1998 e 1999), não foi possível identificar séries que apresentassem particularmente problemas disciplinares, talvez tendo em vista o grande porte da escola, com a existência de muitas turmas em cada uma das séries escolares existentes (ver Quadros 3 e 4).

A pedagoga entrevistada afirmou não haver uma série particularmente mais problemática, algo que também constatei no levantamento realizado. Quanto aos docentes, a pedagoga lembrou os que substituem as professoras regentes e os das aulas especiais (Educação Física, Artes), que teriam mais dificuldade em assumir os problemas disciplinares como seus também e estariam mais propen-

Quadro 3
Citação de docentes nas ocorrências
de 1998 e 1999

Citação de docentes	1998		1999		Total	
	Abs	%	Abs	%	Abs	%
Com nome de professor(a) especificado(a)	84	30	77	32	161	31
Sem nome de professor(a) especificado(a)	194	70	162	68	356	69
Total de ocorrências	**278**	**100**	**239**	**100**	**517**	**100**

Fonte: Livros de ocorrência.
Nota: Abs = números absolutos.

Quadro 4
Especificação de séries nas ocorrências
de 1998 e 1999

Especificação de séries	1998[10]		1999		Total	
	Abs	%	Abs	%	Abs	%
Com série especificada	173	62	181	76	365	68
Sem série especificada	105	38	58	24	163	32
Total de ocorrências	**278**	**100**	**239**	**100**	**517**	**100**

Fonte: Livros de ocorrência.
Nota: Abs = números absolutos.

sos a encaminhar para as pedagogas ou professoras regentes as crianças consideradas problemáticas.

Tendo ainda em vista particularidades que remetam à maior incidência de problemas disciplinares em certas situações, nota-se haver muitas ocorrências nos horários de "recreio", de entrada ou saída da escola, de troca de docentes e, também, das chamadas aulas especiais, com destaque para as de Educação Física. Tanto que, para além da grande incidência desse tipo de problemas no "livro completo" de ocorrências, há o "livro resumido", especialmente voltado para esse tipo de situações. Quanto ao "recreio" — de quinze minutos e em que se separam as crianças mais novas das mais velhas —, a pedagoga afirmou que, até 1999, ao lado das inspetoras, as professoras também faziam escalas, ajudando a observar as crianças, algo que ela avaliou como muito positivo; a partir de 2000, apenas as inspetoras ficaram encarregadas desta atividade.

Do ponto de vista do papel das professoras nesta dinâmica, a regra é a de que sejam elas ou as inspetoras a levar as crianças consideradas indisciplinadas até as pedagogas. Nesse sentido, a pedagoga entrevistada salientou que era muito freqüente as professoras encaminharem as crianças para assinar o livro de ocorrência por motivos corriqueiros, que poderiam ser resolvidos na própria sala de aula. Diante disso, a Coordenação Pedagógica implantou outro instrumento disciplinar paralelo aos livros, visando estimular maior responsabilidade e autoridade do corpo docente com relação aos problemas disciplinares.

Quanto a este outro instrumento, trata-se de fichas — que as professoras preenchem, com data, sua assinatura e a das crianças envolvidas —, em que se narra o ocorrido, assim como se assinalam as providências antes tomadas para lidar com a situação.[11] As fichas são entregues à pedagoga no momento em que as crianças são encaminhadas para a sala da Coordenadora Pedagógica, que então toma as providências julgadas necessárias. Tais fichas são arquivadas pelas pedagogas, não havendo uma organização alfabética ou outra qualquer; as fichas vão sendo guardadas juntas, conforme chegam até as pedagogas.

Ainda segundo o testemunho da pedagoga, a utilização de tais fichas tem provocado crescente diminuição do uso dos livros de ocorrência, que continuam sendo utilizados nos casos considerados mais graves ou para os problemas relacionados a faltas excessivas das crianças. A diminuição do número total de ocorrências, verificável entre os anos de 1998 e 1999, pode ter relação com esse novo instrumento de disciplinarização. Por outro lado, a partir de 2000, a própria utilização dessas fichas diminuiu, o que é interpretado pela entrevistada como fruto de maior responsabilização do professorado, que tem procurado solucionar os problemas em seu próprio âmbito de atuação.[12]

Quanto à incidência por gênero (ver Quadro 5), o número de meninos envolvidos em situações que as autoridades escolares consideram problemáticas é significativamente maior do que o de meninas: no caso dos meninos, eles representam 75% do total dos nomes citados no ano de 1998 e 81% dos nomes em 1999; no caso das meninas, elas representam apenas 25% dos nomes citados em 1998 e 19% com relação a 1999. A pedagoga entrevistada avaliou que, tendo em vista a cultura da população atendida pela escola, as meninas, desde pequenas, têm mais responsabilidades do que os meninos, cuidando da casa ou dos irmãos menores. Afirmou que raramente uma menina de primeira série reage com choros nos primeiros dias de aula. Já entre os meninos, isso é mais comum, pois, desde peque-

---

11. A pedagoga não tem certeza se as fichas foram implantadas no final de 1998 ou durante 1999.

12. A pedagoga afirma que o uso dessas fichas foi muito esporádico no ano de 2000 e que em 2001, a quase 15 dias do começo das aulas — quando a entrevista foi feita —, as pedagogas ainda nem tinham comentado com o professorado sobre sua existência.

Quadro 5
Ocorrências por gênero: meninos e meninas citados nos anos
de 1998 e 1999[13]

Gênero	Crianças			
	1998		1999	
	Abs	%	Abs	%
Meninos citados	357	75	290	81
Meninas citadas	117	25	68	19
Total	**474**	**100**	**358**	**100**

Fonte: Livros de ocorrência.
Nota: Abs = números absolutos.

nos, as mães "paparicam" mais os filhos homens, que se tornam mais dependentes e "brincalhões", e também passam a freqüentar mais as ruas do que as meninas.

No entanto, quero chamar a atenção para o que é possível inferir desses dados em termos da dimensão de eficiência dos livros de ocorrência como instrumento disciplinar, ainda que se trate de uma eficiência relativa, conforme será aprofundado nas análises existentes ao longo deste livro.

Tendo em vista os Quadros 6 e 7 e tomando por base um número total de 1.500 estudantes de primeira a quarta série nos turnos da manhã e da tarde dessa escola, consta que cerca de 32% do total das crianças matriculadas aparecem nos registros de 1998 e apenas 24% delas nos registros de 1999, incluindo nessas percentagens tanto as crianças que aparecem uma única vez nos registros, quanto as que aparecem duas vezes ou mais. Isso significa que cerca de 70% do total das crianças matriculadas na escola não aparecem nos livros de ocorrência de 1998 e 1999.

Tais dados sinalizam para a relativa eficiência obtida por todo um conjunto de instrumentos disciplinares postos em prática pela sociedade e pela escola, inclusive os livros de ocorrência, que tendem a agir mesmo sobre os que não aparecem neles registrados, pois correm o risco de sê-lo. Nessas condições, a grande maioria das crianças não é nomeada nos livros de ocorrência, o que indica o sucesso relativo obtido pelo conjunto dos mecanismos disciplinares utilizados.

Por outro lado, pode-se pensar que as crianças "desajustadas", mesmo em minoria, adquirem suficiente visibilidade para que sua existência seja tão ou mais

---

13. Incluí nestes números tanto as crianças que aparecem apenas uma vez nos registros, como as que aparecem duas vezes ou mais. O mesmo ocorre com relação ao Quadro 7.

Quadro 6
Crianças citadas e não citadas nos livros de ocorrência com relação ao número total
de matrículas existentes nos anos de 1998 e 1999

Situações	1998		1999	
	Abs	%	Abs	%
Crianças citadas nos livros	474	32	358	24
Crianças que não aparecem registradas nos livros	1026	68	1142	76
Total de matrículas[14]	1500	100	1500	100

Fonte: Livros de ocorrência.
Nota: Abs = números absolutos.

importante que a das crianças que se "ajustam" às normas e às expectativas disciplinares socialmente estabelecidas. Tanto que muitas escolas utilizam-se de instrumentos disciplinares específicos, tais como os livros de ocorrência, dedicados especialmente à identificação e à repreensão das crianças que desrespeitam as normas disciplinares da escola, para com isso corrigi-las. Assim, se por um lado há sinais da significativa eficiência obtida pelo conjunto dos instrumentos disciplinares usados pela escola, por outro lado trata-se de uma eficiência sempre ameaçada.

Essa dimensão de eficiência relativa pode ser visualizada no Quadro 7. Considerando-se os 474 nomes citados no livro de ocorrência de 1998, 85% deles constam uma única vez nos registros e 15% aparecem duas vezes ou mais. As mesmas percentagens aparecem no ano de 1999. Tendo em vista a minoria que está presente nos livros, é uma minoria ainda maior que reincide. Mas, da mesma forma, adquire peculiar importância.

Em 1998, entre o total de 357 meninos citados nos registros (ver Quadro 5), o grande "campeão de ocorrências" é Heráclito Cavalcante, que aparece em onze ocorrências.[15] Em segundo lugar, com seis ocorrências, aparecem empatados Damião Guedes Nogueira, Adroaldo Freitas Coutinho e Timóteo Fagundes Goulart. Em terceiro lugar, com cinco ocorrências, Damaceno Luis Pacheco, Caio Guerra Portela, Lourenço Figueira Fontes e Nilo Buarque. Contabilizei cinco alunos com

---

14. Tendo em vista as preocupações antes apontadas relativas ao sigilo quanto à identificação da escola, forneci um número total de matrículas entre 1.500 e 2.000, tanto em 1998, como em 1999, sendo estas matrículas da primeira à quarta série, nos turnos da manhã e da tarde. Para facilitar uma aproximação com a incidência de crianças que aparecem registradas nos livros de ocorrência diante do número total de estudantes dessa escola, fixei em 1.500 o número total de matrículas nesses dois anos.

15. Pareceu-me interessante já nomear os chamados "campeões de ocorrência", pois são citados em alguns dos exemplos apresentados neste trabalho; quando isso ocorre, assinalo o fato entre colchetes.

Quadro 7
Por freqüência de aparição: crianças que aparecem uma única vez e que aparecem
duas ou mais vezes nas ocorrências de 1998 e 1999

Freqüência de aparição	Crianças			
	1998		1999	
	Abs	%	Abs	%
Crianças que aparecem uma vez só nos registros	405	85	306	85
Crianças que aparecem duas ou mais vezes nos registros	69	15	52	15
Total de crianças citadas	**474**	**100**	**358**	**100**

Fonte: Livros de ocorrência.
Nota: Abs = números absolutos.

quatro ocorrências, onze alunos com três e cerca de trinta e cinco alunos com duas. Isso perfaz em torno de cinqüenta e nove alunos que reincidiram duas ou mais vezes nos livros de ocorrência, tendo em vista o conjunto de 357 meninos citados em 1998.

No ano de 1999, com o total de 290 meninos citados nos registros, o "campeão de ocorrências" é Damião Guedes Nogueira (o mesmo Damião de 1998), que aparece em onze ocorrências. Em segundo lugar, vem Cauby M. Antunes, com nove ocorrências. Em terceiro lugar, com seis, aparece Ênio Dutra. Computei três alunos com cinco ocorrências, três alunos com quatro, oito alunos com três e aproximadamente vinte e oito alunos com duas. São, portanto, cerca de quarenta e cinco alunos que reincidiram duas ou mais vezes nos livros de ocorrência. Trata-se de contagens aproximadas, pois é comum constar da ocorrência apenas o primeiro nome do aluno, sem sobrenome e/ou série, e pode ou não ser o mesmo mencionado em outra ocorrência. Computei como reincidências apenas os casos em que foi possível identificar tratar-se da mesma criança. Ainda assim, tem-se um panorama da relativamente baixa freqüência de meninos reincidentes nos livros de ocorrência.

No caso das meninas, a situação é ainda mais emblemática. Em 1998, no total de 117 meninas citadas (Quadro 5), computei duas meninas com quatro ocorrências, quatro meninas com três e quatro com duas. Todas as demais apareceram citadas apenas uma vez. Em 1999, entre 68 meninas citadas, computei uma aluna com três ocorrências registradas e seis alunas com duas; todas as outras apareceram uma única vez nos registros.

No entanto, a mesma relatividade já apontada permeia essa aproximação. A única ocorrência que menciona uma "ameaça de motim" entre as crianças, como será visto, tem uma menina entre seus proponentes. Os casos registrados de "agressão física" que envolvem meninas, dentre outros, também são suficientemente visíveis para que ganhem relevância e sinalizem as diferentes posições de sujeito possíveis em nossas relações sociais, ainda que atravessadas pelo que poderíamos designar como "cultura dominante" que especifica papéis diferenciados para cada gênero.

A seguir, com a mesma intenção descritiva e ilustrativa, passo a apresentar o levantamento das situações narradas nos livros de ocorrência. Como já explicado, o conjunto dos quadros com o mapeamento dos dados foi surgindo na medida em que eu lia e relia o material empírico, tomava por base especialmente a própria narrativa existente nos livros — com os dados e especificações que traziam — e ia gradativamente construindo uma tipologia. Nos exemplos, pode-se ver que, do ponto de vista das situações e conseqüências relatadas, ora as narrativas explicitamente usam certos termos, tais como "furto", "briga", "mau comportamento" ou "ameaça", ora coube-me interpretá-las a partir dos detalhamentos apresentados, enquadrando-as naquela tipologia.

Por diversas vezes, os quadros foram feitos e refeitos, contados e recontados, a partir de inúmeras alterações nos critérios que definiam a tipologia e o código de cores. Talvez minhas explicações e exemplos tornem-se cansativos, mas julgo serem necessários para mais efetiva concretização a respeito do conteúdo dos livros e para a justificativa das opções que depois faço com relação à delimitação das análises, tendo em vista a extraordinária riqueza do conteúdo das narrativas e a impossibilidade de abarcá-las no conjunto de seus aspectos.[16]

Diante da existência de muitas ocorrências em que se registrava apenas um único tipo de situação e de muitos casos em que se narravam dois ou mais tipos em uma mesma ocorrência, construí o Quadro 8, específico para o levantamento das ocorrências nas quais constava exclusivamente um tipo de situação ocorrida — o que chamei de "situações puras" —, e o Quadro 9, específico para o mapeamento das ocorrências nas quais constava dois ou mais tipos de situação — o que denominei "situações mistas". A tipologia das situações existentes nos quadros chegou à atual acomodação a partir de critérios que exporei a seguir.

No tipo "brigas/agressividade física", computei as situações nas quais os termos "briga" ou "agressão" foram usados, quando havia registro explícito de dano corporal entre as crianças ou, ainda, nos poucos casos em que a agressão narrada era contra as autoridades escolares. Esse tipo de situação foi o de maior incidên-

---

16. Há que se frisar, desde já, que o maior detalhamento possível das narrativas pode também ser valioso como fonte para outras pesquisas.

Quadro 8
Tipos de "situação pura" narrados e número de vezes em que
aparecem citados nas ocorrências de 1998 e 1999

Por situação	Ocorrências por ano					
	1998		1999		Total[17]	
	Abs	%	Abs	%	Abs	%
Brigas/agressividade física	61	22	50	21	111	21
Mau comportamento/desrespeito/xingamento/brincadeiras	56	20	30	13	86	17
Situações mistas (mais de uma situação em uma mesma ocorrência)	54	19	31	13	85	16
Falta excessiva do aluno	14	5	46	19	60	12
Problemas na Educação Física	20	7	8	3	28	6
Fuga/atraso/gazeteamento de aula	16	6	11	5	27	5
Ameaças, chantagens, perseguições entre alunos ou com autoridades	9	3	13	5	22	4
Outras	6	2	16	7	22	4
Prejuízos, danos para o patrimônio escolar ou alheio	9	3	7	3	16	3
Furto ou suspeita de	8	3	7	3	15	3
Namoro/sexualidade	13	5	1	0,4	14	3
Utilização de drogas, cigarro etc.	2	1	9	4	11	2
Porte de objetos perigosos/armas	5	2	5	2	10	2
Problemas de rendimento, aprendizagem, lição de casa	3	1	2	0,6	5	1
Queixas sobre os professores	2	1	3	1	5	1
Total	278	100	239	100	517	100

Fonte: Livros de ocorrência.
Nota: Abs = números absolutos.

cia, tanto no livro de 1998, como no de 1999, totalizando 111 ocorrências, ou seja, 21% do total. Essas situações são assim narradas:

> **Ocorrência 14.** Inácio Venturine (série "x") e Nelson Coelho (série "y") brigaram antes de bater o sinal de entrada. [...][18]

---

17. O critério de colocar os números em ordem decrescente — também adotado nos próximos quadros — será aplicado a partir do comportamento dos números existentes nesta coluna.

18. Além do que já foi explicitado na nota 2, saliento que, em geral, as séries são mencionadas nas narrativas junto com a turma, como, por exemplo, "2ª série A" ou "1ª F". Para simplificar, substituo essas

Ocorrência 15. O aluno Orlando Mendes, na data de "x", na hora do recreio, com uma faixa de pano agrediu um colega deixando marcas no seu pescoço. [...]

Ocorrência 16. Aos "x" dias do mês "x" de "x", o aluno Lucas da Cunha, esmurrou a boca da Carmem V. Moraes (série "x"). [...]

Ocorrência 17. Os alunos Jaques da Silva (série "x") e Adão M. da Veiga (série "y") brigaram na hora do recreio, um tirando sangue um do outro. [...]

Ocorrência 18. Os alunos Altair B. C. dos Campos (série "x") e Emília G. Ribeiro (série "y") brigaram na data de hoje ("x") na hora do recreio. Emília estava saindo para ir ao banheiro e segundo ela, "esbarrou" no Altair que p/ vingar-se foi até a sala da menina (série "y") e agarrou-a pelos cabelos. Segundo Altair a menina deu-lhe um tapa na cara e por isso ele puxou-lhe os cabelos. [...]

Na opinião da pedagoga, a violência vinha diminuindo na escola, sendo que a utilização dos livros de ocorrência contribuiu para inibir esse tipo de situação. A pedagoga avaliou que o livro traz a oportunidade de se conversar com as crianças sobre os significados e as implicações de uma agressão, seja física, seja verbal.[19] Lembrou que, diante do contingente de crianças que freqüentava a escola, a incidência de violência era baixa, especialmente pensando na ocorrência de casos mais graves. Quanto à utilização de objetos ou de armas consideradas perigosas, ela afirmou que, no início do ano, elaborava-se uma espécie de boletim informativo no qual se solicitava aos pais que verificassem a presença de objetos perigosos na maleta das crianças, o que não era permitido pela escola.

Do ponto de vista da tipologia, pode-se perguntar: sempre que se menciona uma "briga", é inevitável que tenha havido algum tipo de "violência física"? O

---

informações por série "x" ou turma "x", subentendendo-se que aí podem estar especificadas tanto a série, quanto a turma. Quanto à identificação das séries/turmas mencionadas na mesma ocorrência, uso letras diferentes quando se trata de turmas diferentes. Como, no conjunto das ocorrências existentes, descartei a relevância dos aspectos de maior incidência de determinadas séries/turmas, estas tendem a aparecer apenas como série "x", mesmo que eventualmente se trate da mesma série em duas ou três ocorrências diferentes.

19. Apesar desse "elogio", em outro momento da entrevista a pedagoga afirmou que estava reavaliando sua posição quanto à eficiência da utilização dos livros de ocorrência, considerando que o melhor seria sempre procurar conversar com a criança, com carinho, de uma forma mais delicada. Ponderou que a população atendida pela escola já era muito sofrida, que havia famílias que catavam papel ou comida no lixo e crianças em situação de total abandono. Ressaltou que a utilização dos livros vinha até decrescendo, como já foi assinalado, com registros cada vez mais raros.

termo "briga" não tem necessariamente conotação de "agressividade física": as crianças podem estar brincando e isso ser considerado uma briga, ou podem ter machucado alguém sem intenção, ou ainda pode tratar-se de uma discussão, com manifestações verbais. São questões pertinentes, mas a lógica que parece nortear os registros impõe diferenciações: coloca sob o termo "briga/agressividade" uma dimensão de violência corporal praticada pela criança e reserva outro tipo de caracterização para as situações em que isso não ocorre.

No tipo "mau comportamento/desrespeito/xingamento/brincadeiras", reúnem-se assim narrativas em que eram explicitados esses termos, ou termos correlatos, ou narrativas que não os traziam diretamente, mas foram interpretadas por mim nessa direção, em função do tipo de relato apresentado (17% das ocorrências de 1998 e 1999). Como será visto, o termo "briga" não é utilizado nas narrativas das ocorrências que computei nesse tipo; o que aparece, nesse sentido, é o termo "agressividade verbal" ou correlatos. São situações assim narradas:

> **Ocorrência 19.** O aluno Nilo Buarque [um dos "campeões de ocorrência"] foi advertido por mau comportamento em sala de aula. [...]
>
> **Ocorrência 20.** A aluna Clarisse M. Jardim xingou a zeladora Vânia com palavras de baixo calão (série "x"). [...]
>
> **Ocorrência 21.** O aluno Ivan V. Lara da série "x" tarde, aluno da professora Berenice, não respeitando a mesma "mostrou a língua". [...]
>
> **Ocorrência 22.** O aluno Aquiles de Souza, está sendo advertido por agredir verbalmente a professora Irene na aula de "x" [nome da disciplina]. [...]

Pergunta-se: tendo em vista o caráter desse tipo de livro, todas as situações não registrariam casos que poderíamos considerar, genericamente, como de "mau comportamento"? Certamente. Mas as funções que os livros parecem desempenhar trazem a exigência de certa especialização das infrações, de detalhamento a ser assegurado, mesmo sem perder de vista a pressa que ronda o cotidiano escolar. Assim, esse tipo de situação foi criado na medida em que a própria narrativa dos livros trazia tais especificidades.

Inicialmente, eu tinha estabelecido "travessuras, brincadeiras" como um tipo à parte. Mas comecei a ter dúvidas insolúveis se computava em certos casos essas narrativas como "brincadeira" ou simplesmente como "mau comportamento", tendo em vista o que as narrativas expressam como mau comportamento. Narrativas de situações do tipo:

> **Ocorrência 23.** O aluno Elias Leite Gonçalves (série "x") cortou o cabelo da colega Luciene N. de Goes, com a tesoura que estavam utilizando para recorte, na aula de "x" [nome da disciplina], com a Professora Esmeralda. [...]
>
> **Ocorrência 24.** Os alunos Ivo Laertes (série "x") e Jaime Barcelos (série "y") trouxeram tomates estragados para jogarem nos colegas. [...]
>
> **Ocorrência 25.** O aluno Heráclito Cavalcante [um dos "campeões de ocorrência"], foi advertido pela direção e coordenação pedagógica por atirar o lanche que sua colega estava tomando, nela própria. [...]

Eram narrativas que poderiam ser interpretadas tanto como situações de brincadeiras, quanto de mau comportamento, pois, mesmo quando expressavam a possibilidade de ter havido danos físicos, não se tratava de brigas. Diante disso, resolvi abandonar a especialidade do tipo "brincadeiras, travessuras" e o abrigar sob o "guarda-chuva" do item "mau comportamento".

Quanto à "falta excessiva do aluno" (12% das ocorrências de 1998 e 1999), agrupei aí as situações em que a narrativa se referia exclusivamente a problemas de ausência:

> **Ocorrência 26.** Aos "x" dias do mês de "x" de "x", a aluna Ilana V. Bandeirante após 1 mês de faltas retornou à Escola. Estava "escondida" na casa da tia em [nome de município vizinho a Curitiba]; pois houve uma briga feia de família. [...]
>
> **Ocorrência 27.** Aos "x" dias do mês de "x" de hum mil novecentos e noventa e "x", compareceu à escola à pedido da Supervisora Verônica a Senhora Sandra D. Magalhães, mãe do aluno Oscar Magalhães de Moraes [citado na ocorrência 5], da série "x", para esclarecer o motivo pelo qual o mesmo faltou às aulas por 13 dias consecutivos e mais 3 faltas que ele já tinha anteriormente. Segundo a mãe, eles viajaram para o sítio de parentes. [...]

Como já anotado, é muito forte a preocupação quanto à freqüência das crianças na escola. Quando as ocorrências que narram problemas de "falta excessiva" trazem maiores argumentações, explicitam-se questões ora de direitos e deveres, ora de pré-requisito para a aprendizagem ou para a aprovação. A escola chegava a adotar a estratégia de procurar os pais em suas próprias residências quando suas ações internas não surtiam efeito.

As situações de "fuga", "atraso" e "gazeteamento de aula" não deixam de se relacionar também aos riscos da evasão (5% das ocorrências levantadas em 1998 e 1999). Separei essas situações em outro tipo, na medida em que me pareciam trazer a especificidade de uma dimensão adicional dos livros de ocorrência, ou seja, a da responsabilidade escolar quanto à guarda ou proteção das crianças, uma vez que estas venham até a escola. Por outro lado, esse tipo de narrativa é um dos que mais ressalta o papel que os livros de ocorrência têm na produção de provas que protejam a escola de possível acusação de negligência — dimensão que, aliás, perpassa a lógica geral dos livros como instrumentos de disciplinarização. São situações narradas assim:

> **Ocorrência 28.** O aluno Décio F. de Camargo, da série "x", pediu para ir ao banheiro e ao invés disso ficou com outros garotos de fora da escola. Como estava demorando muito, a professora preocupou-se (e, com razão) e pediu para que fôssemos procurá-lo. Encontramos o garoto no muro da escola, conversando com estranhos. [...]
>
> **Ocorrência 29.** O aluno Heráclito Cavalcante [citado na ocorrência 25], na data de hoje, "x", fugiu da escola (pulou o muro) às 9h10min. e foi até o circo, sem a autorização da professora de "x" [nome da disciplina], Noela. [...]
>
> **Ocorrência 30.** O aluno Olívio, série "x", estava gazeando a última aula (Ed. Física). Foi pego no flagrante. [...]

Como "problemas na Educação Física" (6% das ocorrências de 1998 e 1999), agrupei as narrativas em que as situações relatadas davam-se estritamente dentro dessa aula, como brigas, fuga, brincadeiras, dentre outras, e eram registradas assim:

> **Ocorrência 31.** Os alunos Pedro, Elói, Augusto de Albuquerque e Valdemar Floriano não assistiram à aula de E. F. [educação física] no dia de hoje, "x", por motivos diversos: atraso, mau comportamento, etc. [...]
>
> **Ocorrência 32.** Os alunos Damaceno L. Pacheco [um dos "campeões de ocorrência"], Caetano N. Prestes e Timóteo F. Goulart [um

dos "campeões de ocorrência"], da série "x", no dia de hoje, "x", desrespeitaram as normas da escola. O aluno Timóteo desrespeitou o professor, dando-lhe as costas e não prestando atenção na aula ([professor] Rômulo). O aluno Caetano gritou na sala de aula quando seu colega Damaceno Pacheco pôs fogo com um isqueiro em um papel e jogou o papel com fogo atrás da porta da sala. [...] ["Mau comportamento" e "Educação Física", pois o professor citado é dessa disciplina.]

Ocorrência 33. Os alunos Adroaldo Freitas Coutinho [um dos "campeões de ocorrência"], Altemir Pereira, Mariano Soares e Nilton Correa foram advertidos por se recusarem a participar das aulas de Educação Física, com a Profª Laura. Eles só participam se for futebol. [...]

Outro tipo que destaquei foi o de "problemas de rendimento escolar, aprendizagem, lição de casa" (1% do total das ocorrências de 1998 e 1999). Pode-se pressupor que tudo o que acontece numa escola seja teoricamente movido por esse tipo de preocupação. Todavia, chamou a atenção, de início, o fato de que apenas alguns relatos explicitavam em particular essa dimensão. Como não se tratava de narrativa de briga, de mau comportamento ou de qualquer dos outros tipos de situação estabelecidos, resolvi especificar esse tipo de relato, dada a sua centralidade nos discursos sobre o papel da escola. Esse tipo de situação foi narrado assim:

Ocorrência 34. A pedido da Pedagoga Letícia e Professora Sara convocamos a mãe do aluno Cássio Luiz Lira para conversarmos sobre a situação acadêmica do menor. [...]

Ocorrência 35. A aluna Susana, série "x", prof^a Lorena, não fez as tarefas e ainda rasgou-as. [...]

No grupo das situações designadas como "outras" (4% do total das ocorrências de 1998 e 1999), computei tipos de narrativas que não existiam no elenco já estabelecido. São ocorrências cujas descrições envolvem, dentre outras situações, pedido de realização de matrícula fora de época; solicitação de transferência de turno ou outros tipos de transferência por parte dos responsáveis; casos de opção religiosa que impede as crianças de desenvolver alguma atividade; narrativas indicando que as crianças se machucaram, sem especificar se isso foi acidental ou qual o tipo de entendimento prestado. Eis alguns exemplos:

> **Ocorrência 36.** Aos "x" dias do mês de "x" de "x" [ano] esteve na Coordenação Pedagógica a Sra. Vicentina de Barros Saliba, mãe da aluna Magda de Barros Saliba, da série "x", para comunicar que a partir do dia "x" a referida aluna precisará ausentar-se das aulas por motivo de viagem. [...]
>
> **Ocorrência 37.** O aluno Danilo de Arruda Torres (série "x"), na hora do recreio, novamente se machucou; esfolando o joelho. [...]
>
> **Ocorrência 38.** Dona Hilda Wolfe, mãe do aluno Elthon N. Wolfe Pires, esteve na Escola para solicitar a mudança de turno (manhã p/ tarde). [...]

Todas as narrativas que envolvem dois ou mais tipos das situações descritas juntas em uma mesma ocorrência foram computadas como "situações mistas" (16% do total das ocorrências de 1998 e 1999). Nesses casos, ficou difícil estabelecer critérios para definir qual o tipo de situação mais relevante, ou seja, para computá-las como situações de "brigas/agressividade física", "mau comportamento/desrespeito/etc.", "fuga/atraso/gazeteamento", "problemas na Educação Física", "outras" ou "problemas de aprendizagem". Posteriormente, apresento vários exemplos das situações consideradas "mistas" a partir do Quadro 9.

Outro tipo de situação registrada nos livros refere-se a "prejuízos, danos para o patrimônio físico da escola ou alheio". Essas narrativas estavam incluídas inicialmente no tipo "outras". Resolvi deslocá-las para um item da tipologia com a intenção de garantir destaque a sua especificidade:

> **Ocorrência 39.** Aos "x" dias do mês de "x", a senhora Ernestina M. Azevedo esteve na escola para deixar registrada uma ocorrência contra o aluno Wilsom Nascimento, série "x", pois o mesmo danificou o óculos de seu filho Ney B. Azevedo. [...]
>
> **Ocorrência 40.** O aluno Damião Guedes Nogueira [um dos "campeões de ocorrência"], série "x", no dia de hoje, pendurou-se no pára-choque do carro da Professora Dagmar e acabou danificando, quebrando ao meio. [...]

Como eram poucas as narrativas desse tipo (3% do total das ocorrências de 1998 e 1999), e, em especial, visando assegurar aquele destaque, considerei aqui ocorrências em que, junto com a questão do prejuízo, aparecia também outro tipo de situação, mas não as caracterizei como "situação mista". O mesmo aconteceu com as situações que serão descritas na seqüência. Nos exemplos abaixo, embora os pudesse interpretar como uma situação de "atraso" ou de "problemas na Educação Física", junto com a de "prejuízo ao patrimônio escolar", optei por caracterizá-los como uma "situação pura" de "prejuízo":

> **Ocorrência 41.** O aluno Heráclito Cavalcante [citado nas ocorrências 25 e 29] chegou atrasado junto com o aluno Isaque F. Nardini da série "x" da professora Sibele Bach e quando estavam passando pela janela, quebraram dois vidros. [...]
>
> **Ocorrência 42.** No dia "x" de "x" [mês], na aula de Ed. Física, o prof° Rômulo encaminhou as alunas Doroti e Aline, turma "x"; pois ao jogar vôlei, a bola caiu no terreno do vizinho e o cachorro a furou. [...]

No tipo "ameaças, chantagens, perseguições" entre as crianças ou com relação às autoridades escolares (4% do total das ocorrências de 1998 e 1999), agrupei situações narradas com esse tipo de conteúdo, também acompanhadas ou não de agressões, faltas ou qualquer outro tipo de situação arrolada na tipologia. Alguns exemplos:

> **Ocorrência 43.** Os alunos Frederico e Ciro têm ameaçado o aluno Lourival, todos da série "x", dizendo que se o Lourival não trouxer lanche (bolacha) para eles, vai apanhar. [...]
>
> **Ocorrência 44.** Aos "x" dias do mês de "x" de "x" estiveram em minha sala o guarda Romeu, e o aluno Damaceno Luis Pacheco [citado na ocorrência 32] ao qual o guarda Romeu foi agredido pelo aluno Damaceno Luís ao qual diz que o mesmo [o guarda escolar] anda perseguindo-o. O aluno em questão diz que o guarda o agrediu; o guarda em questão aparece com algumas lesões no rosto. [...]
>
> **Ocorrência 45.** Aos "x" dias do mês de "x" de "x", esteve na sala da Coordenação Pedagógica a professora Diana da série "x", dizendo que por duas vezes o aluno Timóteo Fagundes Goulart [citado na ocorrência 32] da série "y" esteve em sua sala de aula para falar com a aluna Maristela sobre o ocorrido com o aluno Damaceno [referência à ocorrência 44, na qual é narrada uma briga entre o aluno Damaceno e o guarda da escola]. Tanto o aluno Timóteo quanto a aluna Maristela estão ameaçando fazer um motim na escola para defender o aluno Damaceno, que teve um problema com o guarda. [...]

Ocorrência 46. Os alunos Ivan V. Lara [aluno citado na ocorrência 21] e Domênico C. Bittencourt brigaram na entrada da sala de aula, junto com a professora Diana. Não é a primeira vez que isto ocorre na sala de aula. Segundo o Ivan o Domênico está cobrando R$0,50, para ele não contar à professora que os dois tiraram salgadinho do armário no dia da festa da professora Edite. O Ivan comeu sozinho o salgadinho e ofereceu R$0,20 centavos para o Domênico não entregá-lo à professora e também para não apanhar do mesmo. [...]

Entre as situações narradas como "furto ou suspeita de" (3% do total das ocorrências de 1998 e 1999), de forma exclusiva ("pura") ou mesclada a outros tipos, tem-se como exemplos:

Ocorrência 47. Aos "x" dias do mês de "x" de "x", Dona Olimpia S. Becker, a vovó do aluno Joel C. de Macedo (série "x") veio reclamar que o coleguinha da sala – Vladimir tem agredido o seu neto e as vezes tem furtado os objetos escolares do mesmo. [...]

Ocorrência 48. As alunas Sabrina, Nilza, Janete Barbosa estão envolvidas com o sumiço de um dinheiro na hora do recreio (série "x"). [...]

Quanto às de "namoro/sexualidade", a pedagoga disse que eram casos esporádicos, que não haveria uma posição unificada da escola quanto a essa questão e que o posicionamento ficava a critério da professora ou do professor. Não obstante, afirmou que a maioria das autoridades tende a coibir esse tipo de situação, pois há grande diversidade de famílias, alguns pais são evangélicos e, dependendo da orientação familiar, são muito rígidos nessas questões. Por outro lado, pelo menos em uma das ocorrências que narra esse tipo de situação consta, na parte da conseqüência relatada, o alerta de que isso não é permitido dentro da escola. Nas situações do tipo "namoro/sexualidade" (3% do total das ocorrências de 1998 e 1999), foram agrupadas narrativas com as seguintes características:

Ocorrência 49. Aos "x" dias do mês de "x" de hum mil novecentos e noventa e "x", compareceram na sala da Coordenação Pedagógica, os alunos da série "x", da professora Diana, sendo eles: [são citados os nomes de toda a turma, oito meninas e 14 meninos] para esclarecimentos quanto a brincadeira utilizada no horário do recreio. É feito um trato entre as meninas e os meninos, o jogo do "mico", se um colega conversar na sala de aula, no horário do recreio ele pagará o "mico", este mico é combinado no recreio e muitas vezes o mico é pago com beijos e agarra-agarra entre meninos e meninas. [...]

Ocorrência 50. O aluno Bento (série "x") passou a mão nas nádegas da aluna Natália. [...]

Ocorrência 51. O aluno Jurandir F. Giotto, foi pego beijando sua colega de aula no horário do recreio. [...]

Como exemplo do que poderia ser considerado "situação mista" — "namoro" junto com "gazeteamento de aula", "mau comportamento/desrespeito" ou qualquer dos itens da tipologia —, mas foi computado neste tipo "puro", tem-se:

Ocorrência 52. As alunas Ema B. Maciel e Marlice Z. Leal, foram trazidas até a sala da Coordenação Pedagógica porque estavam na rua namorando ao invés de entrar na escola, na sala de aula. [...]

Ocorrência 53. Aos "x" dias do mês de "x" de "x" [ano], o pai do aluno Nicolau, da série "x", esteve na escola para conversarmos a respeito dos últimos acontecimentos ocorridos no último dia "x". * Revista Pornográfica, camisinhas, cabo de vassoura (insinuando masturbação), falta de respeito com a professora. [...]

Nos casos de "utilização de drogas" (2% do total das ocorrências de 1998 e 1999), foi mencionado nas narrativas o uso de cigarro, de maconha, de cola, de remédio e de bebida alcoólica. Exemplos desse tipo "puro" de situação:

Ocorrência 54. A aluna Leonora V. Bueno, da série "x", foi flagrada pela prof[a] Tereza, tomando remédio (não sabemos qual; segundo a menina é AAS) e dividindo com outras colegas. [...]

Ocorrência 55. O aluno Vanderlei P. de Osório da série "x" está sendo advertido por fumar nas dependências da escola. [...]

Ocorrência 56. As alunas Rosário Pitanga e Leda D. Vilar foram chamadas na Coordenação para conversar com a Diretora e Supervisora, porque estavam cheirando Thiner no horário do recreio. [...]

Como exemplos do que poderia ser considerado uma "situação mista" ("problemas de aprendizagem", "drogas", "mau comportamento", "gazeteamento", "faltas", "brigas") e foi computado como um tipo "puro" de "utilização de drogas", tem-se:

Ocorrência 57. À pedido da Pedagoga Isolda foi convocado em caráter de emergência, a mãe do aluno Claudionor B. Falcão, para comunicar que hoje o menino gazeou aula. O professor Tarcísio (série "x") ressaltou que o Claudionor tem 6 faltas, anda fumando cigarro e tem brigado muito no recreio; porém tem potencial para aprendizagem. [...]

No tipo "porte de objetos perigosos/armas" (2% do total das ocorrências de 1998 e 1999), encontrei nas narrativas menção a faca, revólver de brinquedo, estilete e cano. Exemplos desse tipo "puro" de situação:

Ocorrência 58. Aos "x" dias do mês de "x" de "x", compareceu à escola o Senhor Vitório N. dos Santos, pai do aluno Airton dos Santos da série "x", para tomar ciência da atitude do mesmo. Hoje, ao chegar na escola seus colegas falaram a Professora Sara da série "x", onde o mesmo está freqüentando para se adaptar a uma turma regular, que ele estava com uma faca na mala. A professora verificou e encontrou a faca na mala dele. Interrogado pela professora, ele disse que trouxe a faca para trocar por um estilete com um colega. [...]

Ocorrência 59. Aos "x" dias do mês de "x" de "x", foram trazidos à Coordenação Pedagógica os alunos Herbert J. Bertoldi da série "x" e Marina P. Ávila, série "x", pois na aula de "x" (Profª Rejane), a menina estava escondendo uma arma de brinquedo que diz ser do Herbert. O garoto disse que a arma é de um amigo dele da série "y". [...]

Como exemplo do que poderia ser considerado uma "situação mista" — "agressão" ou qualquer outro tipo de situação junto com "porte de objetos perigosos" — e foi computado nesse conjunto, tem-se:

Ocorrência 60. O aluno Jeremias X. Zap não respeita os professores da escola. A professora Bruna Tedeshi chamou a atenção do aluno por ele estar cortando a carteira com uma faquinha, em seguida tirou a faquinha do aluno pois não é permitido o uso deste objeto na escola. Há alguns dias atrás ele faltou com o respeito com a professora Gertrudes, ele foi agressivo com ela e disse que não queria mais estudar; com muito jeito conseguimos que ele retornasse à escola, colocando-o com outra professora, à qual ele vem aprontando da mesma forma. [...]

Quanto às situações em que apareceram narradas "queixas sobre os professores" (1% do total das ocorrências de 1998 e 1999), tem-se:

Ocorrência 61. Aos "x" do mês de "x" de "x" [ano] compareceu à escola o Senhor Homero Gonçales, pai da aluna Neusa Gonçales, da série "x", para conversar a respeito de uma queixa de sua filha. Segundo relato do pai e da menina a professora Rosita Vargas puxou a orelha da Neusa e deu cascudo na cabeça do seu colega Ademar. Chamamos as crianças para ouvi-las, as crianças confirmaram a versão do pai perante a professora. A professora falou ao pai que ela pegou mesmo na orelha da menina mas não foi com intenção de puxar e que bateu de leve na cabeça do Ademar mas como forma de fazer carinho. Pai e professora conversaram longamente. [...]

Ocorrência 62. Aos "x" dias do mês de "x" de hum mil novecentos e noventa e "x" compareceu à escola a Senhora Paulina B. de Noronha mãe do aluno Jarbas de Noronha da série "x", da professora Iolanda, para se queixar da professora dizendo que a mesma fala palavrões (pau no cú) em sala de aula. Foi conversado com o aluno e ele disse que não lembra do que a professora falou. [...]

Aqui também desconsiderei a possível dimensão "mista" das narrativas. O exemplo a seguir é emblemático:

Ocorrência 63. O aluno Irineu F. de Prates (Programa "x") [referência a um programa governamental de assistência] teve no 2º bimestre 38 faltas, não teve como ser avaliado e o relatório foi enviado ao Núcleo conforme procedimento adotado a cada final de bimestre. Hoje, dia "x" o aluno retornou às aulas acompanhado de seu pai, Sr. Cândido F. de Prates alegando que seu filho deixou de freqüentar as aulas desde que a professora de "x" (que vai dar aulas às 3ªˢ feiras) disse que os alunos que não quisessem participar das aulas fossem para a turma do "cheirinho". O aluno disse que sentiu muita raiva e não voltou mais para a escola. [...]

Ocorrência 64. Aos "x" dias do mês de "x" de hum mil novecentos e noventa e "x", compareceu à escola o Senhor Aristides V. do Carmo, às 16h 50 min, pai do aluno Leonardo M. T. do Carmo da série "x", da professora Cloé Portela, dizendo que ele reconhece que seu filho é desatento e não gosta de fazer as atividades, mas não gostou das palavras que a professora falou ao seu filho. Segundo o pai a professora disse que seu filho não tinha competência para estar numa "x" série. [...]

Descrevo, a partir de agora, as situações computadas como "mistas", ou seja, ocorrências nas quais eram narradas uma ou mais situações estabelecidas na tipologia (ver Quadro 9).

Quadro 9
"Situações mistas" e número de vezes em que cada tipo de situação aparece citada nas ocorrências de 1998 e 1999

Situação	Número de vezes em que cada tipo de situação aparece					
	1998		1999		Total	
	54 ocorrências mistas		31 ocorrências mistas		85 ocorrências mistas	
	Abs	%	Abs	%	Abs	%
Mau comportamento/desrespeito/xingamento/brincadeiras	40	36	25	35	65	35
Brigas/agressividade física	35	31	22	30	57	31
Fuga/atraso/gazeteamento de aula	9	8	10	14	19	11
Problemas de rendimento, aprendizagem, lição de casa	12	11	5	7	17	9
Falta excessiva do aluno	8	7	3	4	11	6
Outras	3	3	5	7	8	4
Problemas na Educação Física	5	4	2	3	7	4
Total	112	100	72	100	184	100

Fonte: Livros de ocorrência.
Nota: Abs = números absolutos.

Foi extremamente difícil chegar a uma conclusão satisfatória sobre a melhor maneira de trabalhar com este tipo de relato; mudei várias vezes de opinião, adotei diversos critérios, contei e recontei as ocorrências. Por ora, apresento o quadro com a decomposição das várias situações encontradas e incluídas no tipo "situação mista", explicitando os critérios utilizados, bem como trazendo os necessários exemplos.

Aqui, cabe outro esclarecimento. Por exemplo, em 1998, registrei um total de 54 ocorrências nas quais são narradas uma ou mais situações conforme a tipologia estabelecida. Às vezes, em uma ocorrência, relatavam-se três ou quatro tipos diferentes de situações. Por isso, o número total das situações citadas (112) é bem maior do que o total das 54 ocorrências "mistas" registradas em 1998. Eis um exemplo:

> **Ocorrência 65.** Aos "x" dias do mês de "x" de hum mil novecentos e noventa e "x", compareceu na Coordenação Pedagógica a aluna Áurea B. Fagundes, trazida por uma professora, pois a mesma estava saindo da escola durante o período de aula. Segundo a Áurea, ela estava indo embora para casa porque o aluno Dioníseo M. R. Prado estava batendo nela e chamando-a de baleia. Conversamos com a professora Leoni e ela nos disse que a mesma pediu para ir no banheiro. [...]

Tendo em vista a narrativa acima, registra-se que a aluna estava fugindo da escola, pois seu colega bateu nela e a xingou. Como estabelecer um critério para enquadrar uma narrativa como esta em "fuga", "briga" ou "mau comportamento/xingamento"? Assim, computei essas narrativas como sendo de tipo "misto", anotando as várias modalidades de situação relatadas em uma mesma ocorrência. Seguem outros exemplos nessa mesma direção:

> **Ocorrência 66.** Aos "x" dias do mês de "x" de "x" a professora Noela (série "x") necessitou sair da sala para devolver um livro, enquanto isso, o aluno Cauby [um dos "campeões de ocorrência"] deu tapas no rosto da aluna Vanusa, ao recusar entregar seu lanche a ele e um lápis que ele diz que a menina não devolveu. A aluna Vanusa fugiu da escola e foi contar para o pai. [...] ["Brigas" e "fuga".]
>
> **Ocorrência 67.** Aos "x" dias do mês de "x" o aluno Jorge da série "x" tentou fugir da escola sendo "resgatado" pela supervisora Isolda. O aluno diz que as colegas Virginia, Lisandra e Catarina xingaram ele de "dente preto", as meninas disseram que não, e que ele as xingou com palavras de baixo calão. [...] ["Fuga" e "mau comportamento/xingamento".]
>
> **Ocorrência 68.** O aluno Getulio Bandeira Schimit (série "x") mesmo sendo advertido por várias vezes, continua vindo na Escola no período contrário para "arranjar" brigas e intrigas com os meninos da tarde. Sexta-feira ([data] "x") às 17:15, meninos da rua começaram a jogar ovos nos alunos e o Getulio ao levar uma "ovada" na

cabeça, escapuliu para lavar a cabeça na casa da tia e se "safou" da grande briga que ocorreu. [...] ["Brigas" e "mau comportamento".]

Ocorrência 69. Aos "x" dias do mês de "x", compareceu na escola a Senhora Diva S. Bartolomeu, mãe do aluno Nereu S. Bartolomeu, atendendo o comunicado da escola, pois o mesmo está com 14 anos e ainda está cursando a série "x" e não deixa a professora ministrar as aulas. Já tivemos várias reclamações de mães que têm filhos nesta sala de aula, pois os mesmos são crianças de 6 e 7 anos de idade. [...] ["Problemas de aprendizagem" e "mau comportamento".]

Relembro que esta seção do texto não tem objetivo analítico, mas, sim, descritivo e ilustrativo a respeito do conteúdo do material empírico sobre o qual trabalhei, bem como da metodologia inicialmente desenvolvida. Portanto, passo para as considerações pertinentes quanto ao último aspecto levantado nos livros de ocorrência, ou seja, o referente à parte da narrativa que relata as conseqüências ou providências encaminhadas pela escola, efetivamente ou na forma de ameaça (ver Quadro 10).

Eis, então, a tipologia das conseqüências ou providências encaminhadas pela escola, efetivamente ou na forma de ameaça. Quanto ao tipo "sem conseqüência", refere-se às narrativas em que não consta qual atitude foi tomada diante da situação narrada (24% do total das 517 ocorrências levantadas nos anos de 1998 e 1999). A situação é relatada e é só, nenhuma providência aparentemente é tomada. A seguir, exemplos desse tipo de ocorrência:

Ocorrência 70. O aluno Genoíno Batista foi advertido por não saber se comportar no horário do recreio. ["Sem conseqüência"; apenas constam "Curitiba", data abreviada e as assinaturas da pedagoga e do menino.]

Ocorrência 71. O aluno Elomar V. Pintassilgo da série "x", na data de "x" trouxe para a Escola uma caixa de bombinha e distribuiu para os colegas de classe que acabaram por estourá-las na aula de Ed. Física e no recreio. [Constam "Curitiba", data abreviada e rubrica da pedagoga.]

Ocorrência 72. O aluno Moacir K. Almeida (série "x") ficou provocando o colega Alberto, o qual reagiu c/ socos. Aí começou a briga dentro da sala. A profª Menga apartou a briga e recebeu vários palavrões por parte do Moacir. [Constam "Curitiba", data abreviada e a assinatura da pedagoga.]

Quadro 10
Tipos de "conseqüências puras" narradas e número de vezes em que aparecem citados nas ocorrências de 1998 e 1999

Conseqüência/ameaça	Número de ocorrências por ano					
	1998		1999		Total	
	Abs	%	Abs	%	Abs	%
Conseqüências/ameaças mistas (com a citação de dois ou mais tipos de conseqüência)	90	32	117	48	207	40
Pais são ou serão chamados (com ou sem narrativa de conversas conscientizadoras, reconciliatórias)	49	17	80	34	129	25
Sem conseqüência	106	38	20	9	126	24
Alerta/conscientização/conversa com as crianças sobre o ocorrido; reconciliação	19	7	10	4	29	6
Outras	4	1,5	3	1	7	1
Suspensão/expulsão/transferência	2	1	5	2	7	1
Conselho Tutelar	2	1	3	1	5	1
Polícia chamada	3	1	0	0	3	0,5
Ressarcimento de prejuízos	2	1	0	0	2	0,5
Conversa com docentes	1	0,5	0	0	1	0,5
Encaminhamentos	0	0	1	1	1	0,5
Total	278	100	239	100	517	100

Fonte: Livros de ocorrência.
Nota: Abs = números absolutos.

São exemplos de narrativas já citadas na tipologia das situações em que também não consta qual providência/conseqüência foi tomada pela escola: aquela sobre a ameaça de um motim para defender o aluno Damaceno (citada como ocorrência 45) e aquela em que o aluno Ivan mostra a língua para a professora (ocorrência 21); em que os alunos Jaques e Adão brigam e tiram sangue um do outro (ocorrência 17); em que um estudante passa as mãos nas nádegas de uma colega (ocorrência 50); ou em que o aluno Vanderlei fuma nas dependências da escola (ocorrência 55). Todas são narrativas em que a situação é afirmada e não consta nenhuma conseqüência adicional, em forma efetiva ou de ameaça.

De início, tinha interpretado esse tipo de narrativa como uma dimensão em que os livros "falariam por si só", ou seja, fariam parte de uma dinâmica disciplinar cujos efeitos independem do estabelecimento de conseqüências adicionais, para além de sua pura existência física e simbólica. Bastaria assinar o livro — ou melhor, bastaria correr o risco disso — para que seus efeitos se fizessem presentes.

Ainda que não abandonando essa tese geral, na medida em que o trabalho prosseguia, outros elementos foram sendo introduzidos. Mais uma vez, devo dizer que os livros são preenchidos em meio às diversas pressões do cotidiano escolar. Conforme fica claro na entrevista realizada com a pedagoga, sempre que uma criança é levada a assinar os livros de ocorrência, procura-se ter uma "conversa conscientizadora" com ela, embora nem sempre essa narrativa apareça registrada. De modo explícito, essa ampla dimensão "conscientizadora" aparece sob várias modalidades, seja na forma de uma narrativa que busca "alertar, aconselhar, esclarecer" às crianças sobre as inconveniências da situação registrada, seja na forma de uma espécie de "reconciliação" entre as crianças envolvidas, que pedem desculpas ou prometem não mais repetir o "erro" cometido. Adiante, darei vários exemplos desse tipo de narrativa.

Concomitantemente, o registro das conseqüências mistura ainda mais os vários tipos de providências tomadas, quando estas são explicitadas. Tomando como base o total de 517 ocorrências nos anos de 1998 e 1999, 40% narravam duas ou mais "conseqüências/ameaças" em uma mesma ocorrência, como consta no Quadro 10. Do ponto de vista da tipologia, ficou ainda mais difícil estabelecer critérios para computar uma conseqüência como sendo de um tipo ou de outro. Diante dessa particularidade, optei por manter como "conseqüências mistas" todas em que havia, na narrativa, a articulação de vários tipos de providências, mantendo como "conseqüências puras" aquelas em que aparece o registro de um único tipo de conseqüência, em forma efetiva ou de ameaça.

Apresento, a seguir, o último quadro, com a decomposição das várias "conseqüências/ameaças" encontradas nas narrativas que foram consideradas "mistas".

Como exemplos, então, das "conseqüências/ameaças puras" em que os "pais são ou serão chamados" (25% do total das ocorrências de 1998 e 1999), com ou sem registro de "conversas conscientizadoras/reconciliatórias", temos:

> [Narrativa sobre a aluna Ilana, que estava "escondida" na casa da tia, já apresentada como ocorrência 26.] Neste dia, a mãe foi convocada p/ ciência do excesso de faltas da filha, o que lhe prejudicou o ano letivo. [Constam a data, as assinaturas da pedagoga, da mãe, da professora e da aluna.][20]

---

20. A partir desse novo bloco de citações das ocorrências, para exemplificar a tipologia das conseqüências, terei de fazer referências aos trechos das ocorrências já apresentadas durante a explicação da tipologia das situações. Na tentativa de facilitar essa localização, remeterei à numeração dada a tais ocorrências, mantendo nova numeração apenas para as ocorrências que ainda não foram exibidas.

Quadro 11
"Conseqüências/ameaças mistas" e número de vezes em que cada tipo
de conseqüência aparece citada nas ocorrências de 1998 e 1999

Conseqüências/ameaças	Número de ocorrências em que cada tipo de conseqüência aparece					
	1998		1999		Total	
	90 ocorrências mistas		117 ocorrências mistas		207 ocorrências mistas	
	Abs	%	Abs	%	Abs	%
Pais são ou serão chamados (com ou sem registro de conversas conscientizadoras, reconciliatórias)	75	38	95	37	170	37
Alerta/conscientização/conversa com as crianças sobre o ocorrido, reconciliação	56	28	57	22	113	25
Conselho Tutelar	25	12	46	18	71	16
Suspensão, expulsão, transferência	21	10	18	7	39	8
Encaminhamentos	8	4	27	10	35	7
Outras	7	4	7	3	14	3
Polícia	4	2	4	2	8	2
Ressarcimento de prejuízos	4	2	0	0	4	1
Conversa com docentes	0	0	3	1	3	1
Total	200	100	257	100	457	100

Fonte: Livros de ocorrência.
Nota: Abs = números absolutos.

[Narrativa sobre mãe que comparece na escola para explicar as faltas excessivas do filho Oscar e alega que estas se deram em função de uma viagem, já apresentada como ocorrência 27.] Foi esclarecido à mãe que o aluno tem direito a uma vaga na escola e que é dever da família não deixar que o mesmo falte às aulas a não ser por doença, pois faltas prejudicam a aprendizagem. O menino já apresenta dificuldades na aprendizagem e é muito indisciplinado em sala de aula. [Constam "Curitiba" e data por extenso, a assinatura da pedagoga e a impressão digital do polegar da mãe.]

[Narrativa sobre o aluno Aquiles, advertido por agredir verbalmente a professora, já apresentada como ocorrência 22.] O aluno está levando bilhete para casa convocando os pais para vir até a escola para conversar. O mesmo só poderá entrar na escola acompanhado dos pais. [Constam a data, a assinatura da pedagoga e a impressão digital do polegar da mãe.]

O mais comum é que o chamamento das(os) responsáveis venha acompanhado de uma ou mais conseqüências daquelas que foram estabelecidas na tipologia, tais como "suspensão", "Conselho Tutelar", "encaminhamentos", "conversas" e comprometimento, tanto dos pais quanto de seus filhos(as). Cruzando-se os Quadros 10 e 11, tem-se que aproximadamente 60% do total das ocorrências narram a presença efetiva ou a ameaça de que os responsáveis sejam chamados — o que, mais uma vez, sinaliza para a significativa importância especialmente dos pais nas relações disciplinares em questão.

Apresento agora alguns exemplos de "conseqüências mistas" em que os "pais são ou serão chamados" (37% do total das ocorrências de 1998 e 1999 computadas como "mistas"). Ressalte-se que, mais tarde, será possível identificar o apelo aos pais em vários outros tipos de narrativas.

Ocorrência 73. Aos "x" dias do mês de "x" de "x" [ano], Dona Natália D. Fogiato, esteve na Escola, a pedido da orientadora educacional Letícia, para conversarmos sobre as faltas exageradas e várias gazetas de aula que o Olegário D. Fogiato vem cometendo. A orientadora por 6 vezes enviou bilhetes de alerta, solicitou inspetoras para ir à casa dos pais e não recebia retorno da família. Após ter ameaçado acionar o Conselho Tutelar, a mãe compareceu à Escola. Tivemos uma conversa franca sobre as atitudes indesejadas do menino e pedi mais apoio pois se o caso continuar, Olegário poderá reprovar por faltas e desinteresse aos estudos. A Escola não poderá assumir a responsabilidade sozinha, quando o menino gazear e lhe acontecer alguma coisa. Sem mais nada a declarar, firmo ser verdade. [Constam a data abreviada, as assinaturas da pedagoga e a da mãe.]

[Narrativa sobre o aluno Jeremias, que portava uma "faquinha", "não queria mais estudar", dentre outras situações, já apresentada como ocorrência 60.] Trouxe o aluno até a Coordenação Pedagógica para conversar, mas não foi possível uma conversa amigável, pois o mesmo continua dizendo que faz tudo isto, para ser suspenso das aulas, pois ele não quer mais estudar. Esclareci ao mesmo que a escola não dá suspensão e que será convocado a pessoa responsável por ele para tomar ciência do fato e que se o mesmo continuar com esta falta de respeito com as pessoas da escola o fato será levado ao conhecimento do Conselho Tutelar para as devidas providências. [Constam a data, a assinatura da pedagoga e outra, irreconhecível.]

Como exemplos de "conseqüências puras" em que ocorre uma narrativa que explicita apenas uma dimensão de "alerta/conscientização/conversa/reconciliação" com relação às crianças (6% do total das ocorrências de 1998 e 1999), temos:

> [Narrativa sobre duas alunas que cheiram Thiner no "recreio", apresentada como ocorrência 56.] Tivemos uma séria conversa sobre os males que a droga provoca. [Constam "Curitiba", data por extenso e a assinatura da pedagoga.]

> [Narrativa sobre a aluna Áurea, que é agredida, xingada de baleia pelo aluno Dioníseo e tenta fugir da escola, apresentada como ocorrência 65.] Advertimos os dois, a Áurea por ter enganado a professora e o Dioníseo por não respeitar a colega. [Constam "Curitiba", data por extenso e assinatura da pedagoga.]

> [Narrativa sobre o aluno Décio, que pede para ir ao banheiro e fica com garotos de fora da escola, apresentada como ocorrência 28.] Alertamos o garoto sobre o risco que corre ao conversar c/ estranhos e que durante as aulas não deve ausentar-se da sala (escola), pois está sob nossa responsabilidade. [Constam a rubrica da pedagoga, a data abreviada e a assinatura do aluno.]

Nesse tipo de conseqüência, incluí também narrativas que designei como "reconciliação", pois registravam movimentos de pedido de desculpas ou de promessas de não-reincidência, o que não deixa de ter relação com processos de conscientização.

> [Narrativa em que o aluno Altair agarra a aluna Emília pelos cabelos, já apresentada como ocorrência 18.] Conversamos com ambos, que se desculparam. [Constam data e assinaturas da pedagoga, rubricada, do menino e da menina.]

> [Narrativa sobre o aluno Jorge, que tenta fugir da escola após ser xingado de "dente preto" por colegas, apresentada como ocorrência 67.] Ficou estabelecido que não ocorrerão mais brigas entre os mesmos. Em tempo. O aluno confirmou ter batido na Lisandra na hora

do recreio e também que a xingou. [Assinam as três alunas, o aluno e a pedagoga.]

[Narrativa sobre a aluna Clarisse, que xinga a zeladora "com palavras de baixo calão", apresentada como ocorrência 20.] A professora convocou as partes para possível entendimento. [Constam a data abreviada e a assinatura da pedagoga.]

É relativamente baixa a freqüência em que essa conseqüência de "alerta/conscientização/conversa/reconciliação" com relação às crianças aparece sozinha na narrativa. Mais comum é vir acompanhada do chamamento e de conversas também com os pais ou de outros tipos de conseqüência (25% do total das 207 ocorrências "mistas" dos anos de 1998 e 1999).

[Narrativa sobre dois alunos que ameaçam bater no colega se este não trouxer lanche para eles, já apresentada como ocorrência 43.] Após nossa conversa ficou acertado que não haverá mais ameaças e se essas ocorrerem os pais serão comunicados e convocados a comparecer na escola. [Constam "Curitiba", data abreviada, as assinaturas da pedagoga e de três alunos.]

[Narrativa da situação de um "jogo do mico", na qual há o registro dos nomes de todas as crianças de uma turma, apresentada como ocorrência 49.] Ficam a partir de hoje, todos cientes que este tipo de brincadeira não é permitido pela escola e caso venha acontecer de novo os pais terão que vir até a escola para assinar ciente do ocorrido. [Constam "Curitiba", data por extenso, assinaturas da pedagoga e da professora.]

[Narrativa sobre pai que vem reclamar de docente, associada a justificativa de problemas de faltas, envolvendo o aluno Irineu F. de Prates, já apresentada como ocorrência 63.] Seu [o] pai e o próprio aluno se comprometem a efetivarem o comparecimento diário as aulas de hoje em diante. [Constam "Curitiba", data abreviada, assinaturas da pedagoga e do pai.]

Em seguida, apresento uma das narrativas que mencionam exclusivamente o encaminhamento ao Conselho Tutelar (1% do total das ocorrências de 1998 e 1999), ou como providência efetivamente tomada, ou na forma de ameaça, ocorrências computadas como "conseqüências puras" de "Conselho Tutelar":

[Narrativa na qual, dentre outros aspectos, três alunos colocam fogo em papel e o jogam atrás da porta, apresentada como ocorrência 32.] Sendo que os alunos são reincidentes, fica aqui registrado que, se novamente desrespeitarem as normas da escola, serão encaminhados ao Conselho Tutelar. [Constam "Curitiba", data por extenso, assinaturas da pedagoga e dos três alunos envolvidos.]

Apenas excepcionalmente as narrativas que mencionam o Conselho Tutelar o fazem de forma "pura". As narrativas explicitam, de modo concomitante, especialmente o chamamento dos pais, mas também conversas de conscientização/reconciliação, encaminhamentos, dentre outras providências (16% das "conseqüências mistas"). Eis exemplos de conseqüências que citam o Conselho Tutelar computadas como "mistas":

[Narrativa na qual o aluno Heráclito Cavalcante é advertido "por atirar o lanche" em uma colega, apresentada como ocorrência 25.] Por diversas vezes conversamos com o aluno sobre seu comportamento. Chamamos sua mãe por diversas vezes e de nada adiantou. O aluno será suspenso das atividades escolares até que sua mãe compareça à escola para tomar ciência dos fatos que vêm ocorrendo. Todos estes fatos serão relatados e encaminhados ao Conselho Tutelar para providências. [Constam "Curitiba" e data por extenso, assinaturas da pedagoga e da mãe.]

Ocorrência 74. [Narrativa na qual cinco meninos "não se comportam na sala de aula desrespeitando a profa. e brincando de puxar o material dos colegas e escondendo".] Todos foram alunos da escola nos anos anteriores e sabem do regulamento. Os pais serão convocados para tomar ciência do fato e caso venha a se repetir as brincadeiras e a falta de respeito com colegas, professores e demais funcionários seremos obrigados a relatar as ocorrências ao Conselho Tutelar para providências. [Constam a data, a assinatura da pedagoga e as assinatura das mães dos cinco alunos, duas delas com a impressão digital do polegar.]

Quanto ao Conselho Tutelar, ele foi instituído a partir do Título V do Estatuto da Criança e do Adolescente (ECA), estabelecido no Brasil pela Lei nº 8.069, em vigor a partir de 14 de outubro de 1990, que, entre outros itens, dispõe sobre sua definição, seu funcionamento, suas atribuições e seus impedimentos. Os Conselhos Tutelares foram idealizados para zelar pelo cumprimento dos direitos definidos no ECA, vinculados aos poderes executivos municipais. Em Curitiba, foram criados e regulamentados pela Lei nº 9.008, publicada no *Diário Oficial* de 16 de janeiro de 1997, que instituiu sete Conselhos Tutelares. Estes entraram em funcionamento a partir de 1998, cada qual composto por cinco membros eleitos pelos munícipes para mandatos de três anos. O ECA, no que se refere à criação dos Conselhos Tutelares, determinou significativos vínculos entre estes e as escolas. Em seu artigo 56, prevê que

> os dirigentes de estabelecimento de ensino fundamental comunicarão ao Conselho Tutelar os casos de: I — maus-tratos envolvendo seus alunos; II — reiteração de faltas injustificadas e de evasão escolar, esgotados os recursos escolares; III — elevados níveis de repetência. (Brasil. Lei nº 8.069, de 13 de julho de 1990)

Como é possível perceber nos exemplos de ocorrências apresentados, nem sempre as narrativas referem-se às situações dispostas no artigo 56 do Estatuto. Há muitos casos em que o Conselho é acionado ou consta a ameaça de que será acionado, relativos a situações de mau comportamento ou de brigas, por exemplo. Notei que esse tipo de narrativa tendeu a existir mais no livro de ocorrência de 1998, o que pode ter relação com os percalços relativos ao período inicial de implantação das relações entre a escola e o Conselho ao qual estava vinculada. Já no livro de ocorrência de 1999 as narrativas geralmente mencionam o Conselho Tutelar nas situações relativas ao excesso de faltas, situações em que a escola passou a ser obrigada a se comunicar com o Conselho.

Na entrevista, a pedagoga afirma que, inicialmente, quando o Conselho Tutelar foi instituído para assistir a região da escola, havia muito otimismo em relação a uma possível parceria para o atendimento dos casos considerados mais graves. Mas, à medida que os encaminhamentos eram feitos, veio a decepção. A pedagoga avalia que o Conselho não conta com instrumentos diferentes dos da escola: os pais vão até lá, faz-se um registro, conversa-se com eles e se pede que assinem um termo de compromisso — ou seja, o Conselho funciona como a escola. Por outro lado, a pedagoga reconhece que, se a implantação do livro de ocorrência lhe era anterior, o surgimento do Conselho Tutelar o reforçou, pois passou a exigir o registro de tudo o que a escola houvesse feito antes de recorrer ao Conselho.

A pedagoga também lembra que há casos de pais que utilizam drogas, que não trabalham e que precisam de tratamento, com filhos em situação de total abandono. Há crianças que vêm à escola mais para comer, e que estudam há vários anos sem conseguir aprender. A pedagoga observa que, nesse contexto, as professoras ou as autoridades escolares procuram ajudar, solicitando a presença dos pais, fazendo encaminhamentos, dentre outras medidas. Só quando isto não surte efeito se faz contato com o Conselho Tutelar, sendo que a tendência é a de que este não dê retorno algum, pois, de acordo com a pedagoga, o Conselho quer tudo por escrito da escola, mas não cumpre a parte que lhe caberia. Em um caso, no qual a pedagoga insistiu pelo retorno, foi-lhe dito que o Conselho não poderia fazer nada, que tentasse contato com outro órgão governamental. "Um jogando para o outro", conforme palavras dela mesma. Em outro caso, a conselheira disse que a família em questão não tinha condições de manter as crianças, crianças em situação de risco, que precisariam ser recolhidas em uma instituição, mas que não havia vagas. Segundo a pedagoga, "soltaram o problema todinho para nós".

Quanto ao tipo "suspensão, expulsão, transferência", como providência efetiva ou na forma de ameaça, foram computadas como "conseqüências puras" (1% do total das ocorrências de 1998 e 1999) narrativas na seguinte direção:

> [Narrativa em que o aluno Lucas "esmurrou a boca" da aluna Carmem, já apresentada como ocorrência 16.] Entre tantas ocorrências o aluno ficará suspenso das atividades de sala de aula por 2 dias (dias "x e y"). Portanto, ficará na sala do S. O. E. [serviço de orientação educacional] realizando tarefas escolares. [Constam "Curitiba", data por extenso, a assinatura da pedagoga e uma outra, não identificável.]

> [Narrativa sobre a mãe do aluno Nereu, que atende a comunicado da escola e comparece para conversar sobre seu filho, que já tem 14 anos e não deixa a professora ministrar as aulas, sendo que algumas mães de colegas com seis, sete anos vieram reclamar, apresentada como ocorrência 69.] Sendo assim, providenciamos a transferência do mesmo para o EJA [educação de jovens e adultos]. [Constam "Curitiba", data por extenso, as assinaturas da pedagoga e da mãe.]

São narrativas em que não se mencionam conversas com a criança e com os pais ou qualquer outras das possíveis providências a serem tomadas. Também nos exemplos de narrativas de "suspensão, expulsão, transferência" computadas como "mistas" (8% do total das ocorrências com "conseqüências mistas" de 1998 e 1999), o mais comum é a referência aos pais, na parte explicativa da narrativa ou apenas nas assinaturas, o que demonstra que estiveram presentes.

> [Narrativa sobre os alunos Ivan e Domênico que brigam, sendo que Domênico cobrava cinqüenta centavos para não delatar que Ivan

havia comido salgadinhos guardados em função de uma festa, apresentada como ocorrência 46.] Ficam os dois avisados de que se houver uma outra briga, os mesmo serão suspensos das aulas por 3 dias. Se isto não for suficiente os mesmos terão que juntos com seus pais pedir transferência da escola. [Consta "Curitiba", data, assinaturas da pedagoga e de um homem, provavelmente o pai de um dos meninos.]

As narrativas de transferência ou remanejamento de sala aparecem geralmente como medidas disciplinares na tentativa de resolver o problema mediante a transferência de turno, de sala, ou mesmo para a "educação de jovens e adultos". Quando as narrativas mencionam suspensão, em forma efetiva ou de ameaça, esta ocorre seja por meio da interdição temporária da presença da criança na escola, ou de sua retirada da sala de aula para outros espaços escolares, como a sala do serviço de orientação pedagógica ou a de mecanografia. Nem sempre o termo "suspensão" é utilizado —, como, por exemplo, quando a narrativa afirma que, se a criança reincidir, terá que "voltar para casa", não podendo entrar temporariamente na escola.

As sanções disciplinares dirigidas aos estudantes, existentes no regimento escolar, prevêem os seguintes momentos:

a) advertência verbal com registro; b) repreensão por escrito, com ciência e assinatura dos pais ou responsáveis, quando menor de idade, e por ele próprio quando maior [acredito que se refira às pessoas que freqüentam o E. J. A.]; c) suspensão das atividades escolares em consenso com a Equipe Pedagógico-Administrativa e professores responsáveis pelo aluno, com ciência e assinatura dos pais ou responsáveis, quando menor de idade, e por ele próprio, quando maior; d) encaminhamento das transgressões ao Conselho de Classe para tomada de providências cabíveis.[21]

Conforme esse regimento, no primeiro momento a criança é repreendida e um registro da situação é efetivado. Se reincidir, os responsáveis são chamados e devem assinar o registro. Se, ainda assim, a criança não se corrigir, pode ser suspensa, também com o registro da situação, sendo que os pais devem assiná-lo. Por fim, se as transgressões às regras escolares continuarem, encaminha-se o caso ao Conselho de Classe, que deve tomar as providências cabíveis.

---

21. O regimento escolar é documento obrigatório nas escolas públicas. Contém definições relativas a gestão da escola, organização, regime didático, currículo e programa vigentes e ao conjunto de direitos, deveres, proibições e sanções referentes à comunidade escolar. Para evitar identificação da escola em que foi realizada esta pesquisa, não consta das Referências Bibliográficas.

As narrativas das ocorrências não seguem esse tipo de ordenamento. Há exemplos em que, mesmo sendo a primeira vez que a criança aparece nos registros ou mesmo não sendo mencionada a presença dos responsáveis, ela é suspensa — ainda que o mais comum seja apenas a ameaça de que ela será suspensa, caso os atos indisciplinados tenham prosseguimento.

A pedagoga entrevistada trouxe alguns esclarecimentos quanto a essas questões. Ela explicou que a escola passava por uma transição, como já exposto antes, com a reformulação de uma série de documentos, inclusive o regimento escolar. Conforme o novo regimento, ainda não aprovado oficialmente até o momento em que a última entrevista foi realizada, primeiramente deve haver um diálogo com a criança; caso haja reincidência, chamam-se os pais para uma conversa e estes assinam o registro; se a situação perdurar, leva-se o caso para o Conselho de Classe; se a situação não for resolvida, o problema é conduzido ao Conselho da Escola; e, por último, ao Conselho Tutelar. Quanto à assinatura da criança no livro de ocorrência, ela afirmou não ser favorável a tal prática, efetivada em função de outras pessoas da equipe pedagógica julgarem-na positiva, embora tal assinatura não tenha validade, pois o que importa é a assinatura dos pais. Declarou ainda que sempre foi contrária à suspensão, também resultado de decisões tomadas em equipe. Conforme a pedagoga, as suspensões foram usadas até o ano de 1999, não havendo mais casos desse tipo desde então.

Quanto às expulsões, geralmente aparecem nas narrativas sob a forma de ameaça. O termo não é explicitado, usam-se expressões como "Se isto não for suficiente os mesmos [os alunos] terão que juntos com seus pais pedir transferência da escola" ou "[se o fato persistir] a mãe deverá procurar outra escola". A pedagoga assinalou que o único caso de expulsão ocorrido na escola envolveu o aluno Damião Guedes Nogueira. Dentre as várias narrativas que se referem a esse aluno, há uma emblemática:

> **Ocorrência 75.** [Longa narrativa que envolve o aluno Damião Guedes Nogueira, citado também na ocorrência 40, um dos "campeões de ocorrência", em que se relata que o aluno está gazeando aulas, recusa-se a fazer as atividades, perturba colegas e ameaçou de morte um deles, dentre outros detalhamentos.] O Conselho Tutelar encaminhou o aluno para consulta psicológica e Terapia familiar, mas, quando indagado a respeito deste fato, Damião disse que não está indo porque não tem vale transporte. Segundo o "Conselho Tutelar" o aluno faria este acompanhamento, de no mínimo quatro sessões e, se não desse resultado o aluno seria transferido de escola. O referido aluno

não possui limites, não respeita ninguém. Outra coisa colocada na Coordenação pelo aluno foi que se ele apanhasse iria fugir de casa "que nem aquele dia que os policiais ficaram me procurando três dias e não me acharam" (sic). O pai do aluno, Senhor Ubirajara esteve na escola e ficou ciente do ocorrido. [Assinam três pedagogas, a diretora e o pai do aluno.]

A pedagoga explicou que o pedido de afastamento definitivo desse menino se deu mediante decisões tomadas no Conselho de Classe e no Conselho da Escola, estando o pai presente em ambas as ocasiões. Ela afirmou ter havido uma reflexão geral da equipe sobre esse acontecimento, que foi avaliado como um atestado de incompetência da escola. Com isso, a opção tem sido a de não usar essa medida. Quanto aos Conselhos de Classe e Escolar, ela declarou que passaram a ser mais acionados a partir de 2000, algo que vai na direção do que encontrei nos registros, ou seja, são citados apenas excepcionalmente nos livros de 1998 e de 1999.

No que se refere ao que foi chamado de "encaminhamentos externos à escola", cabe um esclarecimento. Recorrer ao Conselho Tutelar é também uma forma de encaminhamento feita pela escola. No entanto, dada a sua particular importância nas narrativas existentes nos livros de ocorrência, computei esses outros tipos de encaminhamento como um tipo específico. Como "encaminhamentos externos à escola", com exclusão do Conselho Tutelar, encontrei registro de "neurologista", "pediatra", "oftalmologista", "exame de eletro", "posto de saúde", "sessões de psicologia/terapia" e "projetos assistenciais" desenvolvidos por outros órgãos públicos. Com exceção de uma ocorrência, todas as demais foram computadas como "conseqüências mistas" (7% entre as 204 ocorrências "mistas" dos anos de 1998 e 1999), posto que as narrativas expressam também a tendência especialmente dos pais de estarem presentes quando a escola toma esse tipo de atitude. Eis alguns exemplos:

> [Narrativa sobre o aluno Nicolau, com referência a "revista pornográfica" e "masturbação", já apresentada como ocorrência 53.] Conversamos com o pai e decidimos juntos encaminhá-lo para psicólogo. [Constam a data abreviada, a rubrica da pedagoga e a assinatura do pai.]
>
> **Ocorrência 76.** [Narrativa sobre pai que vem até a escola para pedir ajuda, pois sabe que o filho está gazeteando aulas; a pedagoga elogia o interesse desse pai e observa que o menino está com problema de falta e de aprendizagem.] Conversamos com o pai e juntos achamos

por bem solicitar a intervenção do Conselho Tutelar, no sentido desta entidade orientar o pai em como proceder neste caso e, quem sabe, se possível, encaminhar Tenório ao Projeto "x" [referência a um programa governamental de assistência]. [Constam "Curitiba", data abreviada, as assinaturas da pedagoga e do pai.]

Foram computadas como "outras conseqüências", de forma "pura" (1% do total das ocorrências de 1998 e 1999) ou "mista" (3% das ocorrências), as narrativas de casos não especificados na tipologia estabelecida: ameaça de um responsável denunciar a escola, confisco de brinquedo, solicitação de que a mãe venha assistir às aulas de seu filho, ameaça de que os alunos ficarão sem "recreio", proibição de usarem o banheiro fora do horário de "recreio", dentre outras. Como exemplos, temos:

> **Ocorrência 77.** [Narrativa sobre três alunos que pedem para ir ao banheiro e invadem uma sala de aula vizinha para tirar o brinquedo de um aluno.] Os 3 estão proibidos de usarem o banheiro fora do horário do recreio. [Constam apenas "Curitiba" e a data por extenso.]

> [Narrativa em que a mãe do aluno Jarbas vem reclamar que a professora diz palavrões em sala de aula, apresentada como ocorrência 62.] Chamamos a professora e a interrogamos sobre o fato. Segundo a professora isto jamais aconteceu, pois ela é uma pessoa cristã, sempre fala que não se deve falar palavrões e nem brigar com os colegas. Existem alguns alunos que fazem uso de palavrões em sala de aula, mas esclarecemos à mãe que estes alunos têm o mesmo direito de seu filho em estudar e que não podemos garantir que os alunos não falem palavrões. Solicitamos que a mãe viesse assistir as aulas da professora mas a mãe disse que não pode vir, pois tem dois filhos em casa que necessitam de seus cuidados. Este termo vai assinado por mim, Pedagoga, pela mãe, pela professora e pela diretora da escola. [Constam "Curitiba", data por extenso e as assinaturas das pessoas citadas ao final da ocorrência.]

> [Narrativa de que o aluno Danilo machucou-se, esfolando o joelho, apresentada como ocorrência 37.] A professora Élide enviará bilhete explicando o que aconteceu. [Constam "Curitiba", data abreviada e assinatura da pedagoga.]

Exemplos de narrativas que citam envolvimento da polícia como "conseqüência pura" (0,5% do total das ocorrências de 1998 e 1999) e "conseqüência mista" (2% das ocorrências):

> [Narrativa sobre o aluno Getúlio que menciona brigas, intrigas e "ovadas", já apresentada como ocorrência 68.] O Amílcar (guarda) chamou a delegacia aqui dentro da Escola. Os garotos foram registrados. [Constam "Curitiba", data rubricada e as assinaturas das três pedagogas; não é explicitado se os pais foram chamados.]

> [Narrativa, já apresentada como ocorrência 44, sobre o aluno Damaceno e guarda escolar, que vão até a sala da diretora; o estudante afirma que o guarda o agrediu, o guarda diz que o agressor foi o aluno, ocorrência que desencadeia ameaça de motim, objeto da ocorrência 45.] O guarda em questão fez relatório e o mesmo [o aluno Damaceno Luís Pacheco] ficou aos cuidados das partes que foram solicitadas, ou seja, D. P. M. (Delegacia de proteção ao Menor). A ocorrência vai assinada por mim e demais envolvidos. [Constam as assinaturas da diretora e do aluno; há mais três assinaturas, não identificáveis, e provavelmente uma delas é a do guarda.]

Quanto às ocorrências classificadas como "conversa com docentes", há uma computada como "pura" e três como "mistas":

> [Narrativa, já apresentada como ocorrência 64, na qual o pai, ao reconhecer que seu filho Leonardo é desatento e não gosta de fazer as atividades, queixa-se de que a professora dissera que seu filho não tinha competência para estar numa série "x".] Chamei a professora para conversarmos sobre o fato e ela me disse que a Pedagoga Letícia já está acompanhando o caso e que a algum tempo atrás a mãe do menino esteve aqui conversando com a Pedagoga Letícia, sendo que neste dia ela ameaçou a professora. Depois disso ela transferiu seu filho para a Escola "x", voltando novamente o Leonardo para nossa escola, alguns dias após. Segundo a professora Cloé o aluno até acompanha a turma, só que ele não gosta de escrever e por isso fica atrasado em relação aos colegas da turma, mas não que ele não tenha competência. Sabemos que a família cobra demais tanto da criança, quanto do professor. Esta ocorrência vai assinada por mim Pedagoga, pela professora e pelo pai do aluno. [Constam "Curitiba", data por extenso e as assinaturas das pessoas mencionadas ao final.]

[Narrativa sobre pai que vem à escola para reclamar que a professora teria puxado a orelha de sua filha Neusa e dado um "cascudo na cabeça" de outro menino, já apresentada como ocorrência 61.] Chamamos as crianças para ouvi-las, as crianças confirmaram a versão do pai perante a professora. A professora falou ao pai que ela pegou mesmo na orelha da menina mas não foi com a intenção de puxar e que bateu de leve na cabeça do Ademar mas como forma de fazer carinho. Pai e professora conversaram longamente sobre o fato. A pedagoga Verônica pediu que a professora mude seu modo de tratamento não só com os dois, mas com a turma toda, para que esses equívocos não venham acontecer novamente. Esta ocorrência vai assinada pelas pessoas envolvidas, pela diretora e pelas pedagogas. [Constam "Curitiba", a data por extenso, as assinaturas da diretora, de duas pedagogas, do pai e provavelmente da professora.]

Por fim, exemplos de narrativas de "ressarcimento de prejuízos" (duas conseqüências computadas como "puras" e quatro como "mistas" em 1998 e 1999):

[Narrativa em que os alunos Heráclito Cavalcante e Isaque Nardini quebram dois vidros na escola, apresentada como ocorrência 41.] Portanto, cada família terá que pagar e repor o vidro. As mães foram convocadas para tomarem ciência do fato. [Constam "Curitiba", data por extenso, assinaturas da pedagoga e das duas mães.]

[Narrativa em que as alunas Aline e Doroti jogam vôlei, a bola cai no terreno vizinho e o cachorro a fura, já apresentada como ocorrência 42.] Será feito uma "vaquinha" para ressarcir a escola com uma bola nova. [Consta apenas a assinatura da pedagoga.]

Ressalte-se que, a rigor, não existiriam "conseqüências/ameaças puras", nem o que foi computado como "sem conseqüência", pois se subentende que algum tipo de conversa conscientizadora existiu, seja com as crianças, seja com os pais, ainda que essa dimensão não apareça registrada. Mas, como qualquer tipo de levantamento pressupõe critérios, optei por seguir o mais rigorosamente possível a narrativa dos livros, conforme a tipologia construída e os elementos que estabeleci como diferenciadores.

Tendo em vista sua complexidade e seu amplo leque, é possível estabelecer variadas delimitações e distintos olhares analíticos sobre as questões antes descritas. Diante da gama de possibilidades existentes, penso ser necessário explicitar aquilo que chamo de "grade de inteligibilidade da pesquisa", ou seja, as delimitações e o tipo de olhar ou de perspectiva analítica que adotei, tanto com relação ao material empírico coletado, quanto com relação ao referencial teórico que elegi para dar sentido a tal material, ou seja, o referencial foucaultiano. É o que abordarei na próxima seção deste texto.

Grade de inteligibilidade da pesquisa

Como é possível observar, as narrativas colocam um leque praticamente infinito de questões, que passam pela complexidade das problemáticas dos itens que estabeleci na tipologia das situações ("brigas", "mau comportamento", "falta excessiva" da criança, "uso de drogas", "problemas na Educação Física", "atraso", "gazeteamento de aula", "porte de objetos perigosos", "problemas de aprendizagem" etc.), das conseqüências (presença dos pais na escola, conversas conscientizadoras, suspensão, expulsão, transferência, acionamento do Conselho Tutelar, encaminhamentos a especialistas etc.) e pelas questões de gênero, dentre outras. Se alguém "perder o fôlego" diante dessa resumida lista, como eu constantemente perdia ao trabalhar sobre os dados da pesquisa, imaginem as autoridades escolares, que precisam conviver cotidianamente com esse turbilhão de acontecimentos, em meio a todas as conhecidas dificuldades em termos salariais, de condições de trabalho etc.

É claro que não vou me propor a enfocar especificamente cada uma dessas problemáticas. Busco apontar e problematizar o tipo de lógica disciplinar que move os livros de ocorrência, tendo em vista especialmente as contribuições analíticas trazidas por Michel Foucault. Nesse sentido, retomo as narrativas das ocorrências na medida em que sejam úteis para uma aproximação com as especificidades dessa lógica.

Tendo em vista o mapeamento das ocorrências, cheguei a duvidar da importância de ter preliminarmente priorizado um levantamento de caráter quantitativo, assim como o estabelecimento de uma tipologia das situações/conseqüências. Agora, no entanto, acredito que tal encaminhamento foi fundamental, pois, sem ele, não teria como adquirir uma "segurança básica" diante de tantos nomes, situações, providências e outros detalhamentos ali relatados. Tal procedimento proporcionou grande ajuda para uma aproximação minuciosa com o conteúdo das narrativas.

No entanto, quanto à dimensão quantitativa do levantamento, percebi ser menos importante prender-se ao número de vezes em que algo aconteceu do que ao tipo de dinâmicas, de elementos que entram em funcionamento no jogo entre as várias ocorrências, o contexto no qual se dão e o referencial analítico escolhido. Nessa perspectiva, não importa mais quantas vezes os pais são citados nas narrativas ou quantas vezes houve a menção a brigas, por exemplo. Assim, um elemento qualquer que apareceu uma única vez ou poucas vezes nas narrativas pode ser tanto ou mais importante do que elementos recorrentemente afirmados.

Por exemplo, não é majoritário o número de ocorrências em que determinados sujeitos aparecem como testemunhas, mas esse tipo de dado é de suma importância para a caracterização dos livros como uma das peças de uma espécie de grande inquérito permanente sobre o qual a escola trabalha. Também não seria majoritária a incidência quantitativa das narrativas em que aparece um esforço conscientizador com as crianças por parte da escola, de forma "pura" ou "mista". No entanto, este tipo de dinâmica é central para a análise do funcionamento dos livros como parte de uma engrenagem de tipo confessional.

Quanto à construção da tipologia, também não é mais tão fundamental se a narrativa utilizada nos livros usou termos que indicassem mau comportamento, briga, agressão verbal, furto, ameaça ou qualquer um dos demais critérios estabelecidos na tipologia das situações e das conseqüências, de forma "pura" ou "mista". Mesmo considerando que a elaboração dessa tipologia foi inicialmente necessária, o próprio exercício de fazê-la evidenciou as fragilidades de levá-la muito a sério posteriormente. Não me interessa fixar um único sentido para o que ali vai narrado, como, por exemplo, se uma situação seria estritamente de furto, fuga ou mau comportamento, para, a partir desse tipo de definição, problematizá-la em sua suposta especificidade.

Com isso, não me proponho a analisar todos os elementos levantados na tipologia construída durante o levantamento dos dados empíricos. Penso que a validade do mapeamento realizado se estabeleceu na medida em que não poderia saber previamente o que depois seria relevante, o que viabilizou uma visualização detalhada dos elementos presentes nas narrativas e o que possibilitará que eu mesma ou outras pessoas se baseiem nesses dados para futuras pesquisas. Desse modo, enfocarei os elementos que me parecerem úteis e possíveis de serem articulados com o tipo de reflexão a ser desenvolvida, no exercício de fazer, tal qual Foucault, uma leitura interessada, um estudo escolhido das ocorrências, buscando questões que potencializem problematizações sobre o funcionamento dos livros de ocorrência no contexto das tecnologias de disciplinarização.

Gostaria de salientar ainda algumas preocupações com relação especialmente ao tipo de olhar que lanço às narrativas. Os questionamentos aqui presentes não caminham na direção de denúncias do tipo "vejam que absurdos a escola é capaz de fazer com nossas crianças...". Não se trata de desresponsabilizar a escola pelo que faz, ou deixa de fazer, mas também não se trata de olhá-la em busca de veredictos de inocência ou de culpa. Entendo que a escola age em meio a uma extraordinária complexidade de questões, em meio a uma série de pressões, expectativas, enquadramentos, tradições, que se relacionam ao que pode ser considerado tanto como parte de suas especificidades, quanto como parte do conjunto de significados e de práticas circulantes no contexto social em que se insere. O que está em questão, no âmbito da problematização que faço a respeito da disciplina escolar cotidiana, é a tentativa de apontar o tipo de lógica que move a escola na utilização diária de instrumentos pedagógicos tais como são os livros de ocorrência que pesquisei. Tal lógica é constituída por pressupostos, valores, instrumentos de ação, tradições, objetivos, relações, efeitos, que estão para além das especificidades dessa ou daquela escola. Fazem parte de uma cultura, intra e extra-escolar, que precisa ser problematizada.

Outro pressuposto é o de que na escola em questão, ou em outras, coexistem diferentes tipos de lógica disciplinar, e nessa direção nem tudo o que nela acontece, certamente, é movido pelos elementos que aponto como constitutivos da lógica que sustenta os livros de ocorrência pesquisados. Complementarmente, a lógica disciplinar a ser delineada não circula apenas através desse tipo de livro de ocorrência. E, inversamente, não é o livro "em si mesmo" que traz consigo um determinado tipo de lógica, pois isto depende de seus conteúdos específicos e do contexto abrangente em que funciona. Nada — a liberdade, a vigilância, a disciplina, os limites, os castigos, a existência de regras ou de normas, assim como qualquer outro valor, princípio, ou prática pedagógica — é em si mesmo "bom" e/ou "ruim".

Nesse sentido, escolas que não usam este tipo de livros de ocorrência podem produzir práticas disciplinadoras cujos efeitos tendam a ser mais ou tão domesticadores quanto no caso de escolas que se utilizam deles. Aquilo que em um discurso aparece como respeito à liberdade e às individualidades, ao diálogo, à participação, à democracia, à disciplina consciente, tudo isso pode inscrever-se no interior de relações de poder mais sutis, sem dúvida, mas não menos direcionadoras, cujos possíveis efeitos democráticos, respeitosos, ou outros, precisam ser problematizados no contexto cultural em que se dão. Nesse sentido, Deleuze (1992: 220) alerta para a permanente questão: "Não se deve perguntar qual é o regime mais duro, ou o mais tolerável, pois é em cada um deles que se enfrentam as liberalizações e as sujeições".

Nessas circunstâncias, quero apontar algumas direções analíticas interligadas para o norteamento das reflexões que desenvolverei a partir das narrativas existentes nos livros de ocorrência. Uma remete à suposição de certa eficiência desse instrumento, pois, do contrário, não seria usado pela escola. Então, cabe investigar como e em que medida essa eficiência se coloca, sempre em termos das especificidades dos livros e, ao mesmo tempo, das articulações com o contexto geral que os sustenta. Ressalte-se que essa preocupação será acompanhada da atenção a aspectos que possam indicar também o contrário, ou seja, a não-eficiência dos livros, tendo em vista, por exemplo, os sinais de resistências a eles.

Outra direção é a de que uma espécie de instância jurídica não é a única a caracterizar os livros de ocorrência. A função mais imediatamente visível dos livros é a de que operam como mecanismo de julgamento e de punição, em especial sobre as crianças, ao mesmo tempo que protegem a escola de possíveis acusações sobre o que acontece com o(a) aluno(a). Pressupõe-se que existam ainda outras instâncias de funcionamento interligadas àquela, tão ou mais importantes quanto, como, por exemplo, a da confissão, a da normalização, a da vigilância ou do exame, dentre outras que foram analisadas ao longo da produção de Foucault no sentido de marcar a produtividade das relações de poder disciplinares,[22] para além de suas marcas estritamente repressivas.

Também não se perde de vista que os livros de ocorrência tanto atuam sobre cada um, quanto atingem a todos simultaneamente; e visam estabelecer tanto formas de governo sobre os sujeitos, como parâmetros para que eles se autogovernem, na direção do que Foucault aponta em termos das indissociáveis formas de objetivação e de subjetivação implicadas no âmbito do exercício das relações de poder. Um de meus interesses centrais é o de buscar aproximações analíticas com essas múltiplas direções interligadas alcançadas pelo exercício do poder, especialmente no caso dos discursos e das práticas do âmbito escolar.

> As análises de Foucault do saber-poder e da sociedade disciplinar moderna permitem e exigem um foco na microdinâmica das relações do poder, nas técnicas e práticas específicas através das quais a pedagogia funciona. Na verdade, Foucault explicou, um pouco antes da sua morte, que sua preocupação não era tanto com instituições ou com teorias e ideologias desenvolvidas a fim de justificá-las, mas com as técnicas, com as práticas que dão uma forma concreta à relação disciplinar moderna entre a entidade social e o indivíduo. (Gore, 1994: 41)

Isso leva à necessidade de especificar, também, o tipo de olhar, de entendimento ou de ênfases analíticas que busco no aproveitamento que faço do acervo de questões trazidas por Michel Foucault. Cabe lembrar que este estudo volta-se sobre a questão da disciplina no contexto da contemporaneidade, que obviamente

---

22. A noção de poder e das sociedades ou relações de poder disciplinares em Foucault será particularmente explicada no Capítulo 3 deste livro.

não estava posto no horizonte analítico de Foucault, e no âmbito escolar, pedagógico, que não foi objeto específico de problematização na obra foucaultiana.

Há que se iniciar explicitando que o exame da fecundidade de algumas das ferramentas analíticas por ele construídas no contexto atual exige ter em mente complexos deslocamentos. Pode-se avaliar que hoje as concepções pedagógicas predominantes, ou mais legitimadas, sobre os significados e as práticas educacionais voltadas para o "ser criança" trazem muitos elementos distintos dos que embasaram as formulações de Foucault no âmbito do surgimento e da consolidação dos poderes e das sociedades de tipo disciplinar, vinculados ao que chamamos de "Pedagogia Tradicional". Tais concepções atualmente hegemônicas apontam, por exemplo, para a centralidade de considerar o que é estabelecido como sendo as "características", os "interesses", as "necessidades" ou os "saberes prévios" da criança no processo pedagógico, tendo em vista a meta consensual de formar-se para a "cidadania", o que implica fins educacionais atrelados à produção de sujeitos "críticos", "autônomos" e "criativos".

Trata-se, ao mesmo tempo, de um território minado de disputas, conflitos, cobranças, acusações, porque os discursos e as práticas justificados com argumentos como os que acima foram aduzidos defrontam-se com considerável dose de "fracasso", tendo em vista a constatação, ou as queixas, de que tais princípios não conseguem se realizar de modo convincente no cotidiano, na medida em que um ensino de tipo "tradicional" continua sendo amplamente localizável no dia-a-dia escolar. Por outro lado, ampliam-se críticas com relação a algumas das próprias concepções predominantes no cenário educacional contemporâneo, problematizando, entre outros aspectos, suas ênfases essencialistas ou redentoras, na direção do que consta nos estudos foucaultianos.

Assim, a depender de ênfases, delimitações ou perspectivas analíticas, pode-se considerar que a escola de hoje é profundamente parecida e ao mesmo tempo profundamente diferente da escola que permeou as problematizações de Foucault. Há inúmeras reflexões que apontam para a resistência ou as dificuldades de transformação da escola. Estudos feitos a partir de um projeto de pesquisa coletivo que articulou os trabalhos de estágio das alunas do curso de Pedagogia da UFRGS com os problemas mapeados a partir do cotidiano da rede escolar municipal de Porto Alegre apontam "a situação encontrada na maioria das escolas [que remete à existência de] práticas conservadoras, culturas negadas, carências e violências crescentes, expectativa de domesticação e de adestramento" (Xavier, 2002: 18). Ou ainda:

> Uma nova concepção de organização escolar implica uma análise do contexto social onde a escola está inserida, para, a partir desta compreensão, gestar uma proposta

adequada. Tem que se ter presente, porém, que as instituições têm muitas dificuldades em se modificar [pois se baseiam em mecanismos como] as amarras das regras institucionais com as tradições e hábitos; a fragmentação dos saberes e dos espaços de ação; a aliança com a ordem estabelecida em nome da adaptação. Tais estruturas impedem aos sujeitos a reinvenção de si próprios, de suas idéias e das instituições em que trabalham. (Barbosa e Xavier, 2002: 29)

E há inúmeras análises que enfatizam as mudanças e os desafios postos para a escola atual, sobretudo a partir do que muitos(as) autores(as) consideram ser os "tempos pós-modernos". A Pós-Modernidade é geralmente situada a partir de processos históricos que se configuram a partir de 1940-50, com o gradativo surgimento e incremento das tecnologias, especialmente as eletrônicas e nucleares, das novas formas de relações trabalhistas, da complexificação das redes de transporte, comunicação e tecnologias de "ponta" — carro, avião, telefone, foguete, satélites, TV, câmaras, vídeos, gravadores, computadores, robótica, engenharia genética —, e desembocam nas atuais sociedades de consumo massificado.

Tais sociedades passam a ser permeadas pela extrema velocidade das informações, pelo excesso de notícias e de estímulos visuais, pela obsolescência das informações ou dos produtos de consumo, com implicações em termos das percepções culturais relativas ao espaço e ao tempo, marcadas pelo encurtamento das distâncias e pelo "aceleramento" do tempo social — a chamada "aldeia global" e seus "eternos presentes" —, poluídas de propagandas, imagens, sons, *outdoors* e produtos *high-tech*. Alguns outros nomes das sociedades pós-modernas são "capitalismo global", "transnacional", "tardio", "pós-industrial e financeiro"; ou "sociedade do espetáculo", "do efêmero", "da informação" e "da mídia" (cf. Harvey, 2000; e Jameson, 1996).

Diante da intensa descartabilidade das coisas e da velocidade das mudanças, exigem-se flexibilidade e adaptabilidade de todos. Harvey (2000: 210) aponta que as habilidades já não são algo para a vida inteira, posto que elas são destruídas e reconstruídas constantemente. Deleuze, ao se referir a esse contexto sob a forma das "sociedades de controle", afirma:

Estamos entrando nas sociedades de controle, que funcionam não mais por confinamento, mas por controle contínuo e comunicação instantânea. [...] Pode-se prever que a educação será cada vez menos um meio fechado, distinto do meio profissional — um outro meio fechado —, mas que os dois desaparecerão em favor de uma terrível formação permanente, de um controle contínuo se exercendo sobre o operário-aluno ou o executivo-universitário. (Deleuze, 1992: 216)

Os deslocamentos históricos em direção à chamada Pós-Modernidade apontam também para mudanças teóricas voltadas sobre os mais diversos campos sociais, passando pela arquitetura, pela moda, pelas artes e demais setores da cultura e da produção científica. Nesse sentido, emergem os denominados "estudos pós-modernos", também designados como "pós-estruturalistas", que aprofundam as críticas a certos aspectos do pensamento iluminista e dos projetos impulsionados na Modernidade, enfatizando suas marcas essencialistas, sua racionalidade técnica, suas explicações totalizantes, quando pretendem definir exaustivamente como são ou devem ser os sujeitos e o mundo a partir dos cânones da objetividade e da cientificidade.

No entanto, há que se ressaltar — especialmente tendo em vista as delimitações do presente livro em termos da utilização das ferramentas analíticas de Foucault quanto às sociedades disciplinares ou modernas para uma reflexão sobre a disciplina na escola atual —, que os complexos deslocamentos históricos antes mencionados em direção à Pós-Modernidade nem são homogêneos, nem lineares, nem colocam uma relação excludente entre o que se define como sendo a Modernidade e a Pós-Modernidade.

Assim, cabe frisar as descontinuidades ou especificidades presentes na chamada "condição pós-moderna" — assim como também na "condição moderna" —, que se dá irregularmente, com intensidades e alcances diferenciados, diante das especificidades de cada problemática e suas inúmeras variações, que podem ser enfocadas em termos nacionais, regionais, de classe, dentre muitas outras. Não se trata de

> pensar que houve uma única e geral Modernidade, que a tudo e a todos teria atingido no Ocidente. [Também não] implica julgar uma época/forma de pensar a partir de uma perspectiva que não apenas não se coloca num hoje absoluto, como (talvez pior [...]) se coloca fora da História. Isso significaria, paradoxalmente, ser pré-moderno; significaria nada ter aprendido sobre os historicismos que, inteligentemente, a própria Modernidade nos ensinou. (Veiga-Neto, 2004, s.p.)

Por outro lado, as infindáveis discussões sobre as tensões existentes entre a tradição e a inovação, a conservação e a mudança, a Modernidade e a Pós-Modernidade remetem a um trânsito necessariamente relacional. "O modernismo do qual o pós-modernismo se separa permanece inscrito na própria palavra com a qual descrevemos nossa distância do modernismo" (Huyssen, 1992: 22). Quando se classificam as sociedades atuais como pós-modernas, entendo que isso sinaliza para deslocamentos que não foram maciços, nem lineares, pois dependem das particularidades de cada contexto ou de cada problemática delimitada, convivendo, em maior ou menor grau, com expressões culturais que tipicamente caracterizam a

Modernidade e que seguem presentes na atualidade. Nesse contexto, cabe manter permanentemente a pergunta: de que modo a escola atual e o tipo de disciplina que implanta ainda estariam atrelados ao tipo de caracterização feita por Foucault sobre as disciplinas, no contexto da implantação e consolidação da Modernidade?

As especificidades dos livros de ocorrência sobre os quais trabalho parecem-me remeter exatamente ao que há de mais contínuo, de mais tradicional, nas práticas pedagógicas e sociais de disciplinamento produzidas ao longo da Modernidade. Como pode ser percebido nos muitos exemplos de ocorrências antes apresentados, o castigo de estar presente nos livros de ocorrência — com todas as implicações existentes em termos das repreensões, conversas conscientizadoras, ameaças, envolvimento dos pais, encaminhamentos a especialistas ou ao Conselho Tutelar — visa aproximar todas as crianças das normas, daquilo que funciona como regra ou como padrão desejável de comportamento na escola, a fim de manter seu ordenamento diário. Assim, uma das facetas mais imediatamente visíveis das narrativas existentes nos livros, ainda que não a única, é a de que estes funcionam como uma das formas utilizadas pela escola para repreender e punir as crianças consideradas indisciplinadas, para com isso corrigi-las, produzi-las de determinadas maneiras, algo que, de modo instigante, remete ao universo das considerações feitas por Foucault quanto ao funcionamento dos poderes de tipo disciplinar. É nesse sentido que se dá, nesta pesquisa, a atualidade do pensamento de Foucault: para problematizar o funcionamento dos livros de ocorrência em suas especificidades, como instrumento disciplinar pedagógico ainda articulado, de alguma maneira, à produção de indivíduos "dóceis e úteis" (Foucault, 1977: 126), no contexto de uma reflexão abrangente sobre a disciplina escolar na contemporaneidade, dadas as continuidades e o caráter relacional existente entre Modernidade e Pós-Modernidade.

De modo articulado às considerações antes feitas, a utilização das ferramentas analíticas proporcionadas por Foucault exige ter em mente, também, que ele não se debruçou especificamente sobre a questão escolar ao construir suas análises sobre o poder disciplinar. Na medida em que estudava o pensamento foucaultiano e que buscava vínculos analíticos mais precisos com a escola e com os livros de ocorrência, senti falta de uma literatura que situasse a questão disciplinar nas especificidades do universo pedagógico, este entendido aqui como o que trata da reflexão e da ação no campo educacional. Nesse sentido, quero destacar a importância de duas referências bibliográficas nas análises que se seguirão, especialmente ao longo dos quatro últimos capítulos deste livro.

Uma delas é a obra *El renegar de la escuela: desinterés, apatía, aburrimiento, violencia y indisciplina* ("O renegar da escola: desinteresse, apatia, aborrecimento, violência e indisciplina"), de Estanislao Antelo e Ana L. Abramowski (2000b), publicada na Argentina em 2000 e ainda não traduzida para o português. Trata-se de um estudo com influências foucaultianas (dentre outras), em que os autores situam uma série de questões nodais para a problematização da disciplina escolar, desenvolvendo críticas ao que chamam de *Pedagogía Pipona*, que traduzi aqui como "Pedagogia da Completude".[23] Tal tipo de Pedagogia remete a um conjunto de discursos e de práticas tradicionalmente presentes nos meios escolares que tende a negar tudo o que ameace seus ideais de plenitude, harmonia ou de controle totalitário sobre o conjunto dos elementos que supostamente intervêm e determinam os processos de ensino-aprendizagem.

A outra referência central nas análises deste trabalho é *La escuela en el cuerpo: Estudios sobre el orden escolar y la construcción social de los alumnos en escuelas primarias* ("A escola no corpo: estudos sobre a ordem escolar e a construção social dos alunos em escolas primárias"), de Diana Milstein e Héctor Mendes (1999), uma publicação também ainda não traduzida no Brasil. O texto expõe uma pesquisa voltada para a problematização dos processos cotidianos de "encarnação" ou corporificação da noção de ordem escolar nas crianças, no contexto da contemporaneidade. Trata-se de reflexões que não só abrem perspectivas interessantíssimas para novos estudos, como se detêm em uma questão nodal para o tipo de problematização que faço nesta pesquisa: a questão da ordem escolar, indissociável dos rumos que determinadas práticas disciplinares tomam, pois, como salientam esses autores, a indisciplina é constantemente vivida como sinal de desordem pelos sujeitos nela implicados.

Milstein e Mendes fazem uma pesquisa de cunho etnográfico em escolas primárias argentinas, a partir de instrumentos como observações, entrevistas e realização de oficinas, baseando-se em produções vinculadas ao que chamam de teoria social crítica, com referências a Marx, Foucault, Giddens, Larrosa e, especialmente, Bourdieu, apoiados centralmente na noção de "arbitrário cultural domi-

---

23. "Pipón/pipona" é uma gíria usada na Argentina, com dois significados básicos em português: pode significar o que está tranqüilo ou sossegado, ou o sujeito que está completo, "de barriga cheia", que está plena ou exageradamente satisfeito. É neste segundo sentido que a expressão *Pedagogía Pipona* aparece na obra de Antelo e Abramowski: como aquela "satisfeita, [...] aquela que tem tudo, [uma] pedagogia plena e completa [...] para a qual nada lhe falta" (Antelo, 2000b: 48 e 51; minha tradução). Como não me pareceu bem traduzir *Pedagogía Pipona* como "Pedagogia satisfeita ou plena" e aceitando as valiosas contribuições de Carlos Skliar na qualidade de um dos membros da banca na defesa final de minha tese de doutorado, preferi traduzi-la como "Pedagogia da Completude". Conseqüentemente, quando os autores referem-se ao que chamam de "Pedagogía del *no-todo*" (Antelo, 2000b; grifo no original) para imaginar algo distinto, algo que aprenda a conviver com os conflitos, com o indeterminado, com o que falta, preferi a tradução "Pedagogia da Incompletude".

nante".²⁴ Ainda que Bourdieu seja a referência teórica central dessa pesquisa, é possível visualizar suas várias afinidades com o referencial foucaultiano, dentre as quais destaco as preocupações em torno da centralidade que as formas de investimento sobre o corpo têm sobre a constituição das identidades e o interesse pela desnaturalização ou desconstrução de evidências nas explicações sobre os processos que nos constituem.

Diferentemente dos discursos que afirmam que a questão corporal na escola é sobretudo marcada pela negação, pela ausência ou desconsideração, um dos pressupostos adotados por Milstein e Mendes — na mesma direção de Foucault — é que há aí intenso trabalho pedagógico sobre o corpo das crianças, presente nos diferentes momentos, espaços e modos de ação escolar, trabalho este que é, inclusive, condição básica para as demais aprendizagens escolares. São aprendizagens que envolvem a incorporação de certa disciplina, enquanto a internalização de distintos esquemas, normas, crenças, habilidades, sentimentos, valores, imagens, enfim, aprendizagens que se finalizam em certas "disposições do corpo a perceber, sentir, pensar, atuar, experimentar a realidade de uma maneira determinada" (Milstein e Mendes, 1999: 21; minha tradução).

No caso, os autores estão especialmente concentrados nos processos cotidianos de corporização da noção de ordem escolar, enfocando-os nas dinâmicas que se estabelecem entre o corpo da criança e o espaço, o tempo, os jogos, a estética e a moral escolar. Trata-se do que eles designam, às vezes, como a complexa transformação do "corpo/criança" em "corpo/aluno". Tudo isso trouxe questões importantes para pensar a problemática da disciplina nos livros de ocorrência, ainda mais tendo em vista que qualquer noção de disciplina é indissociável do que é instituído como a ordem necessária à escola.

Uma das principais marcas dos significados adquiridos pela noção de ordem escolar como parte do arbitrário cultural dominante é se manifestarem na forma de consciência prática. "Consciência prática" no sentido de que se expressam como saberes e práticas incorporadas aos sujeitos na forma de predisposições, funcio-

---

24. A partir da noção de "arbitrário cultural dominante", de Pierre Bourdieu, os autores tecem fecundas considerações a respeito de alguns dos principais significados e práticas atrelados à noção de ordem escolar, alguns construídos a partir das especificidades do trabalho na escola e outros circulantes na sociedade em geral. O termo "dominante" é utilizado no sentido de "delimitar aqueles significados que predominam na cultura escolar e definem o sentido legítimo das práticas escolares, em relativa correspondência com os significados da estrutura social" (Milstein & Mendes, 1999: 35; minha tradução), o que não significa desconsiderar que haja conflitos, disputas ou resistências com relação a esse predomínio de sentidos. E o termo "arbitrário" aponta exatamente para o caráter não natural, nem inevitável, nem necessário, desses significados e dessas práticas.

nando de modo fortemente imediato e automático nas configurações de seus comportamentos e reações:

> [o arbitrário dominante relativo à ordem escolar] só parcialmente se apresenta como noções que se podem enunciar com palavras, já que existe fundamentalmente em estado incorporado aos sujeitos, sob a forma de predisposições a perceber, sentir, "viver" as relações, práticas e interações, de um modo mais ou menos imediato, como estando dentro ou fora da "ordem". (Milstein e Mendes, 1999: 35-36; minha tradução)

Para Milstein e Mendes, esse tipo de aprendizagem, em grande medida, não está explicitado nos currículos, nem é apresentado de modo verbal, intencional, planejado ou refletido; tais aprendizagens são vividas como naturais, dadas, inquestionáveis, como necessariamente constitutivas das pessoas e das coisas existentes no mundo escolar. Assim é que, por exemplo, naturalizam-se ritmos, a ocupação dos espaços, as operações sobre os objetos, as finalidades do jogar, aquilo que é tendencialmente visto como "o bonito", dentre outros aspectos relevantes presentes na pesquisa desses autores e que têm profundas implicações no tipo de disciplina implantada na escola. No entanto, as práticas sobre as quais repousam noções de ordem escolar, bem como as maneiras como estas se inscrevem nos espaços, nos tempos, nos corpos e em tudo o mais que acontece na escola, são socialmente constituídas e significadas:

> Aspectos espaciais e temporais, como a sala na qual se desenvolve uma atividade determinada, os ritmos, o início e o final dessa atividade, as distâncias entre aqueles que participam, são vividos pelos sujeitos que a realizam como elementos necessários e muitas vezes naturais. No entanto, não são propriedades dadas pela natureza. Tempo e espaço são construções sociais que materializam práticas e relações sociais como parte da reprodução do arbitrário cultural dominante. Daí que se vivam como naturais, já que em grande parte os sentidos espaço-temporais inscrevem-se nos gestos, nas posturas, nos deslocamentos e nos demais movimentos corporais. Por isso, a regulação do tempo e do espaço em práticas específicas — embora já aprendida —, ao se corporizar como disposições duradouras, é vivida em muitos casos como parte constitutiva dos sujeitos. Em outros casos, em que os corpos/sujeitos não se ajustam às regulações de tempo e espaço preestabelecidos, experimentam-se conflitos que os atores costumam explicar em termos de desordem. (Milstein e Mendes, 1999: 24-25; minha tradução)

Outro elemento importante presente nas análises destes autores é o constante movimento de articulação entre o que observam nas práticas e discursos do professorado e o que poderíamos chamar de tradição pedagógica. Assim, eles constantemente situam aspectos da Pedagogia, localizando certas vinculações entre aquilo que embasa o arbitrário escolar dominante relativo à ordem escolar na contemporaneidade — com relação aos diversos temas delimitados (tempo, espaço, jogos e estética escolar) — e certos discursos pedagógicos influentes historicamente constituídos, algo que possibilitou aproximações também para a problematização da questão disciplinar por meio das narrativas existentes nos livros de ocorrência.

Esses dois livros desempenharam papel muito importante nas argumentações que desenvolvo. Permitiram-me estabelecer vínculos que considero serem mais produtivos e oportunos entre a problematização disciplinar feita por Foucault e a Pedagogia, o cotidiano escolar atual e as narrativas existentes nos livros de ocorrência.

No próximo capítulo, constituo certos cenários iniciais mediante as narrativas dos livros, cenários que aludem à circulação de uma espécie de crimes e de pecados no cotidiano escolar. Trata-se de uma provocação que visa introduzir novos elementos para refletir sobre o tipo de disciplina acarretada pelos livros de ocorrência, dado que, a rigor, não se trata de crimes, nem de pecados, em sentido estrito. No entanto, há uma série de elementos presentes nas narrativas que permitem aproximações com dinâmicas que são próprias tanto do universo jurídico, como do religioso. Tais aproximações serão feitas, tomando-se como fio condutor das análises o aspecto da confissão, em suas possíveis relações com as narrativas dos livros.

Os outros capítulos, amplamente ancorados nas referências bibliográficas antes situadas, tratam de aprofundar o apontamento do tipo de lógica disciplinar envolvida no funcionamento destes livros de ocorrência, seja articulando-a com a dimensão da vigilância que é exercida através deles, seja com a dimensão da normatização e da normalização, do exame ou, ainda, no último capítulo, por intermédio de uma reflexão sobre moral e ética no âmbito das práticas escolares disciplinares.

CAPÍTULO 2

A Produção de Cenários Criminosos e Pecaminosos nos Livros de Ocorrência*

> [...] os acusados são sempre os mais insinuantes. Não deve ser a culpa que os torna assim — não me compete como advogado dizer isto — pois nem todos são culpados, e não pode ser a justiça do castigo que sobre eles pesa que os torna assim antecipadamente atraentes, porque nem todos vão ser punidos. Conseqüentemente deve ser a simples acusação apresentada contra eles, que de certa forma realça seus atrativos.
>
> (Kafka, 1963: 191)

Considerações preliminares

Quais são as primeiras palavras que nos vêm à cabeça quando nos colocamos a pensar sobre uma confissão? Pecado, virtude, maldade, crime, diabo, inferno, salvação, provavelmente estariam entre elas, dado o nosso pertencimento à tradição judaico-cristã. Acostumamo-nos a pensar na confissão como sendo uma cena clássica que ocorre dentro das igrejas ou, no máximo, dentro dos tribunais, e não fora deles. Acostumamo-nos a imaginar o Diabo em confronto com Deus, uma identidade que é fixada na exata medida de seu oponente e através de suas arenas,

---

* Uma versão deste capítulo foi publicada na forma de artigo pela *Revista Brasileira de Educação*, maio/ago., 2002.

discursos e rituais específicos de combate, enquanto encarnações do mal e do bem radicais.

> Diabo é tradução grega do satanás hebraico. Significa opositor, adversário, inimigo. [...] Etimologicamente, o dia-bólico separa, divide, aparta. Contrapõe-se ao sim-bólico, que sintetiza, reúne, unifica. [...] Como personagem infernal, o Diabo encarna uma dada época, sentimentos, medos, angústias, ameaças de condenação, lugares, pestes, calamidades demográficas, práticas de bruxaria e de guerra? Ameaçador e ao mesmo tempo sedutor. Vida e morte: essa é a gangorra na qual o Diabo brinca? Ele é barreira ao fratricídio inerente ao laço social? É necessário como limitador do mal-estar na civilização? Por isso é tão vital? Por isso não desaparece das culturas, mas ressurge com mil faces sempre renovadas? Na televisão, na literatura, na música, nos videoclips, na internet, na vida cotidiana: —"O trânsito tá um inferno"! "Aquela... é uma diaba"! "O chefe está endemoniado"! "Eu sou mesmo diabólica"! "Ele é maligno"! Por que retorna? (Corazza, 2002b: 17, 18)

Assim, quem diria que o Diabo pode estar vivo dentro de uma instituição como a escola e circulando por ela, uma instituição carregada de tantos significados virtuosos e esperançosos, um local por excelência de afirmação da razão, da ciência, de formação da consciência crítica, da cidadania? Tendo em vista esta tradição discursiva, quem diria que a escola pode ser vista também como um local onde circulam espécies de confissões, de crimes e de pecados? O que se confessaria na escola?

Este capítulo pretende refletir sobre tais possibilidades, buscando uma primeira aproximação analítica com alguns aspectos da temática da confissão em suas possíveis relações com as narrativas trazidas nos livros de ocorrência, tendo em vista as práticas confessionais de tipo jurídico e de tipo religioso. Embora a definição social de certas virtudes seja imanente ao funcionamento do ato confessional, minha ênfase recairá sobre aspectos relacionados a suas dimensões criminosas e pecaminosas.

Produzindo crimes

> **Ocorrência 78.** Os alunos Airton [citado na ocorrência 58] e Tadeu (turma "x"), na saída para o recreio entraram na sala da turma "y", mexeram nas malas, reviraram os materiais e afanaram caixa de lápis de cor, lápis preto, canetas, chaveiro. Fato constatado pela servente Estela e pelas crianças lesadas e até mesmo porque *ambos confessaram*

que furtaram o chaveiro. Estava no bolso de Tadeu. E os outros materiais não se sabe aonde esconderam. Os dois [alunos] foram alertados por essa atitude errônea. [Constam "Curitiba", data, assinam duas pedagogas e registra-se a impressão digital de um polegar, o que indica que um dos responsáveis por um dos alunos esteve na escola, tomando ciência da ocorrência, não sendo possível sua identificação; grifo meu.]¹

Ocorrência 79. Aos "x" dias de "x" [ano] na formação de fila para entrada na sala, o aluno Horácio (série "x") foi atingido com um cabo de vassoura e seu olho direito ficou "roxo". Identificamos o autor. Heráclito Cavalcante [citado nas ocorrências 25, 29 e 41, um dos "campeões de ocorrência"] (série "y") *nega o fato, mas temos testemunhas que o viram com o cabo. De tanto ser instigado, confessou alegando que estava só brincando*. Foi tomado as devidas providências qto o caso. [Constam a data abreviada, a assinatura do aluno e a da pedagoga.]

Ocorrência 80. A aluna Sônia Amaral foi pega furtando uma tesoura na aula de "x" [nome da disciplina] ao qual foi encaminhada até a sala da direção ao qual *nega ter feito o furto*. Após conversarmos disse-me que poderia ser chamado os responsáveis porque não haveria problema. *Continuamos neste impasse* ao qual já estava com um bilhete ao qual seria enviado pelo inspetor *quando Sônia resolveu tirar de dentro da jaqueta o material do furto, ou seja, a tesoura*. A mesma quando *interrogada* o porque de fazer tal fato a mesma disse que queria "sacanear" a professora e que não havia necessidade de furtar a tesoura. Ficou esclarecido que tal comportamento não será mais aceito em sala de aula e que se houver próxima vez os pais serão convocados a comparecer na escola. Esta ocorrência será assinada por mim e a aluna em questão. [Não constam a data nem a turma; assinam a diretora e a aluna.]

Ocorrência 81. Aos "x" dias do mês "x" de hum mil novecentos e noventa e "x" [ano], foi trazido à sala da Coordenadora o aluno Douglas de Freitas Alves [citado na ocorrência 1], da turma "x", porque o mesmo na hora de fazer fila para sair, aproveitou-se da situação

---

1. A partir deste capítulo, a citação literal das ocorrências poderá aparecer com alguns grifos meus, visando chamar a atenção para certos termos utilizados nas narrativas, tendo em vista as ênfases analíticas em questão. Assim, não mais repetirei, ao final das citações, que os grifos se referem a minha intervenção.

e bateu com o punho no vidro da janela, quebrando-o e conseqüentemente feriu o pulso. *Tentou negar o fato, mas a prova está no seu braço* [que está cortado? Trecho ilegível na xerocópia]. *Seus colegas presenciaram a cena e são unânimes em dizer que foi ele mesmo.* A família terá que vir à escola amanhã para assinar e tomar ciência da ocorrência. [Assinam uma pedagoga e, provavelmente, a mãe do aluno, pois o sobrenome coincide.]

Eis algumas situações cotidianas narradas nos livros de ocorrência que podem suscitar uma série de reflexões. A primeira ocorrência traz uma situação considerada como furto, registrando a confissão dos dois alunos envolvidos; como conseqüência, ambos "foram alertados" sobre o erro cometido, subentendendo-se que houve algum tipo de "conversa conscientizadora". A segunda ocorrência relata que um aluno foi agredido por outro, Heráclito, "com um cabo de vassoura"; Heráclito tenta negar o fato mas, tendo em vista a existência de "testemunhas que o viram com o cabo [e de] tanto ser instigado, [ele] confessou alegando que estava só brincando". A terceira ocorrência relata uma situação também considerada como furto, praticado por uma aluna que, a princípio, não assume a realização de tal ato mas, sob pressão — a ameaça de enviar um bilhete, provavelmente convocando os responsáveis —, acaba por confessá-lo, apresentando "o material do furto" e explicando seus motivos, depois de "interrogada"; após uma conversa, "ficou esclarecido" que tal comportamento não mais se repetiria, com a condição ou ameaça de convocar os pais, em caso de reincidência. Na quarta ocorrência, o menino "tentou negar o fato" (de que quebrou o vidro da janela), "mas a prova está no seu braço, que está cortado". Além disso, "seus colegas presenciaram a cena e são unânimes em dizer que foi ele mesmo".

O que há de comum nestes exemplos? Por ora, destacarei que, dentre os vários possíveis elementos problematizáveis nestas narrativas, há sinais de que as crianças envolvidas confessaram algo. Se as crianças confessam, será porque cometeram algum tipo de crime?

Tendo em vista a lógica jurídica, em linhas gerais, trata-se de apurar se um crime efetivamente ocorreu, quem o praticou, em quais circunstâncias, quais as provas disponíveis, quais as motivações. O inquérito visa exatamente produzir ou estabelecer tais verdades, disponibilizando os elementos sobre os quais se emitirá um veredicto final em termos de inocência ou culpabilidade. E, em caso de afirmação da culpa, cabe decidir o tipo de punição compatível ao crime cometido.

Dentro desse projeto de justiça, a confissão tem uma força peculiar na medida em que representa a "verdade em si", o fim das incômodas nebulosidades, a "luz no fim do túnel". É o porto seguro das incertezas, da fluidez das inúmeras possibilidades, no ancoradouro da definição do real e da verdade estáveis. Na direção do que afirma Foucault, com a confissão, a sociedade se inocenta.

[A confissão] constitui uma prova tão forte que não há nenhuma necessidade de acrescentar outras, nem de entrar na difícil e duvidosa combinação dos indícios; a confissão, desde que feita na forma correta, quase desobriga o acusador do cuidado de fornecer outras provas (em todo caso, as mais difíceis). Em seguida, a única maneira para que esse procedimento perca tudo o que tem de autoridade unívoca, e se torne efetivamente uma vitória conseguida sobre o acusado, a única maneira para que a verdade exerça todo o seu poder, é que o criminoso tome sobre si o próprio crime e ele mesmo assine o que foi sábia e obscuramente construído pela informação. [...] o criminoso que confessa vem desempenhar o papel de verdade viva. (Foucault, 1977: 37-38)

A confissão torna público o crime de forma decisiva, enfraquecendo a necessidade do levantamento de outras provas incriminadoras. Com ela, o réu assume diante dos outros o reconhecimento da responsabilidade pelo crime e, indiretamente, da culpa que lhe é inerente, bem como da justiça da punição. Ela representa um dos importantes rituais de compartilhamento das verdades definidoras dos acontecimentos.

Muito dessa lógica judiciária pode ser encontrada nos livros de ocorrência, cujo próprio nome remete a uma associação imediata aos corriqueiros boletins de ocorrência das delegacias de polícia. Tal qual foi mostrado no conjunto das ocorrências citadas até aqui, seus registros são geralmente estruturados em torno de três partes centrais, não necessariamente naquela ordem. Apresentam os dados de identificação dos alunos(as) envolvidos(as), ou seja, dos(as) acusados(as); narram a situação ocorrida, essa espécie de crime cometido, muitas vezes registrando os indícios ou provas que o atestariam (marcas físicas das agressões, testemunhos, confissões, acareações, dentre outros); e explicitam as conseqüências, uma espécie de veredicto final com a decorrente "pena", seja na forma de tudo o que já foi feito para resolver o problema, como parte das justificativas para as providências tomadas, ou como prova dos esforços da escola para o encaminhamento de soluções, seja na forma de uma ameaça do que futuramente será feito, em caso de reincidência, seja ainda na forma da providência presente, isto é, da medida que a escola efetivamente toma, diante da situação narrada.

Como poderá ser visto nos demais exemplos a serem citados, nem sempre as narrativas trazem todos esses detalhamentos, embora eles componham a forma, digamos, "modelar" de assegurar o registro nestes livros. Em todo caso, elas sempre explicitam alguns dados de identificação do aluno ou aluna envolvidos e narram o tipo de infração cometido, com maior ou menor detalhamento.

A confissão é parte importante na fabricação deste cenário criminoso. Para fixar a verdade de cada caso, a escola monta essa espécie de inquérito, a fim de solucionar essa espécie de crimes ou de infrações cometidos no cotidiano escolar. São manifestações atuais do funcionamento do que Foucault chamou de micropoderes, na forma de microtribunais (cf. Foucault, 1996), reproduzidos no cotidiano das instituições como meio de atuar sobre as infra ou micropenalidades que preenchem o "espaço deixado vazio pelas leis" (Foucault, 1977: 159).

É possível entender sob diversos ângulos a dimensão inquisitorial identificável nos livros de ocorrência. Os registros desses livros são efetivados principalmente pelas pedagogas da escola, sendo a escrita delas que pretende fixar e eternizar a veracidade dos fatos, as provas disponíveis, as penas cabíveis. Dessa forma, numa lógica jurídica, as pedagogas desempenham concomitantemente o papel de juízas, promotoras e juradas, definindo, em última instância, o que de fato ocorreu — se uma briga, uma brincadeira, um furto, uma fuga, dentre outros —, suas circunstâncias específicas, bem como as medidas pertinentes.

Também em uma direção coletiva, as pedagogas não agem independentemente das demais instâncias de controle em ação na escola. As crianças que povoam os livros de ocorrência apenas eventualmente procuram as pedagogas por vontade própria. De modo geral, são trazidas à sala da coordenação pedagógica ou pelas próprias pedagogas, ou pelas inspetoras e professoras(es), que, teoricamente, não conseguindo resolver os problemas em sua esfera própria de atuação, procuram uma instância superior. Essa rede hierárquica de disciplinamento atua numa relação de mútua complementação; no caso dos livros de ocorrência, as pedagogas e a diretora da escola — que às vezes também realiza os registros — parecem ocupar uma espécie de tribunal superior de justiça.

Nesse contexto, nem é necessário existir o registro da confissão das crianças. Nos casos em que assinam a ocorrência, havendo ou não sinais confessionais explícitos nas narrativas, as crianças professam seus crimes e assumem suas culpas, ao reconhecer, com a assinatura, a veracidade desses miniinquéritos. E não importa que não haja valor legal nessa assinatura; tende a haver o compartilhamento das verdades ali afirmadas, bem como de suas implicações.

Nos casos em que não assinam a ocorrência, isto não parece ser decisivo para a alteração dos pressupostos que atravessam o funcionamento desses livros, na medida em que as autoridades escolares potencialmente sempre têm a razão e o poder de afirmar a verdade. Assim, parece tratar-se de uma dinâmica em que o aluno ou a aluna ocupam uma permanente posição potencial de culpa; os livros de ocorrência seriam apenas um dos momentos de confirmação desta culpa, de transformação do potencial em real. Tais livros, nesse sentido, são uma espécie de livros de confissão: ou a criança confessa, por meio de uma narrativa que registra e fixa suas palavras, seus depoimentos, ou mediante sua assinatura no livro, o que confere veracidade ao que nele consta; ou o adulto confessa por ela, na medida em que seu discurso potencialmente afirma a verdade, independentemente da concordância ou não da criança.

Em uma perspectiva mais abrangente, estar na posição de estudante, dentro desse cenário, é estar na condição de potencialmente culpado, inclusive tendo em vista os que nunca estiveram ou nunca estarão presentes nos livros de ocorrência, mas que se encontram sob sua sombra ameaçadora, o que justificaria um regime de constante "liberdade vigiada".

Dimensões jurídicas no pensamento de Michel Foucault: o inquérito

Foucault interessou-se pelas questões judiciárias a partir de diversos movimentos teórico-metodológicos interligados, assim como a partir da definição de diferentes objetos de estudo. A própria noção de poder em Foucault, presente em várias de suas obras — um poder produtivo, polimorfo, microfísico —, é construída a partir de cruzamentos com suas conotações jurídicas. Nesse âmbito de análise, Foucault vai justo criticar as noções estritamente jurídicas de poder, marcadas por uma visão puramente negativa, em que o poder aparece relacionado apenas às forças proibitivas e repressoras das leis.

Também nos textos em que aborda a emergência do poder disciplinar, enquanto típico da Modernidade, faz distinções em relação ao funcionamento de uma lógica estritamente judiciária. Foucault ressalta que, embora os mecanismos da ordem do direito e da lei continuem importantes no funcionamento das sociedades disciplinares, eles não seriam mais o tipo de poder central, mas constituiriam os mecanismos de controle que se dão sob a forma da normalização,[2] que vão se espalhando por todas as instituições, baseados fundamentalmente na norma e não na lei.

São movimentos analíticos que apontam para certos limites ou reducionismos, se nos prendermos a noções mais tipicamente jurídicas sobre o funcionamento do

---

2. Abordarei com mais detalhamento a questão da normalização no Capítulo 4.

poder. Por outro lado, Foucault remonta ao campo jurídico para explorar interessantes direções analíticas, seja apontando elementos de ordem jurídica onde não se costuma vê-los,[3] seja tomando-os como fonte empírica — arquivos jurídicos, processos penais —, para articulá-los às tramas de outras práticas sociais, na direção de problematizar historicamente a emergência e constituição de certos problemas, verdades, saberes, instituições ou formas de subjetivação.

Do ponto de vista teórico-metodológico, por exemplo, no curso ministrado no Collège de France, intitulado *Os anormais* (cf. Foucault, 2001), Foucault e sua equipe apresentam os resultados de pesquisas feitas em arquivos jurídicos, médicos ou policiais, tendo por preocupação central a construção de uma genealogia da anormalidade.[4] Vasculham tais arquivos, não com a intenção de realizar um estudo estatístico, mas um estudo seletivo, buscando questões ou crimes que causaram impacto na medida em que sinalizavam uma espécie de encruzilhada entre os poderes e saberes já existentes e a emergência da demanda de novos saberes, explicações e mecanismos de decisão sobre os acontecimentos ali relatados. Dentre os vários crimes apresentados, Foucault ressalta o caso Henriette Cornier, ocorrido durante o início do século XIX: uma mulher que mata a filha da vizinha — um bebê de 19 meses —, cortando-lhe o pescoço e jogando a cabeça pela janela (cf. Foucault, 2001: 137-171). A mulher justificaria ter sido apenas uma idéia; um crime, portanto, sem motivo, sem razão. Foucault ressalta esse caso como emblemático para o processo de deslocamento histórico da noção de monstro para a de anormalidade, assinalando um conjunto de saberes e de poderes que emergirão diante de algo que não tinha explicação e agora passa a ter que ser compreendido, uma monstruosidade a ser classificada e tratada no contexto daquilo que viriam a ser as tecnologias da normalização.

Em *Vigiar e punir* (cf. Foucault, 1977), o que Foucault faz é entrelaçar a análise sobre o enfrentamento de questões históricas típicas do campo judiciário — teorias sobre crime, leis, reformas, justificações, métodos de punição, a emergência da prisão como meio repressivo por excelência — com as práticas e saberes formulados em outros campos (o militar, o pedagógico, o médico) e apontar, para além das importantes especificidades que os caracterizam, para a constituição de

---

3. Esse é o caso da análise feita por Foucault no livro *A verdade e as formas jurídicas* (1996), quando enfoca um dos textos clássicos de Sófocles, a tragédia *Édipo-Rei*, interessado nas formas judiciárias de estabelecimento da verdade ali narradas, diferentemente das leituras psicanalíticas que celebrizaram esse mesmo texto, movidas pelas análises sexuais ou do desejo.

4. Para as especificidades do tipo de leitura histórica implicada na noção de genealogia, consultar, dentre outros, Morey (1983); Díaz (1993 e 1995); Veiga-Neto (1995, p. 9-56; 1996); Garibay (1994); Varela & Alvarez-Uria (1991, p. 7-29).

um tipo de poder — o poder disciplinar — que passará a animar o conjunto das instituições e relações sociais criadas na Modernidade.

Quero em especial retomar algumas das considerações que Foucault apresentou na série de conferências que pronunciou no Rio de Janeiro, em 1973, publicadas no livro *A verdade e as formas jurídicas* (cf. Foucault, 1996). Nessas reflexões, ele mais uma vez está interessado em problematizar a produção histórica dos sujeitos, considerando que as práticas sociais historicamente instituídas são fundamentais para a busca da emergência de novas formas de subjetividade, destacando, dentre elas, as práticas judiciárias.

> As práticas judiciárias — a maneira pela qual, entre os homens, se arbitram os danos e as responsabilidades, o modo pelo qual, na história do Ocidente, se concebeu e se definiu a maneira como os homens podiam ser julgados em função dos erros que haviam cometido, a maneira como se impôs a determinados indivíduos a reparação de algumas de suas ações e a punição de outras, todas essas regras ou, se quiserem, todas essas práticas regulares, é claro, mas também modificadas sem cessar através da história — me parecem uma das formas pelas quais nossa sociedade definiu tipos de subjetividade, formas de saber e, por conseguinte, relações entre o homem e a verdade que merecem ser estudadas. (Foucault, 1996: 11)

Entre as questões desenvolvidas nesse livro, creio ser interessante destacar pelo menos duas das direções analíticas aí construídas. Uma é desenvolvida na quinta conferência, quando Foucault enfoca questões genealógicas relativas ao surgimento da sociedade disciplinar, ressaltando certas características das instituições que lhes são típicas. Nesse texto, Foucault coloca tais instituições como parte de uma "rede de seqüestro", desempenhando algumas funções comuns: a de controlar o tempo, controlar o corpo, desenvolver uma espécie de poder epistemológico e outro poder de tipo jurídico. Por ora, destacarei apenas a existência desse poder de tipo jurídico, por estar mais diretamente ligado ao recorte estabelecido nessa seção do texto.

Foucault considera que todas as instituições, as escolas, as fábricas, os hospícios, dentre outras, desenvolvem uma espécie de minitribunal cotidiano, através de diferentes estratégias, como é o caso dos livros de ocorrência. Trata-se de uma reprodução do sistema judiciário no interior das instituições, onde os indivíduos são cotidianamente punidos, recompensados, examinados, normalizados, disciplinados.

> Nestas instituições não apenas se dão ordens, se tomam decisões, não somente se garantem funções como a produção, a aprendizagem, etc., mas também se tem o

direito de punir e recompensar, se tem o poder de fazer comparecer diante de instâncias de julgamento. Este micro-poder que funciona no interior destas instituições é ao mesmo tempo um poder judiciário. [...] O sistema escolar é também inteiramente baseado em uma espécie de poder judiciário. A todo momento se pune e se recompensa, se avalia, se classifica, se diz quem é o melhor, quem é o pior. (Foucault, 1996: 120)

Como já comentei, essa dimensão jurídica é uma maneira de as instituições agirem sobre o que poderíamos considerar como sendo as infrapenalidades, ou seja, todo um vasto conjunto de comportamentos ou ações julgados inconvenientes, mas que não estão regulados no âmbito das leis. E mais uma vez ressaltando, mesmo sem perder de vista as mudanças históricas mais recentes que sinalizam para os deslocamentos entre as sociedades disciplinares e as sociedades de controle, conforme aponta Deleuze (1992), é suposto que tal passagem, além de descontínua e heterogênea, conforme as contingências — na mesma direção já apontada no âmbito das relações entre Modernidade e Pós-Modernidade —, também convive em ampla medida com as manifestações disciplinares sistematizadas por Foucault. Os próprios livros de ocorrência inserem-se em estratégias disciplinares revalidadas historicamente até o presente, pressupondo-se que atualizam suficiente funcionalidade e eficiência na governamentalidade dos sujeitos.

Mas parece-me sobremodo oportuno enfatizar outra direção analítica, desenvolvida por Foucault na segunda e na terceira conferências que compõem *A verdade e as formas jurídicas*. Trata-se de suas considerações a respeito dos elementos genealógicos presentes na configuração do inquérito como técnica de pesquisa sobre a verdade, enquanto uma maneira privilegiada e ainda atual de "saber exatamente quem fez o quê, em que condições e em que momento" (Foucault, 1996: 12). Nas incursões históricas apresentadas nesse livro, Foucault recorre ora à Grécia antiga, ora à Idade Média, tanto para cotejar diferentes concepções judiciárias de estabelecimento da verdade ao longo do processo de reelaboração do direito, quanto para delinear momentos de emergência do inquérito, caracterizando-o como um método de busca da verdade com implicações importantes na história posterior do Ocidente, para além do campo judiciário.[5]

Nesse sentido, Foucault ressalta o inquérito como uma questão de poder, inventado a partir de novas necessidades de governo, a ser exercido em múltiplas

---

5. Quero ressalvar que minha preocupação não é de natureza propriamente histórica, ou seja, a de retomar extensivamente o processo de instituição das práticas de inquérito ao longo do tempo, até os dias atuais. Interessa-me situar, na emergência histórica do inquérito tal qual a vê Foucault, alguns elementos teóricos que me parecem relevantes para a problematização dos livros de ocorrência, tendo em vista as conotações fortemente inquisitoriais que neles aponto.

direções e apoiado fortemente em novas formas de saber que vão se formando, a partir do período final da Idade Média, nos mais diferentes campos disciplinares. Portanto, uma das várias formas de saber-poder estudadas historicamente por Foucault, na esteira de seu legado em torno da politização dos saberes — e na contramão de um imaginário que identifica o saber como aquilo que liberta, estando necessariamente onde o poder não está —, e da complexificação dos processos de controle, para além das grandes estruturas de dominação expressas através apenas das dinâmicas do Estado ou do funcionamento da esfera econômica.

Outra dimensão correlata é a presença de testemunhas, como elemento que passa a ter importância na definição da verdade judiciária sobre as questões litigiosas. As testemunhas, assim como, de modo geral, a forma de saber-poder que o inquérito adquire, desempenham o importante papel de estabelecer relações produtivas entre passado e presente, atualizando ou prorrogando o passado, apresentando-o ao julgamento e aos saberes do presente, no sentido da definição do que verdadeiramente ocorreu. Na mesma direção, o inquérito também resolveu o problema da aplicação periférica do flagrante delito, tendo em vista não ser freqüente surpreender o criminoso agindo na atualidade, no momento em que comete o ato. As práticas de inquérito irão resolver esse inconveniente, generalizando ou substituindo o flagrante delito. Com o inquérito, as pessoas que sabem estabelecerão no presente aquilo que realmente aconteceu no passado: trata-se de "uma nova maneira de prorrogar a atualidade, de transferi-la de uma época para outra e de oferecê-la ao olhar, ao saber, como se ela ainda estivesse presente" (Foucault, 1996: 72). Nesse sentido, o inquérito trata, em linhas gerais, de produzir a verdade mediante

> o questionamento de testemunhas, a organização de informações, a integração de fragmentos acerca do ocorrido, a reconstituição da cena do crime, o cuidado com a reunião de todos os elementos de forma coerente, [enfim] um enfoque de ordem retrospectiva. (Maia, 1998: 122)

Penso ser interessante retomar alguns dos exemplos já apresentados no capítulo anterior, visando reunir narrativas dos livros de ocorrência pesquisados no sentido de condensar a riqueza, a variedade e a amplitude de suas dimensões inquisitoriais, para além de suas marcas estritamente confessionais, ou ainda, a elas relacionadas.

> [Citada antes como ocorrência 15.] O aluno Orlando Mendes, na data de "x", na hora do recreio, *com uma faixa de pano agrediu um colega deixando marcas no seu pescoço*. O garoto será suspenso das aulas caso tenha mais uma ocorrência. [Data abreviada, rubrica da

pedagoga, assinaturas do aluno e da mãe, esta inserida quase um mês após a ocorrência, pois tem a data registrada ao lado, o que sinaliza para sua presença na escola, apesar de não mencionada no relato.]

[Já citada como ocorrência 54.] A aluna Leonora V. Bueno, da série "x", *foi flagrada* pela prof[a] Tereza, *tomando remédio* (não sabemos qual; segundo a menina é AAS) e dividindo com outras colegas. Conversamos com a menina e alertamos sobre o perigo de tal ato, que deverá ser levado ao conhecimento da família. [Constam data abreviada e rubrica da pedagoga.]

[Já citada como ocorrência 57.] À pedido da Pedagoga Isolda *foi convocado* em caráter de emergência, a mãe do aluno Claudionor B. Falcão, para comunicar que hoje o *menino gazeou aula*. O professor *Tarcísio* (série "x") *ressaltou* que o Claudionor tem 6 faltas, anda fumando cigarro e tem brigado muito no recreio; porém tem potencial para aprendizagem. Dona Maria Adelaide conversará com o filho sobre essas gazetas. [Constam "Curitiba", data abreviada, assinaturas de duas pedagogas e da mãe.]

[Já citada como ocorrência 62.] Aos "x" dias do mês de "x" de hum mil novecentos e noventa e "x" *compareceu à escola* a Senhora Paulina B. de Noronha mãe do aluno Jarbas de Noronha da série "x", da professora Iolanda, para se queixar da professora dizendo que a mesma fala palavrões (pau no cú) em sala de aula. Foi conversado com o aluno e ele disse que não lembra do que a professora falou. *Chamamos a professora e a interrogamos sobre o fato. Segundo a professora, isto jamais aconteceu*, pois ela é uma pessoa cristã, sempre fala que não se deve falar palavrões e nem brigar com os colegas. Existem alguns alunos que fazem uso de palavrões em sala de aula, mas esclarecemos à mãe que estes alunos têm o mesmo direito de seu filho em estudar e que não podemos garantir que os alunos não falem palavrões. Solicitamos que a mãe viesse assistir as aulas da professora mas a mãe disse que não pode vir, pois tem dois filhos em casa que necessitam de seus cuidados. Este termo vai assinado por mim, Pedagoga, pela mãe, pela professora e pela diretora da escola. [Constam "Curitiba", data por extenso e as assinaturas das pessoas citadas ao final da ocorrência.]

Nesses poucos exemplos, é possível perceber a ampla dimensão inquisitorial presente nas narrativas, que ressuscitam um passado "morto", incerto, fugidio, subjetivo, escondido, apresentando-o ao presente, para que seja julgado, ordenado e eternizado, através das verdades aí instituídas. A figura do flagrante delito, apesar de ter sido mencionada em apenas uma narrativa (ocorrência 54), permanece como sombra que se estende ao conjunto das narrativas, com a função de contornar os inconvenientes da dificuldade de surpreender as crianças no momento em que realizam suas infrações. Em certo sentido, a mim surpreendeu que até uma certa relação com o futuro também se apresentasse, como na narrativa a seguir.

> **Ocorrência 82.** Os alunos Otaviano Z. Biondi e Roque S. Nunes de 9 e 8 anos respectivamente, da série "x", estavam portando *facas de cozinha, objetos que segundo eles, seriam utilizados para agredir o aluno Eugênio, da mesma turma.* O Conselho Tutelar foi acionado. [Constam "Curitiba", data abreviada e a assinatura da pedagoga.][6]

Assim, nas narrativas confluem comparecimentos, convocações, veredictos, alegações, informações, explicações, esclarecimentos, provas, interrogatórios, com os depoimentos e testemunhos de quem for possível fazer falar — as crianças, professoras, pedagogas, inspetoras ou pais. Tais narrativas apóiam-se em saberes e verdades que explicitam ora direitos e deveres, ora os esforços pedagógicos realizados, ora ainda a avaliação dos profissionais, no sentido de estabelecer as verdades e a justiça do processo.

Mas essa dimensão jurídica e inquisitorial dos livros de ocorrência parece-me a mais visível desse instrumento pedagógico de disciplinamento, como foi referido no capítulo anterior deste livro. Uma mínima descrição já permite inferir seu parentesco com o mundo jurídico-inquisitorial. Quero introduzir, agora, uma outra dimensão confessional dos livros de ocorrência, não mais diretamente ligada à noção de crime, mas, sim, à de pecado.

Produzindo pecados

> **Ocorrência 83.** As alunas Araci, Carla, Silene e Anália estiveram reunidas na Coordenação Pedagógica para conversarem com a Pedagoga sobre um desentendimento que houve entre as mesmas. *Conversa-*

---

6. Lembrei-me das questões éticas colocadas no filme *Minority report*, de Steven Spielberg, que aborda problemas relacionados à perspectiva de, no futuro, as tecnologias possibilitarem que as pessoas sejam presas por crimes que ainda não foram cometidos. Parece que parte desse futuro, surpreendentemente, já é passado, ordenado nas malhas dos miniinquéritos narrados nos livros de ocorrência.

mos, esclarecemos os fatos e as meninas desculparam-se, prometendo não mais brigar nem fazer fofocas. [Consta a data, mas não a série; assinam as quatro alunas e uma pedagoga.]

Ocorrência 84. Os alunos Jamil, Shirlei e Clarinda se envolveram numa briga no horário do recreio, *se desrespeitaram e se reconciliaram na minha presença* [da pedagoga]. [Assinam os três alunos e a pedagoga; não consta a data nem a série.]

Ocorrência 85. Aos "x" dias do mês de "x" de "x", os alunos Cláudio Bevilaqua e Fábio L. Burlemak, da série "x", foram chamados à Coordenação Pedagógica para esclarecer sobre o ocorrido na data de hoje no horário do recreio. Ambos brigaram depois do Cláudio ter xingado Fábio na sala de aula. Cláudio chamou outros garotos maiores para baterem no Fábio que segurou na camiseta do Cláudio acabando por rasgá-la. Nessa confusão outro aluno (Heráclito [um dos "campeões de ocorrência", ver ocorrência 79] — segundo o inspetor Leôncio) pegou o boné de Cláudio e fugiu, pulando o muro. *Conversamos com os alunos a respeito do ocorrido, fazendo-os refletir sobre o mesmo e ambos desculparam-se.* [Constam a data abreviada e a rubrica da pedagoga.]

Ocorrência 86. Os alunos Eurico Brener, Walmor Serpa, Joscelito e Rivelino (série "x") estavam no recreio brincando com pedras e acabaram quebrando o vidro da igreja. *Foi conversado muito sobre a atitude negativa e sugestionado à professora regente que faça um trabalho de conscientização sobre o "recreio desejável";* pois a turma vem ocasionando muitos problemas a Escola. [Constam "Curitiba", data abreviada e assinatura da pedagoga.]

Ocorrência 87. Aos "x" dias do mês de "x" de hum mil novecentos e noventa e "x", as alunas Dinorá Castilhos e Julieta V. Setti, da série "x", entraram em atrito na sala de aula. Dinorá pediu para que Julieta sentasse e ela pudesse copiar a lição; Julieta disse que não iria sentar. Dinorá pediu novamente e Julieta chutou-a. Dinorá revidou o chute e Julieta cortou com uma "faquinha de apontar lápis" os dois braços de Dinorá. *Conversamos na presença da diretora e professora regente sobre o ocorrido. As meninas desculparam-se em nossa presença.* [Constam "Curitiba", data abreviada, a assinatura da pedagoga e a impressão digital do polegar da mãe de Julieta.]

Nesta seção, chamo a atenção para uma dinâmica já presente tanto no bloco de exemplos antes transcritos neste capítulo, quanto no capítulo anterior. Após as situações consideradas problemáticas, são registradas conversas em que fica explícito haver movimentos de conscientização, desculpas, retratações, busca de entendimento, fim dos conflitos e promessas de não-reincidência. E, por ora, não importa o quão consensual foi esse desfecho, ou seja, em que medida os alunos ou alunas envolvidos(as) identificaram-se efetivamente com tal versão dos fatos: a culpa fica indiretamente caracterizada, bem como um trato estabelecido. Tal dimensão culpabilizadora, reconciliatória e apaziguadora é típica da lógica confessional religiosa. Se é possível perceber essa aproximação, a escola seria também um espaço de circulação de uma espécie de pecados?[7]

Do ponto de vista religioso, tendo em vista a tradição judaico-cristã, a confissão é o reconhecimento do ato pecaminoso:

> Confesso a Deus Todo-Poderoso e a vós irmãos que pequei muitas vezes, por pensamentos e palavras, atos e omissões, por minha culpa, minha tão grande culpa. E peço a Virgem Maria, aos anjos e Santos e a vós irmãos que rogueis por mim a Deus nosso Senhor. Amém. (Manual do Devoto de Nossa Senhora Aparecida, 1984, s/p)[8]

É o necessário movimento de afirmação dos pecados cometidos em meio a um processo de culpabilização, conscientização, arrependimento e penitência. Neste caso, o padre é o juiz que decidirá a pena, como representante de Deus na Terra e guardião das verdades da fé religiosa. O pecado é apresentado como sendo tudo aquilo que vai contra ou desafia a lei, a vontade, o poder de Deus. E Lúcifer — o anjo que, ao cair do céu, recebeu o nome de Diabo ou Satanás — é apresentado como a encarnação das forças encarregadas da fomentação dos atos pecaminosos.

A confissão, nesta lógica religiosa, assegura o reencontro com o bem, com a verdade. É um movimento decisivo de reconciliação e comprometimento, de purificação e salvação. Diante do medo das trevas, do abandono, dos sofrimentos, desse inferno que se dá de tantas formas, confia-se no poder do perdão, promete-se controle e distância do diabólico, espera-se o merecimento de um futuro de paz e realização. É uma espécie de acordo entre as partes — a humanidade e Deus —, baseado na premissa de que a confissão liberta e inocenta:

---

7. Tal qual com relação ao crime, ressalto que é metafórica a vinculação que estabeleço entre as narrativas existentes nos livros e a noção de pecado, cujo sentido estrito, conforme a tradição judaico-cristã, será sintetizado logo em seguida.

8. Um dos atos de contrição, oração católica rezada nas missas e após a confissão.

Meu Deus, estou arrependido de tudo o que fiz de errado e de todas as vezes que me afastei de vosso plano de amor. Estou arrependido e quero voltar ao caminho que Jesus Cristo me ensinou. Conto sempre, meu Deus, com vosso amor e vossa ajuda para que eu possa sempre recomeçar a seguir as estradas do amor, da alegria e da felicidade. Meu pai, perdoai-me e ajudai-me a ser um bom filho, imitando Jesus e obedecendo a voz do espírito de amor. Amém. (Manual do Devoto de Nossa Senhora Aparecida, 1984, s/p)[9]

Um dos textos nos quais Foucault enfoca as questões confessionais do ponto de vista religioso e filosófico é intitulado *Tecnologías del yo* (cf. Foucault, 1991).[10] Trata-se de um material produzido no contexto de suas ênfases às questões éticas,[11] transitando na direção de uma hermenêutica das tecnologias do eu, ou seja, na busca de sentidos para os modos históricos dos indivíduos atuarem sobre si. Suas análises giram em torno de textos escolhidos — mais preocupadas com as práticas de si ali expressas do que com a teoria circundante —, durante o paganismo (cultura greco-romana) e o cristianismo primitivo dos primeiros séculos depois de Cristo. Mesmo ao apontar significativos deslocamentos durante esse recorte temporal, Foucault ressalta que, tanto no ascetismo grego-romano, quanto no cristão, as práticas do cuidado de si são recorrentes, articuladas ao princípio antigo do "conhece-te a ti mesmo".[12]

Nesse contexto, Foucault define o cristianismo como sendo uma religião confessional e de salvação. A transformação do eu coloca-se na necessidade da passagem de uma realidade a outra, ou seja, da vida/presente para a morte/eternidade. Para o merecimento dessa vida melhor, é preciso a purificação da alma, e a confissão é parte fundamental nessa lógica. Há que se seguir tanto as verdades expressas nos livros sagrados, dogmas, regras, autoridades externas e obrigações, volumosas e precisas — mais acentuadas do que nas religiões pagãs —, quanto o conhecimento de si mesmo, a descoberta das tentações, faltas, desejos (escondidos e sorrateiros), que devem ser revelados, em um processo de iluminação onde pure-

---

9. Ato de Contrição, oração católica rezada nas missas e após a confissão.

10. Transcrição de seis seminários feitos por Foucault em 1982, na Universidade de Vermont.

11. Retornarei com maior aprofundamento sobre a ética em Foucault no Capítulo 6.

12. Foucault assinala a preponderância que o "conhecer-se a si mesmo" passou a ter em nossas tradições ocidentais, obscurecendo significativamente os aspectos relacionados ao "cuidado de si", dentre outros, devido à força das autoridades externas na definição de nossa moral e da importância dos saberes que se desenvolvem em torno do conhecimento do sujeito. Ele ressalta que, durante a Antigüidade greco-romana, a centralidade se dava em torno do "cuidado de si"; mesmo o "conhecer-se a si mesmo" também tinha fortes dimensões práticas, na mesma direção da "preocupação por si, [do] sentir-se preocupado, inquieto por si" (Foucault, 1991, p. 50).

za de alma, verdade e conhecimento de si são indissociáveis. Para Foucault, haverá estreita relação entre a revelação e a renúncia do eu, em uma espécie de constante paradoxo durante o desenvolvimento de todo o cristianismo. Embora a confissão seja instituída em caráter obrigatório e exaustivo a partir do Concílio de Latrão (1215), Foucault já aponta para sua importância desde os primórdios do cristianismo.

Assim, de um ponto de vista geral, nesse tipo de lógica religiosa, é preciso confessar, é preciso que cada um reconheça seus erros, por meio de sua própria voz, seu corpo, sua consciência, sua alma. Trata-se da busca da penitência para a expiação da culpa e purificação da alma, diante da desobediência dos desígnios de Deus e da conseqüente auto-entrega da alma às tentações do demônio.

Nesse tipo de discurso moral de cunho religioso, o Diabo é apresentado como instância externa a nós e a Deus, tendo por meta desviar-nos dos caminhos do bem. Nesse sentido, o mal e o bem devem se enfrentar, numa relação de exclusão recíproca, cabendo a cada sujeito a missão de afastar-se das forças malignas, reafirmando-se constantemente ao lado de Deus.

Uma possível versão dos "sete pecados capitais"

Estes livros de ocorrência, dentro da fabricação de um cenário pecaminoso no cotidiano escolar, podem ser vistos como uma das atualizações dessa incessante luta do "bem" contra o "mal". Pois, afinal, não é comum que nos refiramos a crianças inquietas, indisciplinadas, rebeldes como "diabinhas" ou "infernais"? Se quisermos, podemos até visualizar os clássicos "sete pecados capitais" nas narrativas dos livros. Não seria o pecado capital da ira reconhecível numa dessas tantas brigas cotidianas entre colegas? O pecado da luxúria identificável em ocorrências que narram possíveis obscenidades sexuais entre as crianças? O pecado da preguiça no(a) aluno(a) que deixa de fazer suas tarefas? O da cobiça nos casos em que as crianças apoderam-se do que não lhes pertence? O da mentira em crianças que negam atos cometidos? Os pecados da inveja e da vaidade como possíveis motores de tantas outras ocorrências? E o pecado da gula, não poderia ser visto como uma das hipóteses de interpretação da ocorrência a seguir?

> **Ocorrência 88.** Os alunos Cláudio Bevilaqua [citado na ocorrência 85] e Henrique Gomes, da turma "x", estão sendo advertidos por arrancarem cabelo da colega Lisiane e colocarem no lanche para que a professora o trocasse na cantina. Segundo a professora Diana, não é a primeira vez. Os alunos comem um pouco do lanche e, como não

tem repetição, no restante misturam cabelo para que a professora troque o lanche por outro. Caso torne a acontecer, o caso será levado ao conhecimento dos pais. A mãe do aluno Claudio será convocada à escola para tomar ciência desta ocorrência e também da última, quando Claudio desacatou a professora Lenira. [Constam a data e a assinatura da pedagoga.]

Nessa versão escolar dos "sete pecados capitais", pode-se perceber a criança, tão frágil e propensa a todas essas tentações, como uma espécie de encarnação do demoníaco. No caso, as crianças em geral não vão atrás da pedagoga para confessar-se; elas são induzidas ou forçadas à confissão, momento em que os pecados lhes são apresentados e, de certa forma, ensinados. E, durante essa espécie de confissão, as crianças têm a oportunidade de aprender a exorcizar o mal, guiadas pelos adultos, que lhes mostram o caminho da salvação, mediante o arrependimento e a conscientização.

Assim, alunas e alunos, vistos como seres desprotegidos, imaturos, impulsivos, onde se sublinha o que lhes falta, estariam especialmente à mercê das influências do "mal". Caberá em particular aos adultos e à escola a função julgadora e corretiva no sentido de fixá-los nos caminhos do "bem", pois "o infantil é mau, na medida em que não se retém, em que não acha o limite, a boa-medida de sua exasperante e insuportável infantilidade" (Corazza, 2001a: 3).

O livro de ocorrências seria um dos meios deste adulto para mostrar os limites à "criança má". Este adulto, que agora se vê forte por ter domado seus impulsos destrutivos infantis, reage à força das paixões infantis:

> Porque o "forte", na concepção do Adulto, é aquele que pode impedir-se de agir infantilmente, enquanto o "fraco" é qualquer um que poderia agir, ao modo do Adulto, mas não o faz. O Adulto da Pedagogia culpa o Infantil pelo fato dele não reter os efeitos da força de sua infantilidade, de deixar que se manifestem quando poderia e deveria, pelas práticas escolares, pedagógicas, curriculares, ver-se livres deles. (Corazza, 2001a: 4)

Em perspectivas laicas, não dispondo explicitamente dos nomes de Deus e do Diabo, linguagem, interesses e arenas de combates específicos, a afirmação do "bem" se dá em nome da razão e não mais da fé, com forte apoio dos saberes produzidos nas diferentes ciências. O "mal" pode então ser apresentado como resultado da entrega do ser humano às suas tendências mais primitivas, incontroláveis, imprevisíveis, ignorantes, danosas. O "mal" seria o resultado da aliança do ser, que neste momento se vê como fraco, com tudo o que socialmente pode simbolizar o demônio e suas tentações. Nesse sentido, o diabólico estaria também fora de nós e em tudo o que nos ameaça, seduz ou incomoda.

Uma das dificuldades das perspectivas dicotômicas entre o "bem" e o "mal" é a de desconsiderar que esse demoníaco, que encarna tudo o que é socialmente legitimado como o "mal", pode estar dentro de nós mesmos e complementarmente, pode ser este "mal" vivido internamente que, uma vez percebido nos outros, se mostra como um diferente de nós, repulsivo e censurável. A percepção, no outro, do diabólico, tão duramente controlado e amortecido dentro de nós. A monstruosidade e seu "excesso de presença" (Gil, 1994: 86).

Outra face dessa alteridade demoníaca pode ser percebida ainda como a da satanização do outro em função daquilo que insiste em ser radicalmente diferente de nós, não necessariamente sendo nossa desagradável imagem refletida e invertida no espelho, mas sendo aquilo que desestabiliza nossas certezas, referências e poder de decisão. Um diferente que, por semelhança, estranhamento ou qualquer justificativa que possa fazer sentido, precisa ser capturado para que a identidade seja afirmada.

Skliar vem discutindo questões relacionadas à produção da alteridade, e é interessante retomar particularmente algumas de suas considerações a respeito da alteridade produzida nas linguagens/culturas/espacialidades nomeadas como coloniais, constituídas de práticas muito heterogêneas, mas sempre baseadas em uma espécie de "lei do mesmo", nos movimentos que acabam por precisar do outro para afirmar identidades qualificadas como superiores e melhores. Uma diferença domesticada pela cultura e pela língua, cuja dominação passa pelo poder de nomear, uma das faces menos visível do poder. A produção da "alteridade colonialista" funciona por uma lógica binária, assimétrica, onde há um pólo passivo, marginal e dependente do pólo ativo, central, referente:

> [...] é uma forma de distribuição desigual de poder entre dois termos de uma oposição. Permite a denominação e dominação do componente negativo que se opõe aquele considerado essencial e, digamos, natural; [permitindo] a progressiva destruição de toda ambigüidade, a aniquilação de qualquer "outro indeterminado" que esteja ou queira estar fora dessa oposição. (Skliar, 2002: 88; minha tradução)

Skliar aponta como centrais para esse tipo de cultura colonial as noções de um outro maléfico e da invenção de um outro maléfico, sendo mais importante deter-se nesse processo maléfico de invenção — nos pressupostos, regimes de verdade, estratégias e efeitos em jogo —, do que propriamente em seu produto, ou seja, no ser maléfico que daí resulta. Trata-se de um outro que, de alguma forma, acaba encarnando o mal, as falhas, a incompletude, a culpa por não ser o que nós queremos que ele seja.

[...] somos nós que definimos o outro, especialmente quando essa nossa definição se supõe avalizada pelos aparatos que articulam uma função técnica ou perita dos distintos campos do saber; somos nós que decidimos como é o outro, o que é que lhe falta, de que necessita, quais são suas carências e suas aspirações. E a alteridade do outro permanece como que reabsorvida em nossa identidade e a reforça ainda mais; torna-a, se possível, mais arrogante, mais segura e mais satisfeita de si mesma. A partir deste ponto de vista, o louco confirma e reforça nossa razão (faz-nos sentir-nos ainda mais satisfeitos com a nossa razão); a criança, a nossa maturidade; o selvagem, a nossa civilização; o marginalizado, a nossa integração, o estrangeiro, o nosso país; e o deficiente, a nossa normalidade. (Larrosa e Lara, 1998: 8)

Desse ponto de vista, nossas relações com os outros são uma espécie de engodo, servem-nos de "isca", pois, o que realmente importa é o que produzimos em termos de uma identidade, de um eu. Nesse contexto, as crianças aparecem como esse outro pólo desqualificado das relações dicotômicas entre o "bem" e o "mal", o "certo" e o "errado", o "dócil" e o "agressivo", entre o "bem-comportado" e o "bagunceiro", o "assíduo" e o "negligente".

Seja produzindo crimes, seja produzindo pecados, os livros de ocorrência parecem fazer parte de um movimento mais amplo, no qual buscamos nos absolver através da culpabilização do outro (algo diferente de responsabilizar o outro), na medida em que os critérios de definição e de julgamento ficam reduzidos ao simplismo da exclusão recíproca das duas balizas de valoração, sintetizadas nas grandes figuras do "bem" e do "mal". Talvez essa reação acusatória com relação ao outro seja a resposta condicionada e automática de uma cultura que fabrica identidades em meio aos vários binarismos, epistemológicos e morais, religiosos e laicos, informando, assim, nosso processo de constituição enquanto sujeitos.

A confissão como objeto de problematização no pensamento de Foucault

A confissão — tal qual o inquérito, mas com especificidades — é tratada por Foucault fundamentalmente como parte das estratégias de produção da verdade, conforme os diferentes objetos e períodos históricos por ele analisados. É possível encontrar referências à confissão em seus textos como parte dessas estratégias nos mais diferentes campos de atuação humana: no campo religioso, jurídico, ou no dos saberes produzidos pelas ciências.

Penso ser produtivo problematizar a confissão — em geral ou particularmente, tal qual a aponto no funcionamento dos livros de ocorrência —, sem perder de vista pelo menos duas questões básicas norteadoras da produção de Foucault, questões também presentes quando retomei algumas das dimensões jurídicas em seu pensamento, especialmente as relacionadas às práticas de inquérito.

Uma se refere à permanente preocupação em politizar a produção histórica dos saberes e verdades, articulando-os como parte de mecanismos que são da ordem do poder — portanto, uma análise sobre a temática da confissão como parte de dispositivos de poder, não de libertação ou revelação. Trata-se de suas críticas às tradições e crenças ocidentais baseadas no pressuposto de que a verdade, o conhecimento, os saberes, necessariamente libertam, revelam o que está escondido, acessam um mundo superior e melhor, ou seja, tradições que opõem verdade/conhecimento e poder.

A outra questão interligada a ser tomada como "pano de fundo", articulada a essa da politização da confissão como forma de estabelecimento de saberes e verdades, refere-se às suas possíveis vinculações com os processos históricos que produzem os sujeitos. A confissão é problematizada por Foucault tanto como parte de um processo de subjetivação, que leva os sujeitos a internalizarem certas formas de governo sobre si mesmos (como, por exemplo, nos textos em que enfatiza suas análises sobre o cristianismo ou sobre a propagação da confissão como técnica que vai se difundindo na Modernidade, nas diferentes instituições, relações sociais e ciências), quanto como parte de mecanismos objetivantes dos sujeitos, como parte dos regimes de verdade definidores do que são ou devem ser os sujeitos.

A temática da confissão é amplamente abordada por Foucault no primeiro volume de *História da sexualidade*, subintitulado *A vontade saber* (cf. Foucault, 1999b), no contexto de suas pesquisas genealógicas interessadas pelos dispositivos de saber-poder, agora voltadas para a temática da sexualidade. Nos volumes posteriores há um refluxo desta temática, tendo em vista os deslocamentos efetuados por Foucault no sentido do que ficou conhecido como o domínio da ética em sua produção.[13]

---

13. No segundo volume, *O uso dos prazeres*, Foucault (1998, p. 11) expõe seu interesse em uma história da sexualidade que priorize as formas históricas de subjetivação, já no âmbito de seus estudos no campo da ética. Analisa textos prescritivos de cunho prático, importantes durante a cultura grega clássica, mais especificamente do século IV a.C., relacionados ao que se deve fazer consigo mesmo. No terceiro volume, *O cuidado de si*, Foucault (1999c) enfoca os dois primeiros séculos de nossa era, período precursor da moral cristã, e retoma os temas já trabalhados no volume anterior, ressaltando agora a intensificação de

Em *A vontade de saber*, a confissão é tratada como uma das técnicas mais intensamente utilizadas na história do Ocidente para produzir a verdade sobre o sexo. Esse volume gira em torno da problematização e da crítica sobre a "hipótese repressiva" do sexo, enquanto tese básica de uma profusão de discursos com ampla aceitação no momento em que Foucault o escrevia.[14]

Trata-se de uma tradição que acaba, de alguma forma, acenando para dias melhores, desde que desafiemos os grilhões que nos aprisionam e o silêncio que nos atormenta, afastando-nos de nossos direitos ao prazer e à felicidade. Isso não significa que Foucault não reconheça os aspectos repressivos historicamente instituidores do lugar e dos sentidos da sexualidade em nossas sociedades; a questão é que ele não vê nesses aspectos o fundamental para a problematização dessa temática, pois, em lugar do silêncio, da proibição, ele indicará a produtividade central de uma espécie de história da explosão discursiva em torno do sexo, da incitação à fala do sexo-segredo, da revelação da verdade sobre o sexo como forma de cura e libertação: "A questão que gostaria de colocar não é porque somos reprimidos mas, porque dizemos, com tanta paixão, tanto rancor contra nosso passado mais próximo, contra nosso presente e contra nós mesmos, que somos reprimidos?" (Foucault, 1999b: 14). Daí o grande destaque dado às práticas confessionais nesse livro, como uma das principais estratégias de sustentação de saberes e poderes instituintes das relações a serem estabelecidas com nossa sexualidade. Assim, Foucault busca recolocar a hipótese repressiva

> numa economia geral dos discursos sobre o sexo no seio das sociedades modernas a partir do século XVII. [...] trata-se de determinar, em seu funcionamento e em suas

---

uma cultura de si. Aponta para uma maior austeridade nas relações com o próprio corpo, com a esposa, no amor entre os rapazes e na relação com a verdade, ainda inseridas no contexto das artes da existência. Tais artes eram centrais no funcionamento da cultura da Antigüidade greco-romana. A partir do cristianismo, foram perdendo força, até que, na Modernidade, o que se refere à arte, de modo geral, converteu-se em prática apenas de especialistas, os artistas de profissão. Este é um dos motivos por que estudos e discussões sobre a cultura greco-romana vêm obtendo renovado interesse de leigos e especialistas. Foucault previa ainda um quarto volume, *As confissões da carne*, não publicado devido a sua morte.

14. Do ponto de vista psicanalítico, tais discursos remetem à centralidade da sexualidade e do desejo na formação da psiquê, uma sexualidade especialmente propícia à patologização diante dos processos culturais repressivos. Sua contribuição terapêutica seria a de colocar a palavra no lugar do silêncio e do esquecimento; a sexualidade a ser decifrada, interpretada, retirada do mundo fantasmagórico dos recalques e devolvida ao mundo possível do prazer real. Do ponto de vista do marxismo, os discursos explicativos sobre a intensa repressão ao sexo giram em torno das necessidades econômicas do capitalismo em termos de máxima exploração da força de trabalho. A lógica da exploração exigiria a interdição de práticas que perturbassem sua produtividade, como as relacionadas aos prazeres e à sexualidade, a não ser nas "doses" mínimas exigidas à garantia de reprodução dessa mesma força.

razões de ser, o regime de poder-saber-prazer que sustenta, entre nós, o discurso sobre a sexualidade humana. (Foucault, 1999b: 16)

Para Foucault, desde as práticas de penitência vigentes durante o cristianismo medieval, a sexualidade vem sendo a principal temática a ser escrutinada durante a confissão, dentre outras, em função de seu caráter oculto. Há aí relações com a crença, já mencionada com referência ao cristianismo primitivo, de que uma das características dos maus pensamentos, sorrateiros, escondidos, é exatamente a dificuldade de os expressar; daí a suposta necessidade de falar sobre eles. Mas ele se pergunta: "E se a obrigação de escondê-lo fosse apenas um outro aspecto do dever de confessá-lo?" (Foucault, 1999b: 60-61). Com isso, Foucault inverte o problema, ao apontar para o caráter produtivo da confissão, não apenas direcionando e instituindo o que é ou deve ser, nesse caso, a sexualidade, mas até estabelecendo a obrigação de escondê-la, para que, dentre outros, sempre se tenha o que ser confessado.

Assim, a confissão aparece nesse texto como parte das explicações em torno do dispositivo da sexualidade, mas com desdobramentos para além do sexo como temática específica, dado que Foucault também explora, abundantemente, o alastramento da confissão, na Modernidade, como forma de colocação da verdade, conforme os mais variados propósitos, saberes, instituições e relações sociais. E é particularmente essa dimensão ampliada da confissão que, penso, merece ser retida na problematização dos livros de ocorrência, seja no sentido da produção de cenários criminosos, seja no de cenários pecaminosos:

> A confissão passou a ser, no Ocidente, uma das técnicas mais altamente valorizada para produzir a verdade. Desde então nos tornamos uma sociedade singularmente confessanda. A confissão difundiu amplamente seus efeitos: na justiça, na medicina, na pedagogia, nas relações familiares, nas relações amorosas, na esfera mais cotidiana e nos ritos mais solenes; confessam-se os crimes, os pecados, os pensamentos e os desejos, confessam-se passado e sonhos, confessa-se a infância; confessam-se as próprias doenças e misérias; emprega-se a maior exatidão para dizer o mais difícil de ser dito; confessa-se em público, em particular, aos pais, aos educadores, ao médico, àqueles a quem se ama; [...] Confessa-se — ou se é forçado a confessar. [...] A obrigação da confissão nos é, agora, imposta a partir de tantos pontos diferentes, já está tão profundamente incorporada a nós que não a percebemos mais como efeito de um poder que nos coage; parece-nos, ao contrário, que a verdade, na região mais secreta de nós próprios, não "demanda" nada mais que revelar-se. (Foucault, 1999b: 59-60)

Seres confessantes

No total de 517 ocorrências levantadas nos livros de ocorrência "completos" referentes a 1998 e 1999, nem todas explicitam diretamente as duas dimensões confessionais apontadas neste capítulo, ou seja, a jurídica e a religiosa. Há, por exemplo, ocorrências sucintas que identificam as crianças consideradas transgressoras e apenas relatam brevemente a situação ocorrida.

> **Ocorrência 89.** O aluno Gilberto Cardoso de Medeiros, feriu um aluno da turma "x", em uma brincadeira na hora do recreio. [Consta a data, e só a pedagoga assina.]
>
> **Ocorrência 90.** Os alunos Lauro N. Padilha, da série "x", Gabriel V. Arraes, da série "x", foram advertidos por brigarem na hora do recreio. O aluno Gabriel deu uma mordida no braço do Lauro porque este cobrou-lhe a correntinha que ele tirou de seu pescoço, alguns dias atrás. [Constam "Curitiba", data abreviada e a assinatura da pedagoga.]
>
> **Ocorrência 91.** Os alunos Victor, Clovis e Murilo, turma "x", Professora "x" [nome apagado], molharam-se no recreio e debocharam da cara da professora. [Consta a data, e os três alunos assinam.]
>
> **Ocorrência 92.** A aluna Rebeca agrediu o aluno Breno, no dia de hoje, [consta a data abreviada], porque esse a xingou, ofendendo-a. [Consta apenas a assinatura dos alunos.]

Essas são algumas das narrativas em que os(as) alunos(as) parecem não ter confessado; não há menção de provas, nem de conversas conscientizadoras ou reconciliatórias. No entanto, como já foi dito, havendo ou não nas narrativas palavras que indiquem confissão ou crime, havendo ou não a assinatura das pessoas envolvidas que atestem o ocorrido, mantenho certas direções analíticas, na medida em que articulo o referencial teórico escolhido com o conjunto das ocorrências, avançando em direção ao apontamento dos vários aspectos implicados na lógica norteadora do funcionamento dos livros de ocorrência. Assim, estabeleço sua dimensão jurídica na medida em que, para além de seus conteúdos específicos, tais livros funcionam como prova geral concreta instituinte dos casos infratores, bem como, de modo geral, das providências tomadas pelas autoridades escolares, ainda que nestes últimos exemplos elas não sejam explicitadas.

Funcionam como prova tanto do ponto de vista interno, como instrumento de controle e direcionamento das condutas infantis infratoras — como comportamento atual ou potencial —, quanto do ponto de vista externo, ao proteger a escola de possíveis acusações de negligência. Em ambas as direções, o instrumento age no sentido de comprovar a culpabilidade das crianças e a inocência da escola, no contexto de uma lógica que é de culpabilização, não de responsabilização.[15] Como já observado, mesmo se a narrativa não explicita a confissão das crianças como parte dos indícios, sua culpa fica implícita, na medida em que neste ritual não há espaço institucionalizado para "advogados de defesa".

Por outro lado, mesmo que as narrativas não registrem a existência de conversas apaziguadoras, reconciliatórias, tudo indica que provavelmente ocorreram, dado o caráter ortopédico imanente a esse tipo de instrumento pedagógico (caráter a ser detalhado nos próximos capítulos deste trabalho). Relembro também que a pedagoga entrevistada explicou que tais conversas sempre são asseguradas, embora na "correria" do dia-a-dia nem sempre haja tempo para registrá-las.

Nesse sentido, os livros de ocorrência — mesmo com uma forte dimensão repressiva, bloqueando tudo o que encarna esse demoníaco e criminoso infantil, escondido, perverso, revelador do mal e da mentira que insistem em sobreviver sorrateiramente, mesmo atuando no sentido da negação de tais sinais — agem também de modo intensamente produtivo e afirmativo, pois geram verdades e produzem sujeitos que nestas se baseiam para construir suas vidas. E a confissão constitui parte importante dessa produção, em meio a um processo que, concomitantemente, tanto toma as crianças como objetos de definição e classificação, com os saberes e práticas que as definem, quanto indicam importantes parâmetros para que estabeleçam relações consigo mesmas. Trata-se de

> [...] um ritual que se desenrola numa relação de poder, pois não se confessa sem a presença ao menos virtual de um parceiro, que não é simplesmente o interlocutor, mas a instância que requer a confissão, impõe-na, avalia-a e intervém para julgar, punir, perdoar, consolar, reconciliar; um ritual onde a verdade é autenticada pelos obstáculos e as resistências que teve de suprimir para poder manifestar-se; enfim, um ritual onde a enunciação em si, independentemente de suas conseqüências externas, produz em quem a articula modificações intrínsecas: inocenta-o, resgata-o, purifica-o, livra-o de suas faltas, libera-o, promete-lhe a salvação. (Foucault, 1999b: 61)

---

15. Creio também ser necessário não perder de vista uma outra direção analítica correlata, ou seja, a de que os livros de ocorrência também servem para comprovar os esforços e a relativa força ou eficiência da escola, em seu papel disciplinador, aspecto que problematizarei nos próximos capítulos.

Acusações, testemunhas, provas, inquéritos, veredictos, verdades, crimes, pecados, confissões. Esses livros de ocorrência, mesmo ao eleger as crianças como objetos centrais de disciplinamento e foco explícito de exercício das relações de poder, expressam uma dinâmica muito mais ampla de produção. Os adultos dessa escola também sabem que, a qualquer momento, podem ser colocados no "banco dos réus" ou no movimento de expiação de seus "crimes" e "pecados", na medida em que podem ser acusados de negligência por pais, pelo Estado, pela imprensa, por instâncias jurídicas, dentre outras. Assim, os livros de ocorrência são usados também para proteger a escola nessa rede de micropoderes multidirecionais, dentro da hierarquia de controles e vigilâncias que, a qualquer momento, podem se abater sobre qualquer um dos personagens, de qualquer uma dessas instituições. Essa teia pode funcionar produzindo crimes e pecados, motivando todo um conjunto extraordinário de instrumentos, variados, produtivos, em meio a um enorme volume de documentos, avaliações, diagnósticos, anamneses, regulamentos, pesquisas, saberes, verdades. Nesse contexto, é marcante nossa dificuldade de exercer a alteridade, ao pensar, agir e escolher pelo outro, talvez, em especial, pelas crianças que, apesar de hoje serem alvos de significativas liberalizações, ainda são objeto de estratégico silenciamento, não perdendo de vista os desafios de irmos para "além de uma análise dicotômica baseada em binômios como opressor/oprimido, autoritário/democrático, ingênuo/crítico" (Silveira, 1996: 64).

Não se trata, portanto, de substituir a "satanização" dos(as) alunos(as) pela "satanização" das pedagogas ou das demais autoridades escolares. Mesmo sem perder de vista as desvantagens do primeiro pólo em relação ao segundo nas dinâmicas de poder peculiares à nossa sociedade, cabe não esquecer que todos podemos perceber, a qualquer inusitado momento, o estreitamento de nossas possibilidades de existência ao sermos reduzidos ora à posição de culpados, ora de inocentes; ora a serviço do "bem", ora do "mal".

E em meio à constatação da dimensão quixotesca de vencer o demoníaco que ainda sobrevive, apesar de tudo; em meio à desconfiança de que as confissões nunca teriam fim, diante de cada novo pecado, afirma-se a imanência do diabólico:

> Satã é deste mundo, de nosso mundo. Não é alteridade radical, não é o completamente outro. Não se defronta ao humano, como o que é alheio à sua natureza, como o que o nega e anula. Mas, vive entre nós, dentro de nós, todo o tempo. Reina, como Príncipe, aqui, neste mundo onde vivemos. Seja como ameaça, limite, ou ensinamento, Satã está instalado na vida cotidiana. Está aqui, no coração das coisas e dos humanos. Ele dissolve as fronteiras da verdade e da quimera, e guarda a memória das grandes ameaças malignas. (Corazza, 2001b: 2)

CAPÍTULO 3

Livros de Ocorrência: quanto mais há o que vigiar, mais vigilância será necessária*

> De uma praia do Atlântico
>
> Se o olhar visse curvo,
> como se diz que é o espaço,
> olhando a sudoeste
> de meu atual terraço
> podia ver além
> do zinco ondulado (a água)
> tuas praias de coqueiros,
> pubescentes, não glabras.
> Mas há um outro ver
> além do primário (o olho),
> porque daqui te vejo
> com o ver do corpo todo,
> sob a táctil luz morna,
> com espessura de sucos,
> de um sol onde se está
> como dentro de um fruto.
>
> (Melo Neto, 1997: 76)

Introdução

No capítulo anterior, construí cenários iniciais para a problematização do funcionamento dos livros de ocorrência mediante a provocação de apontar aí a

---

* No momento em que este livro passava pela revisão final, uma versão deste capítulo em forma de artigo encontrava-se no prelo para publicação no periódico *Cadernos de Pesquisa* (1º semestre de 2007).

circulação de uma espécie de crimes e de pecados, elegendo os elementos confessionais existentes nas narrativas como fio condutor das análises. Nesse sentido, meu foco de atenção não se voltou para avaliar se a escola deveria fazer isto ou aquilo: se a escola deve ou não suspender um aluno que agrediu o colega com uma faixa de pano; ou se os pais de crianças que quebram o vidro da escola devem ou não ressarcir o prejuízo; ou se a escola deve ou não conversar com as crianças, conscientizando-as. Também não pressuponho que a escola deva "comemorar" ou "aplaudir" as crianças que brigam entre si, que desrespeitam as autoridades escolares, que gazeteiam aulas ou que são flagradas tomando remédio.

Minha preocupação, em todos os momentos analíticos deste trabalho, volta-se para o apontamento do tipo de lógica que move instrumentos pedagógicos tais como são os livros de ocorrência, para o tipo de pressupostos, relações ou efeitos sobre os quais se apóiam. Com isso, minha intenção não é a de reproduzir, neste trabalho, mais uma instância de veredictos sobre a escola, tendo em vista que também ela está inserida em um complexo feixe de relações de poder, de controle e de vigilância que a tornam constantemente culpável. Tudo o que posso imaginar a esse respeito acena na direção de que este trabalho possa trazer elementos de reflexão utilizáveis, em meio às difíceis decisões que a escola deve tomar diariamente no campo disciplinar e os aviltantes salários recebidos pelos profissionais que nela trabalham.

No caso do capítulo anterior, o tipo de lógica disciplinar ali apontado remete ao pressuposto de que os livros de ocorrência afirmam, de modo tendencial, a inocência da escola e a culpa das crianças, em um contexto em que as autoridades potencialmente têm o poder de afirmar a verdade de cada caso. Nesse sentido, especialmente as crianças são objetivadas e subjetivadas a partir do funcionamento diário desse pressuposto da culpabilidade — e não apenas as que estão presentes nas narrativas dos livros, mas também o conjunto das crianças que estudam na escola, dado que todas se encontram sob a ameaça de virem a estar neles presentes.

Os elementos da lógica pecaminosa, criminosa ou inquisitorial apontados no capítulo anterior podem ser também abordados a partir das considerações feitas por Foucault no âmbito de sua caracterização a respeito das disciplinas. Assim, se nas narrativas dos livros de ocorrência abunda a menção de provas, testemunhos, acusações, veredictos, confissões, desculpas, promessas, tudo isso pode ser reanalisado tendo agora em vista em especial a circulação dos elementos constitutivos dos três instrumentos que, tipicamente, para Foucault, caracterizam o funcionamento do poder disciplinar: o *exame*, a *vigilância hierárquica* e a *sanção normalizadora*.

Neste capítulo, focarei a atenção na dimensão de vigilância exercida mediante os livros de ocorrência, articulando-a com um tipo de tradição pedagógica ainda fortemente localizável no cotidiano escolar contemporâneo.

O poder disciplinar

O tipo de poder chamado por Foucault de disciplinar desenvolveu-se irregularmente no contexto europeu a partir dos séculos XVII e XVIII —, primeiro, agindo de maneira pontual, em instituições isoladas, para então se alastrar gradativamente sobre o conjunto das relações sociais. Foucault freqüentemente refere-se a esse poder, utilizando o termo "disciplinas", no plural, posto se tratar não de uma, mas de várias técnicas, que passam a ser utilizadas nas mais diferentes instituições sociais, particularmente concentradas em operações que têm por alvo principal o direcionamento da vida e do corpo, em especial do ponto de vista individual.

As disciplinas são apresentadas ora como uma anatomia política do detalhe, ora como uma microfísica do poder, ora ainda como uma maquinaria, uma mecânica, uma economia política, uma física, termos que comportam uma dimensão enigmática e metafórica, cujas conotações merecem ser esmiuçadas. É no cruzamento de saberes e poderes, de investimentos que são de ordem política e econômica, concretizados através de técnicas voltadas sobre os corpos individuais, que se situa o amplo conjunto das fecundas metáforas utilizadas por Foucault ao analisar as disciplinas.

Investir sobre os corpos individuais não é novidade do poder disciplinar. Qualquer sociedade desenvolve sua própria cultura corporal, o que envolve certas maneiras de ver o corpo, de explicá-lo, de estabelecer-lhe virtudes, funções, ideais, utilidades, efeitos — enfim, formas específicas de agir sobre ele. Isso significa o desencadeamento de relações de poder voltadas para sua configuração, relações que o dirigem, moldam, treinam, manipulam, aperfeiçoam, educam, imprimem-lhe marcas, sinais, limitações, obrigações e possibilidades de resistência; relações que estabelecem determinados vínculos entre esse corpo e o tempo, o espaço, os objetos com os quais interage, as atividades que executa.

O poder age diretamente sobre os corpos, toma-os como alvo e como instrumento de sua ação, a partir de uma pluralidade de maneiras, que podem ser mais ou menos violentas, explícitas, visíveis. E, por isso mesmo, os corpos carregam consigo uma história. Movido por essas múltiplas direções analíticas é que Foucault apontará para as especificidades existentes nas maneiras próprias como o poder disciplinar agirá sobre o corpo.

O que é próprio das disciplinas é debruçar-se sobre os corpos individuais em uma perspectiva microscópica, detalhista, abordando-os nos detalhes, de modo extensivo, intermitente, cotidiano. As técnicas disciplinares implicam também a proliferação de saberes, voltados para o desenvolvimento de conhecimentos, considerados como científicos ou não, que sustentarão o controle sobre esses corpos. Nas disciplinas, intensificam-se os âmbitos de explicação e de manipulação das forças, de forma indissociável: um corpo a ser "analisável e manipulável", um "corpo útil e inteligível" (Foucault, 1977: 126).

Entendendo-se a anatomia como a ciência que trata da dissecação dos cadáveres e dos corpos vivos, eis que as disciplinas são apresentadas, por Foucault, como uma verdadeira anatomia política sobre os corpos individuais: são altamente produtivas em termos dos conhecimentos que geram, conhecimentos voltados para a apreensão minuciosa e detalhista dos corpos sobre os quais se aplicam; daí ser necessariamente uma anatomia de tipo microfísico e uma microfísica de ordem anatômica. Uma microfísica que alcança os corpos no nível do detalhe e também do cotidiano, de formas constantes, ininterruptas, com o mínimo de lacunas possível.

Mas a disciplina, em Foucault, é física também do ponto de vista daquilo que se refere à mecânica, funcionando através dessa espécie de maquinaria do poder que fabrica "coisas". Opera como se fosse máquina, por meio de dispositivos automáticos que ligam os corpos ao tempo, ao espaço, às atividades que desempenham, fazendo-os parte de uma grande engrenagem, em que o corpo de cada um é posto em movimento a partir de uma rede de poderes e saberes que encadeia o conjunto dos elementos do sistema de modo automático e anônimo. A figura operária interpretada por Charles Chaplin, no clássico filme *Tempos modernos* (1936), segue sendo uma das imagens mais significativas da figura do "homem-máquina", que também está presente nos contornos do "homem moderno" apresentado por Foucault.

Por outro lado, como afirma recorrentemente Foucault, ao definir de modo sintético o poder disciplinar, trata-se de "técnicas para assegurar a ordenação das multiplicidades humanas" (Foucault, 1977: 191). Ele se volta para o ordenamento das multidões do ponto de vista da ênfase no controle e na produção das individualidades — algo que, por si, também não traz nenhuma novidade histórica, pois é característico do funcionamento do poder e da disciplina em qualquer época estabelecerem certo ordenamento ou direcionamento da conduta humana.

O que é específico das disciplinas descritas por Foucault é levar ao máximo a diminuição dos custos econômicos e políticos das práticas de poder, dos modos mais contínuos e ínfimos possíveis, elevando seus efeitos rentáveis e atrelando essa economia geral do poder às especificidades das funções de cada instituição social sobre a qual se aplica. Esse é o contexto que informa o que há de metafórico no emprego de expressões que vinculam valores econômicos e políticos nas análises feitas por Foucault. Assim é em *Vigiar e punir*, quando o autor afirma estar interessado em pesquisar os deslocamentos históricos em torno da economia do castigo, ou em *A vontade de saber*, quando se detém em torno da economia dos discursos sobre a sexualidade na Modernidade. Nas palavras de Foucault, trata-se de

> [...] tornar o exercício do poder o menos custoso possível (economicamente, pela parca despesa que acarreta; politicamente, por sua discrição, sua fraca exteriorização, sua relativa invisibilidade, o pouco de resistência que suscita); fazer com que os efeitos desse poder social sejam levados a seu máximo de intensidade e estendidos tão longe quanto possível, sem fracasso, nem lacuna; ligar enfim esse crescimento "econômico" do poder e o rendimento dos aparelhos no interior dos quais se exerce (sejam os aparelhos pedagógicos, militares, industriais, médicos), em suma fazer crescer ao mesmo tempo a docilidade e a utilidade de todos os elementos do sistema. (Foucault, 1977: 191)

Desse modo, as relações de poder de tipo disciplinares são exercidas de modo a estabelecer vinculações contínuas, precisas, minuciosas e automáticas entre cada indivíduo e o emprego de suas forças, não agindo apenas de modos repressivos, mas, principalmente, de modos produtivos, incitando posturas, desempenhos, ao mesmo tempo que diminuindo as resistências:

> Temos que deixar de descrever sempre os efeitos de poder em termos negativos: ele "exclui", "reprime", "recalca", "censura", "abstrai", "mascara", "esconde". Na verdade, o poder produz; ele produz realidade; produz campos de objetos e rituais de verdade. O indivíduo e o conhecimento que dele se pode ter se originam nessa produção. (Foucault, 1977: 172)

Eis o efeito principal das disciplinas: a produção de indivíduos. Em particular, o indivíduo criado a partir da Modernidade e que chega ao presente de Foucault para ser problematizado e rastreado historicamente, através da genealogia que ele empreendeu a partir de diferentes objetos de estudo.

Foucault refere-se freqüentemente às disciplinas também como técnicas de fabricação de indivíduos "dóceis e úteis". Esse é o objetivo genérico do poder disciplinar: para além dos objetivos específicos que caracterizam o papel de cada instituição, visa incrementar ao máximo a docilidade e a utilidade dos indivíduos. A docilidade refere-se a um valor mais diretamente político, no sentido da diminuição máxima das resistências que possam ocorrer durante o exercício de qualquer tipo de poder. Trata-se de imprimir nos corpos tendências gerais à obediência, à colaboração, à maleabilidade, à condução: "É dócil um corpo que pode ser submetido, que pode ser utilizado, que pode ser transformado e aperfeiçoado". (Foucault, 1977: 126)

A utilidade refere-se a um valor de ordem mais diretamente econômica, no sentido da busca máxima da eficiência e da rentabilidade das forças do corpo, treinando-as, exercitando-as, definindo-as, classificando-as, corrigindo-as, enquadrando-as. É assim que se chega a outra definição de disciplina: "Esses métodos que permitem o controle minucioso das operações do corpo, que realizam a sujeição constante de suas forças e lhes impõem uma relação de docilidade e utilidade, são o que podemos chamar as 'disciplinas'." (Foucault, 1977: 126)

As disciplinas, como ficou dito, constituem, fabricam os indivíduos a partir das condições gerais de possibilidade postas pela Modernidade. Tal produção se dá através de várias técnicas em que se articula o desempenho de certas funções interligadas e de certos instrumentos, cuja circulação vai se generalizando no conjunto das relações sociais. De acordo com os estudos de Foucault que tomam a Europa como referência, esse processo se consolida, mais plenamente, a partir do século XIX, associado à implantação do capitalismo industrial e da sociedade burguesa (cf. Fonseca, 1995: 36). Nessa perspectiva, o poder disciplinar é exercido por intermédio de alguns instrumentos típicos que funcionam estreitamente vinculados, completam-se e se apóiam a partir de suas especificidades. Um deles é a *vigilância hierárquica*.

Um tipo de olhar voltado para a vigilância: o "sonho político" de que cada criança se torne seu próprio vigia

Quanto à *vigilância hierárquica*, esta viabiliza um olhar ininterrupto, extenso, calculado, anônimo, detalhado, automático, sobre todos os que estão sob sua alçada. Funciona como uma espécie de máquina, de dispositivo que automaticamente garante efeitos de controle sobre os que estão sob observação. Tal tipo de vigilância traz visibilidade máxima à multiplicidade humana que está em foco, assegura efeitos contínuos de poder sobre o comportamento dos indivíduos e age sobre eles, que são tomados como objetos de conhecimento, transformação e correção permanentes. Frise-se que não se trata da crítica a qualquer forma de observação ou de olhar, mas, sim, daquela voltada para a vigilância, no sentido do controle estreito, da normalização das condutas, da detecção e correção de irregularidades.

Esse jogo de olhares obedece a hierarquias funcionais, na medida em que se alicerça na definição de papéis e responsabilidades que se escalonam de modo a compor um enredamento sem lacunas, com base na mútua dependência e fiscalização de cada um em sua função, a fim de que o conjunto, como um todo, realize suas tarefas.

Trata-se de um tipo de olhar que vê a todos e a cada um sem que deva ser visto. Concretiza-se sutil e minuciosamente em meio ao cálculo e às combinações efetuadas entre os olhares, às funções desempenhadas e às disposições espaciais, às vezes "inocentes" e naturalizadas — a colocação de um estrado, a disposição em filas, a divisão arquitetural e funcional de um edifício, o jogo de distribuição de portas, janelas, entradas, saídas, passagens, dentre outras. Tem uma estrutura hierárquica, uma predefinição de papéis, mas se dá em um feixe complexo de relações de vigilância sempre abertas a serem estendidas. A internalização desse olhar em cada indivíduo vigiado torna-o também um vigilante, apto a ser acionado a qualquer momento e a sustentar a operacionalidade anônima do todo.

> Organiza-se assim como um poder múltiplo, automático e anônimo; pois, se é verdade que a vigilância repousa sobre indivíduos, seu funcionamento é de uma rede de relações [...]; essa rede "sustenta" o conjunto, e o perpassa de efeitos de poder que se apóiam uns sobre os outros: fiscais perpetuamente fiscalizados. O poder na vigilância hierarquizada não se detém como uma coisa, não se transfere como uma propriedade; funciona como uma máquina. E se é verdade que sua organização piramidal lhe dá um "chefe", é o aparelho inteiro que produz "poder" e distribui os indivíduos nesse campo permanente e contínuo. (Foucault, 1977: 158)

Ao se deter na problematização das relações históricas entre o olhar e o poder, Foucault lembra que, tradicionalmente, se associa o poder a símbolos e rituais de ostentação, de visibilidade máxima: é o caso da suntuosidade que caracteriza a figura do monarca, cercado de jóias, festas e palácios. Percebe-se logo quem é poderoso. A estreita noção de que o poder é uma propriedade, é algo que se possui e, portanto, se pode mostrar, contribui para essa vinculação. Já o tipo de olhar viabilizado pelas relações de poder disciplinares se exerce de modo sutil, discreto, em múltiplas direções concomitantes, em uma lógica segundo a qual não interessa mostrar-se como tal a todo momento. Pelo contrário, será tanto mais eficiente quanto menos se exibir. Garante visibilidade máxima não a quem está em posição de poder, mas sobre os que se tornam objetos de seu olhar; ou seja, não focam o rei, mas os antigos súditos.

É assim que Foucault chega ao *panopticon* como símbolo maior do tipo de visibilidade desencadeada pelo poder disciplinar. O panopticon é um modelo arquitetônico criado e batizado por Jeremy Bentham em livro com o mesmo nome publicado em fins do século XVIII. O que o caracteriza é ver sem que se seja visto. Foucault descobriu a importância deste modelo a partir de suas pesquisas históricas, primeiramente vinculadas à genealogia da medicina clínica e, depois, a seus estudos sobre as prisões. Neste último caso, quando se tratava de buscar soluções para os problemas espaciais, "eram poucos os textos, os projetos referentes às prisões em que o 'troço' de Bentham não se encontrasse" (Foucault, 1982: 210). Esse "troço" tem a ver com uma arquitetura que prevê a construção de uma torre central, com um vigia, e um edifício que a circunda, composto de celas; entre a torre e as celas, a disposição das janelas e o jogo de luz garantem que se possa constantemente ver o que se passa no interior de todas as celas, sem que os que nestas estão possam ver o vigia da torre: "no anel periférico, se é totalmente visto, sem nunca ver; na torre central, vê-se tudo, sem nunca ser visto" (Foucault, 1977: 178).

O que importa não é tanto a especificidade do panopticon como particular arquitetura, mas os princípios que embasam as relações aí colocadas entre o olhar, o espaço e o exercício do poder, com a redução máxima dos custos necessários para a obtenção da eficiência na vigilância a ser assegurada. Trata-se de um tipo de poder que se torna eficiente porque independe de quem o exerce e dos motivos em que se apóia. O fundamental é que quem está metaforicamente nas "celas" internalize essa permanente vigilância, essa existência incontornável da "torre", independentemente de haver de fato alguém nesta e de quem é essa pessoa: "o detento nunca deve saber se está sendo observado; mas deve ter certeza de que sempre pode sê-lo" (ibid.: 178). Também não interessa se quem está na "torre" é movido por uma necessidade de estudo, por simples curiosidade ou porque está recebendo um salário por isso.

Aqui está um exemplo privilegiado da dimensão em que Foucault aborda as relações de poder de tipo disciplinar enquanto relações anônimas, automáticas, maquinais e vinculadas à lógica geral da redução máxima dos custos, agora aplicadas às ferramentas do olhar e de sua interiorização nos indivíduos. Há um significativo barateamento dos custos econômicos, se pensamos que, no limite, os "vigias" e demais agentes de controle poderiam até ser dispensados, pois o ideal do panoptismo é o de que cada um se converta em seu próprio vigia. Politicamente, a solução também reduz os custos, pois o mecanismo implica menos violência — baseando-se na continuidade garantida no exercício e nos efeitos do poder, visando eliminar as lacunas —, com a diminuição dos riscos de desobediência e de resistências:

[...] o olhar vai exigir muito pouca despesa. Sem necessitar de armas, violências físicas, coações materiais. Apenas um olhar. Um olhar que vigia e que cada um, sentindo-o pesar sobre si, acabará por interiorizar, a ponto de observar a si mesmo; sendo assim, cada um exercerá esta vigilância sobre e contra si mesmo. (Foucault, 1982: 218)

Assim é que Foucault utilizará o termo panoptismo para se referir não a alguma arquitetura ou instituição específica, mas a uma técnica política de vigilância que se estenderá e se generalizará no cotidiano das pessoas a partir das múltiplas formas — adotadas no cumprimento das funções específicas próprias de cada instituição — que podem substituir a torre e as celas do panopticon. O panopticon será uma das tecnologias políticas que provocará a sensação de que, no fundo, as prisões não são muito diferentes das demais instituições que funcionam nas sociedades de tipo disciplinar, ainda que tenha sido a prisão seu local ideal de aplicação (cf. Foucault, 1977: 221).

De modo que não é necessário recorrer à força para obrigar o condenado ao bom comportamento, o louco à calma, o operário ao trabalho, o escolar à aplicação, o doente à observância das receitas. Bentham se maravilhava de que as instituições panópticas pudessem ser tão leves: fim das grades, fim das correntes, fim das fechaduras pesadas; [...]. A eficácia do poder, sua força limitadora, passaram, de algum modo, para o outro lado — para o lado de sua superfície de aplicação. Quem está submetido a um campo de visibilidade, e sabe disso, retoma por sua conta as limitações do poder; fá-las funcionar espontaneamente sobre si mesmo; inscreve em si a relação de poder na qual ele desempenha simultaneamente os dois papéis; torna-se o princípio de sua própria sujeição. Em conseqüência disso mesmo, o poder externo, por seu lado, pode-se aliviar de seus fardos físicos; tende ao incorpóreo; e quanto mais se aproxima desse limite, mais esses efeitos são constantes, profundos, adquiridos em caráter definitivo e continuamente recomeçados. (Foucault, 1977: 178-179)

Os livros de ocorrência pesquisados não existem de modo independente dessa rede de olhares, na medida em que funcionam nessa teia, em meio ao extenso conjunto de instrumentos de disciplinamento em ação, tanto na sociedade, quanto na escola. Os livros agem no sentido de concretizar, especialmente para as crianças, o fato de elas estarem sob constante observação e julgamento, com efeitos para muito além dos sujeitos que neles estão presentes, pois as crianças que não estão registradas nos livros sabem muito bem que, a qualquer momento, podem sê-lo. O caráter extensivo, contínuo, microfísico, tanto do poder disciplinar, de modo geral, quanto especificamente da rede de vigilância hierárquica, age conforme o "sonho político" de que cada criança se torne seu próprio vigia, através da interiorização desses olhares — e do conjunto dos mecanismos através dos quais o poder disciplinar circula — dentro de si.

Essa rede de vigilância apresenta uma hierarquia. No entanto, por ela circulam relações de poder que, no conjunto, possuem dimensões automáticas e anônimas, já que podem funcionar, a qualquer momento, independentemente dos motivos ou de quem as exerce. É importante ressaltar que essa rede de vigilância hierárquica atua fortemente sobre todos os sujeitos que estão sob sua alçada, não apenas sobre as crianças. Estudo sobre disciplina feito a partir de pesquisa de campo realizada na década de 1980, em quinze escolas estaduais de ensino fundamental e médio da cidade de Campinas, aponta:

> O diretor é um funcionário que tem inúmeras tarefas a cumprir, de caráter essencialmente burocrático; está sujeito a sanções caso não cumpra as ordens superiores. Os processos administrativos parecem ser os fantasmas que pairam constantemente sobre a carreira do diretor. Poucos ousam tomar atitudes fora daquilo que já está determinado. (Guimarães, 2003: 131)

No Brasil, ainda que os processos de democratização desencadeados em especial a partir dos anos de 1980 tenham trazido à realidade escolar brasileira as práticas de eleição dos diretores — extinguindo, em algumas localidades, o que no passado constituía uma carreira específica —, e mesmo que possamos encontrar hoje diretores comprometidos com a dimensão pedagógica de suas tarefas, ainda é fácil localizar a continuidade de sua inserção em uma cadeia de direitos e deveres, de obrigações e possíveis punições, em caso de descumprimento; um encadeamento em que emerge a lógica na qual os próprios livros de ocorrência se encontram, tornando vigiável e culpável qualquer um de seus integrantes.

Outro autor que aborda essa dimensão extensiva dos mecanismos disciplinares é Alfredo Furlán. Em "La cuestión de la disciplina: los recovecos de la experiencia escolar" ("A questão da disciplina: os esconderijos da experiência escolar"), ele conclui que, para se proteger da rigidez das normas disciplinares escolares, buscam refúgios tanto os alunos, como os docentes:

> A escola trabalha de tal maneira que provoca a necessidade do esconderijo, da construção de uma guarida física e simbólica. Mas não apenas por parte dos estudantes, mas também dos docentes e autoridades que às vezes buscam proteger-se da rigidez de suas próprias normas. (Furlán, 2000: 18; minha tradução)

O autor refere-se particularmente às observações sobre esconderijos criados pelos estudantes, como lugares de encontro no "recreio" ou nas horas livres, refúgios prediletos nos quais conversam, namoram ou fumam. Guimarães também se remete a esse tipo de situação, ao apontar que a reclamação de não poder fumar nem namorar nas escolas foi generalizada nas entrevistas feitas com os alunos mais velhos de sua pesquisa. Tais proibições foram consideradas injustas pelos alunos, na medida em que, por exemplo, o corpo docente e demais autoridades podiam fumar dentro da escola. "Conclusão, quem fumava e quem namorava continuava fazendo essas coisas, mas pelos cantos escuros e fechados do prédio" (Guimarães, 2003: 85). Localizei um exemplo nas narrativas dos livros que vai nessa mesma direção:

> **Ocorrência 93.** Aos "x" dias do mês de "x" de "x", a inspetora Claudia veio à Coordenação Pedagógica comunicar que os alunos Damião Guedes Nogueira [citado entre os "campeões de ocorrência", na ocorrência 40 e 75] (série "x") e Cauby M. Antunes [ocorrência 66] (série "x") *estavam no corredor do Bloco C escondidos atrás do flanelógrafo*, o que foi por nós constatado. Os alunos deveriam estar na aula de Ed. Física, no entanto, porque o professor Rômulo pediu que os mesmos retirassem os bonés, os mesmos ausentaram-se da aula e começaram a perturbar as turmas do Bloco "x". Conversamos e o caso será comunicado aos pais. [Constam a rubrica da pedagoga e a data abreviada.]

Esconderijos e refúgios, assim como o desenvolvimento de outras estratégias cotidianas de resistência a essa rede de vigilância e ao receio generalizado de punições, formam parte de uma cultura escolar em que as questões disciplinares são construídas mediante práticas complexas de olhares que se dão desde os primeiros anos da escolarização, práticas pelas quais especialmente os estudantes, mas não só eles, podem a qualquer momento ser colocados no "banco dos réus", como observado no capítulo anterior. A lógica disciplinar aí presente funciona sobre a premissa de que todos devem ser em alguma medida vigiados, como estratégia garantidora de que os comportamentos esperados e exigidos serão praticados e como ameaça de que os desviantes serão detectados e corrigidos.

No caso dos livros de ocorrência — e tendo em vista o contexto abrangente do disciplinamento geral efetuado pela escola —, sua eficiência relativa é significativa, podendo ser apontada pelo baixo índice de reincidência das crianças, ou na medida em que a maioria delas faz sua trajetória escolar sem ter passado pelos livros, como pôde ser observado nos Quadros 5, 6 e 7 do primeiro capítulo deste livro. Relembre-se que, por exemplo, em 1998, 474 nomes de crianças são citados nos livros de ocorrência "completos", incluindo-se aí os nomes das crianças reincidentes. Se tomamos por base um número total de 1.500 matrículas nos turnos da manhã e da tarde, esses 474 nomes de crianças citadas representariam apenas cerca de 32% desse total; e se tomamos por base um número total de 2 mil matrículas, representariam 24%. Ou seja, mais de 70% do alunado que freqüenta essa escola não está presente nos livros de ocorrência.

A significativa dimensão de eficiência dos livros de ocorrência também pode ser visualizada pelos baixos índices de reincidência das crianças. Por exemplo, em 1998, daqueles 474 nomes de crianças citadas, apenas aproximadamente 15% são de crianças que reincidiram duas vezes ou mais nos livros. Assim, dos 474 nomes citados, cerca de 85% referem-se a crianças que aparecem citadas apenas uma vez. Ou seja, para a grande maioria do alunado, assinar o livro de ocorrências uma única vez é algo forte o bastante para produzir efeitos corretivos duradouros em sua conduta.

A rede disciplinar é tanto mais eficiente quanto mais se aproxima daquele ideal da interiorização plena, voltado para a máxima incorporação possível dos dispositivos de controle e de vigilância no interior de cada sujeito. E, para tanto, a escola desenvolve diversas estratégias cotidianas para atingir homogeneamente a todos, além de estabelecer reforços disciplinares nos momentos escolares mais propícios à indisciplina e sobre as crianças consideradas mais problemáticas. Nessas condições, a significativa dimensão de eficiência no funcionamento dos livros de ocorrência se dá tanto na medida em que atinge a todos — e mesmo os que não estão nem nunca estarão presentes nos livros, mas que se encontram sob a ameaça de virem a estar —, quanto na medida em que atua especialmente sobre as crianças que experimentam de fato transgredir as normas e expectativas estabelecidas.

Ressalte-se que o processo cotidiano de efetivação desse ideal é intensamente ambíguo e conflitivo, sendo freqüentemente frustrado, ameaçado, afirmado e negado, tendo em vista, por exemplo, a visibilidade ou o "incômodo" provocado pelas crianças consideradas indisciplinadas. Por outro lado, a explicitação mesma do ideal da internalização o mais plena possível dos mecanismos de controle e de vigilância dentro de cada criança também é marcada por ambigüidades no cotidiano escolar contemporâneo, em meio, por exemplo, à afirmação recorrente de compromissos em torno da formação de cidadãos críticos, criativos ou autônomos, questão à qual voltarei neste mesmo capítulo.

O ideal do controle pleno: frustração, fragilidade e reforço

Como foi visto no Capítulo 1, não foi possível visualizar, nos livros de ocorrência, a especial incidência de determinadas séries — com os respectivos docentes responsáveis por elas — que pudesse indicar maior envolvimento com problemas disciplinares. No entanto, a pedagoga avaliou que o professorado responsável pelas aulas "especiais" — Educação Física, Artes — e pela substituição das professoras regentes é o que mais apresenta dificuldade para assumir sua responsabilidade com as questões disciplinares. Conforme a pedagoga, a tendência desses docentes é a de encaminhar para as pedagogas ou para as professoras regentes as crianças que "tumultuam" as atividades.

Outro foco de maior incidência de problemas disciplinares refere-se aos momentos de "recreio", de troca de docentes ou de entrada e saída da escola, quando se faz necessário um maior controle, uma vez que há um livro mais especialmente voltado para o disciplinamento nesses momentos, ao qual chamei livro de ocorrências "resumido". Recorde-se que a pedagoga avaliou como particularmente positiva a época em que havia uma escala de docentes no sentido de ajudar as inspetoras a observar as crianças durante o horário do "recreio". Na entrevista, a pedagoga afirmou que o "recreio" tem dois períodos de quinze minutos cada um: primeiro, saem as crianças menores; depois, as crianças de terceira e quarta séries, com cinco minutos de intervalo entre ambos, para que as turmas entrem e saiam. Eis algumas narrativas existentes no livro "resumido":

> **Ocorrência 94.** Os alunos da turma "x" sendo um deles Gastão F. Parize anda se *comportando mal na hora do recreio passando a mão em outra aluna*; se o mesmo tiver tal comportamento será suspenso. [Consta a assinatura do aluno especificamente citado.]
>
> **Ocorrência 95.** Os alunos Cláudio Bevilaqua [citado nas ocorrências 85 e 88] e Altair B. C. dos Campos [citado na ocorrência 18]: *brigaram na saída da escola às 17:00 horas se espancaram a socos e ponta pés*. Tudo isso por causa de uma raia. O Claudio me parece ser o mais agressivo. [Constam as assinaturas de ambos, com as respectivas séries ao lado.]
>
> **Ocorrência 96.** O aluno Francisco B. Saldanha da série "x", *estava chutando os alunos na entrada da aula:* esse menino só está dando muito trabalho a todos. [Consta a assinatura do aluno.]

Ocorrência 97. A aluna Isabel Mayer *ameaçou de bater na aluna* Marlene V. Larsen *se o aluno Cláudio* [citado na ocorrência 95] da série *"x" não falasse mais com ela e se não namorasse mais* com a Isabel. Após a ameaça a Isabel bateu no rosto da Marlene. [Constam as assinaturas das duas alunas e, surpreendentemente, também a do aluno mencionado.]

Ocorrência 98. O aluno Moysés Pombo da série *"x" colou chiclete no cabelo do colega Lázaro*. [Consta a assinatura de Moysés.]

Ocorrência 99. O aluno Guilherme *estava rindo das ordens que estavam sendo dadas pela direção*. O mesmo foi tirado da sala de aula. [Consta a assinatura do aluno.]

Brigas e mau comportamento ocorridos no "recreio", nas filas, nos momentos de entrada e saída da escola. Tendo em vista que nessas ocasiões há necessidade de reforço da vigilância sobre as crianças — tanto que a escola destinava um livro de ocorrências especialmente voltado para eles —, cabe perguntar sobre que tipo de questões incide sobre o fato de as crianças estarem mais propensas a apresentar problemas disciplinares nessas ocasiões. A questão pode ser abordada tendo em mente o que Foucault descreveu em termos das quatro funções exercidas pelo poder de tipo disciplinar no cotidiano das instituições: "a arte das distribuições", "o controle da atividade", "a organização das gêneses" e "a composição das forças" (Foucault, 1977: 130-152).

Deixando de lado esses complicados nomes e voltando à questão especificamente para o disciplinamento escolar, parece-me que o relevante é pensar na disciplina posta em funcionamento no contexto atual em termos das ações escolares que vinculam as crianças ao espaço, às atividades que desempenham, ao emprego do tempo ou à utilização de suas forças. Pode-se pensar que é exatamente quando há um afrouxamento da ação escolar na direção das funções apontadas por Foucault que a utilização dos livros de ocorrência se faz ainda mais necessária: quando os vínculos entre os corpos infantis e o espaço, no sentido da fixação rigorosa dos lugares de cada um e da previsão das possíveis trocas e circulações, encontram-se relativamente suspensos; quando as codificações das formas de desenvolvimento das atividades, articulando estreitamente a criança ao tempo, aos atos, a seu corpo e aos objetos a serem manipulados, foram deixadas na sala de aula, assim como o cumprimento de objetivos, os pré-requisitos, as provas, os exercícios ou os encadeamentos curriculares meticulosamente definidos no sentido de encaminhar as aprendizagens.

Nesses momentos de reorganização e/ou de relaxamento relativo das obrigações ou dos ordenamentos escolares, as expressões corporais de parte das crianças tornam-se particularmente problemáticas, como consta no bloco de exemplos antes apresentados: brigas, chutes, socos e pontapés, "guerra de pedras", furto de lanche, indisciplina na fila, namoros ou "passada de mão", chiclete no cabelo do colega, desrespeito à professora, risos das ordens dadas pela direção. Enfim, momentos especialmente evidentes de frustração e da fragilidade mesma do ideal de controle pleno sobre os corpos infantis, pois algumas crianças insistem em "tumultuar" as atividades escolares, "dando muito trabalho a todos", como constava de uma das ocorrências (ocorrência 96).

Isso não quer dizer que não haja ordenamentos nos "recreios" e demais momentos em que a incidência dos problemas disciplinares é maior. No entanto, nesses momentos, pode ser que parte das crianças ainda não esteja devidamente sintonizada com os enquadramentos escolares (entrada na escola), pode ser que esteja ansiosa ou apressada para livrar-se de tais enquadramentos (saída da escola), ou pode ser que se desvie dos comportamentos esperados, na medida em que experimenta alguns momentos de liberdade e maiores margens de movimentação ("recreio", Educação Física).

Assim é que parte das crianças sai para o "recreio" feito "bombas atômicas prontas a explodir", metáfora que era muito utilizada no tempo em que eu dava aulas no ensino "primário". Outra situação emblemática era a do "recreio" em dias de chuva — dias sinistros, pois todos tendiam a se sentir angustiados: as professoras, porque não poderiam se distanciar por pouco que fosse das crianças e de seu papel controlador; e as crianças, porque não poderiam se distanciar das professoras e de seu papel submisso.

> **Ocorrência 100.** Os alunos Napoleão e Orestes (série "x") no intervalo do recreio de chuva, abaixaram as calças da colega Malba. A mesma reagiu com chutes e pontapés. Foi alertado que na próxima ocorrência os pais tomarão ciência deste caso. [Constam a data abreviada e a assinatura da pedagoga.] A Prof[a] Cloé veio avisar que dias atrás, os mesmos alunos abaixaram as calças do Reinaldo e Renê, colegas de sala, na saída para o recreio. Sugeri que seja trabalhado a questão de sexualidade c/ as crianças.
>
> **Ocorrência 101.** O aluno Adroaldo Freitas Coutinho [um dos "campeões de ocorrência, citado na ocorrência 33], na data de hoje, "x", desrespeitou a professora Raquel, da série "x", mandando-a "tomar no cu" e "se foder", quando a mesma comunicou a classe que o horá-

rio do recreio era o da chuva e que eles iriam permanecer na sala, saindo somente p/ a aula de Educação Física. [Constam a data abreviada, a rubrica da pedagoga e a assinatura do aluno.]

A escola também é vigiável, culpável e punível

A vigilância sobre o corpo infantil, conforme o que aparece nas narrativas dos livros, pode ser analisada a partir de dois grandes leques de necessidades: as relacionadas ao disciplinamento, em geral, e as especialmente relacionadas ao disciplinamento no que se refere às obrigações escolares de proteger a criança enquanto ela está sob sua responsabilidade. Quanto ao primeiro leque de necessidades, ao qual voltarei com mais detalhes, o disciplinamento se dá, dentre outros aspectos, mediante a antiga tradição pedagógica de estruturar a aprendizagem a partir da extrema imobilidade do corpo infantil, através das relações a serem estabelecidas entre o corpo da criança e o tempo, o espaço, as atividades a serem desenvolvidas etc. Procuro deter-me agora no segundo leque de questões, ou seja, o que gira em torno da questão corporal a partir das pressões vividas pela escola na medida em que tem obrigações de zelar pela freqüência, guarda e proteção das crianças enquanto elas estão sob sua alçada. Muitas das narrativas que trazem problemas na Educação Física, problemas de falta, de fuga ou de brigas podem ser interpretadas particularmente nesse sentido. No geral, as narrativas servem para proteger a escola de possível culpabilização, funcionando como prova de que se tomou ciência e se encaminharam as devidas providências com relação a cada caso:

> **Ocorrência 102.** O aluno Noel M. Vorobi, série "x", *estava subindo na janela na hora do recreio no dia de hoje.* (dia "x"). [Consta apenas a assinatura do aluno.]
>
> **Ocorrência 103.** No dia "x" de "x" de "x" [ano] esteve na minha sala a Sra. Erondina ao qual ficou ciente que seu filho Olavo Sampaio *esteve em cima da laje* ao qual foi pedido para descer e o mesmo não o fez. *Pedimos ajuda da mãe para que não fique sendo só da responsabilidade da escola se algo mais sério acontecer, igual a quebra de um braço ou algo mais.* A mãe acha correto a atitude tomada e se responsabiliza a tomar providências quanto ao caso. Esta ocorrência vai assinada por mim e a mãe em questão. [Constam as assinaturas da diretora e da mãe.]
>
> **Ocorrência 104.** Aos "x" dias do mês de "x" de hum mil novecentos e noventa e "x", a aluna Regina Maciel de Brito foi colocada na mi-

nha sala pela inspetora ao qual informou que a mesma sendo da série "x" invadiu o recreio da primeira e da segunda série *pulando o muro indo até a panificadora para comprar bolacha recheada tendo risco de vida e deixando todos apavorados pois a mesma poderia ter quebrado uma perna, pescoço ou braço e no caso a escola seria responsabilizada.* Foi conversado com a mesma, esclarecido todos os fatos e conseqüências dos seus atos. A ocorrência vai assinada por mim e a aluna em questão. [Assinam a diretora e a aluna.]

Ocorrência 105. Os alunos Napoleão e Orestes [ambos citados na ocorrência 100] – série "x" – aula de Ed. Física, brigaram e trocaram socos e pontapés. *Saíram machucados e foram imediatamente atendidos.* [Constam a data e a assinatura da pedagoga.]

Esses são alguns dos exemplos dos quais emerge um dos elementos constitutivos da lógica que permeia o funcionamento dos livros: o receio de a escola ser acusada de negligência em suas funções de zelar pela guarda e proteção física das crianças. E mesmo com relação a ocorrências como a de número 102, em que a justificativa da repreensão não é explicitada, tendo em vista o conjunto das narrativas, é possível inferir tratar-se do mesmo tipo de motivação. Nessas condições, o tipo de questionamento que faço não vai na direção de pensar que a escola não tenha que se responsabilizar pelas crianças enquanto elas estão sob sua guarda; o problema gira em torno do tipo de lógica e implicações com que tal responsabilização funciona no cotidiano escolar. O que me parece problemático é que, se a escola precisa cercar-se de todo tipo de precauções para que não venha a ser acusada de negligência — e muito do que anima os livros de ocorrência tem relação com isso —, é porque também se encontra em um conjunto de relações que a tornam constantemente vigiável, culpável e punível. Pois o pressuposto dos pais, do Estado, da imprensa e da sociedade em geral bem poderia ser o de acreditar que a escola de fato é responsável pelas crianças, geralmente dando mostras cotidianas de que faz tudo o que está a seu alcance para proteger-lhes a integridade física e zelar por elas. Se o pressuposto fosse o da confiança, entender-se-ia que, apesar de todas as medidas preventivas de segurança tomadas pela escola, ainda assim os imprevistos são inevitáveis. No entanto, em direção semelhante à que foi apontada no capítulo anterior com relação às crianças, o pressuposto parece ser o de que a escola é culpada, até que prove o contrário.

Tais considerações levam novamente a Foucault, quando ele problematiza a emergência e o funcionamento de poderes de tipo disciplinar ao longo da história da Modernidade, em que os indivíduos passam a ser ordenados a partir da proliferação de saberes e técnicas normalizantes que atuam em perspectivas anatômicas, extensivas, "panópticas", intensamente produtivas, alastrando uma lógica criminosa, punitiva e vigilante para o conjunto das relações sociais.

Tendo em vista as especificidades do espaço escolar, Guimarães elabora duas importantes perguntas para nossos questionamentos sobre a disciplina escolar cotidiana: "A vigilância estaria integrada à relação pedagógica? Como ela se transforma no principal instrumento de controle dentro da escola?" (Guimarães, 2003: 74). Eu tiraria da segunda pergunta o termo "principal", tendo em mente as articulações apontadas por Foucault quando analisa o conjunto das características das relações de poder de tipo disciplinar. No entanto, penso que tais perguntas não deixam de apresentar um produtivo desconcerto na medida em que atualizam a suspeita sobre uma finalidade da Pedagogia que pode ser considerada "pouco nobre", em meio a tantos discursos redentores e promissores no campo da educação. Não se trata de perseguir um caminho analítico de pura desqualificação ou negação da Pedagogia ou das ações escolares em si mesmas, mas de problematizar a funcionalidade ou os tipos de lógica que animam o que autores de diversas tendências teóricas apontam como sendo suas acentuadas tendências conservadoras e controladoras, traços fundamentais para os questionamentos em torno da disciplina escolar.

Nessa perspectiva, torna-se central pensar sobre a noção de ordem vigente nos discursos e práticas pedagógicas, tendo em vista que qualquer tipo de disciplina e de olhar sobre as crianças se refere aos ordenamentos escolares que estabelecem o conjunto dos comportamentos considerados necessários para que as aprendizagens possam se dar. Bauman é um autor que traz estimulantes considerações sobre a centralidade que uma determinada noção de ordem adquire nos rumos da Modernidade, com significativas implicações no campo pedagógico.

Ordem, Modernidade e Pedagogia

Para Bauman, a ambivalência constitutiva da linguagem está presente também nas demais coisas do mundo, já que as nomeamos e definimos com a linguagem. E a nossa tendência "moderna" é a de experimentar a ambivalência como "desordem", como "falta de precisão", como "patologia da linguagem e do discurso", quando a desordem, a falta de precisão, a "falha da função nomeadora (segregadora)" fazem parte mesmo da prática lingüística, sendo "sua condição normal" (Bauman, 1999: 9).

A linguagem, tendo em vista sua função nomeadora e classificatória, visa ordenar o mundo, buscando combater e, ao mesmo tempo, prevenir a ambivalência, a contingência, o acaso, a imprecisão. No entanto, na Modernidade, essa função de afirmar o que cada coisa do mundo é adquire contornos de obsessão, tendo em vista, por exemplo, o papel que o progresso, a cientificidade, o domínio sobre a natureza ou a racionalidade instrumental adquirem ao longo de sua constituição.

> Os nomes são sempre expressões que, agrupando sob um único signo uma pluralidade quase infinita (ou talvez infinita mesmo) de coisas, tentam ir contra a diferença, enfeitiçando-nos com o sonho da possibilidade de domesticar a pluralidade sob o manto do signo. Uma conseqüência desse feitiço? A imagem-fantasia de uma alcançável pureza da linguagem. [...] Uma outra conseqüência? Pensar que a impossibilidade da tradução completa/perfeita/biunívoca é um problema (da nossa incapacidade ou imperícia no manejo da linguagem), sem se dar conta de que o problema é, inversamente, pensar que é possível uma tradução total/verdadeira/completa. (Silveira, 2004, s/p)

Ainda de acordo com Bauman, resulta daí uma espécie de "cruzada" contra a ambivalência, uma luta que é "tanto autodestrutiva quanto autopropulsora" (Bauman, 1999: 11). Quanto mais se age no sentido de definir, de classificar, de afirmar definitivamente "o que é cada coisa" (autopropulsão), mais se depara com ambivalências, com tudo "o que é", mas "não é só isso", também "pode ser outra coisa" (autodestrutividade), dada a questão de que, por exemplo, "ou a situação não pertence a qualquer das classes lingüisticamente discriminadas ou recai em várias classes ao mesmo tempo" (Bauman, 1999: 10).

E é interessante pensar na afirmação de Bauman de que a Modernidade inventou a ordem na medida em que esta se constituiu em problema, que passou a ser definida em conceito, em ação e em projeto, posto que no mundo anterior não se pensava "A" ordem, ao menos no sentido em que a Modernidade passou a pensá-la, ou seja, a partir de conotações apresentadas como as únicas possíveis. A natureza, enquanto pensada na forma do fluxo contínuo, da ausência de determinação ou de pré-ordenamentos, passa a ser vista como obstáculo ao progresso humano, devendo ser ordenada, contida, adaptada, dominada. "A ordem tornou-se uma questão de poder e o poder uma questão de vontade, força, cálculo" (Bauman, 1999: 13). A ordem tornou-se artificial, tornou-se fruto da intervenção humana, ainda que esta artificialidade inicial vá posteriormente buscar hegemonia em argumentos "naturalizantes". Dessa forma, a existência moderna desnaturalizou a ordem, passando a pensar e agir sobre o mundo colocando a intervenção humana onde antes se colocavam elementos transcendentais ou divinos.

E assim, a modo de obsessão, a Modernidade definiu o mundo em duas grandes "bifurcações": a ordem e o caos, na medida em que a desordem é construída como "pura negatividade", como aquilo sem o que não há sentido para a ordem, posto que toda sua positividade é afirmada por "pura oposição: "Sem a negatividade do caos, não há positividade da ordem; sem o caos, não há ordem" (Bauman, 1999: 15). A existência moderna não pensa a ordem em meio a outras ordens possíveis. Aquilo que funciona como ordem, ao banir a ambigüidade de seu terreno, elimina também a possibilidade de algo ser também alguma outra coisa fora ou para além do que foi definido. Trata-se da

> [...] luta da determinação contra a ambigüidade, da precisão semântica contra a ambivalência, da transparência contra a obscuridade, da clareza contra a confusão. [...] A ordem está continuamente engajada na guerra pela sobrevivência. O outro da ordem não é uma outra ordem: sua única alternativa é o caos. O outro da ordem é o miasma do indeterminado e do imprevisível. O outro é a incerteza, essa fonte e arquétipo de todo medo. Os tropos do "outro da ordem" são: a indefinibilidade, a incoerência, a incongruência, a incompatibilidade, a ilogicidade, a irracionalidade, a ambigüidade, a confusão, a incapacidade de decidir, a ambivalência. (Bauman, 1999: 14)

É bom frisar que não se trata da crítica a toda e qualquer noção de ordem, ou de pressupor que a busca pela ordem seja intrinsecamente desnecessária ou prejudicial. Bauman está criticando as especificidades por intermédio das quais uma certa noção de ordem foi instituída na Modernidade ocidental. Uma "vontade de ordem" que se impôs historicamente de modos totalitários, buscando combater toda ambigüidade possível. Tal obsessão pela ordem animou os projetos e as ações nos mais distintos campos da sociedade, algo que, portanto, pode ser identificado também no campo da constituição da Pedagogia e da escola moderna.

Antelo e Abramowski referem-se a esse tipo de tradição moderna na Pedagogia sob a designação de "Pedagogia da Completude", (rever nota 23 do capítulo 1) constantemente impulsionada pelos ideais de um ensino pleno, perfeito, harmonioso, negando fortemente tudo o que ameaça a realização plena de tais ideais: a ambigüidade, a contingência, os conflitos, a indeterminação. Uma tradição pedagógica, ainda presente nos dias atuais, em que não há espaço para pensar e conviver com o que "diz não", já que o negativo, o conflito, a falta, aparece como aquilo que está, mas deveria não estar. Uma tradição pedagógica que pretende abolir — e promete como fazê-lo — tudo "aquilo que ameaça interromper o circuito normal das coisas [...], que vem a interromper certa ordem" (Antelo e Abramowski, 2000a: 80-81; minha tradução).

Os autores referem-se a um "sonho totalitário" (2000a: 85; minha tradução), a um "nirvana pedagógico" (Antelo, 2000b: 47; minha tradução), a um "otimismo fundamentalista" (Antelo e Abramowski, 2000b: 51; minha tradução), baseado no ideal — e, portanto, na meta — de que haja uma sociedade, um aluno, uma aprendizagem, sem conflitos, sem negatividades, sem faltas ou interrupções. Baseada nesse tipo de pressupostos — girando em torno de que a plenitude existe, sendo não apenas possível, como desejável —, essa tradição opera, através de uma significativa vontade ordenadora, no campo do pensamento e da ação, produzindo e ao mesmo tempo buscando aniquilar tudo o que falta para que a educação possa realizar-se plenamente.

Nesse sentido, a Pedagogia e os sistemas escolares vêm se constituindo — ao longo das diversas tendências e embates de cada momento histórico — a partir de um profundo rechaço à indeterminação. Seus discursos hegemônicos apóiam-se em esquemas de causalidade linear, em redes causais de explicação baseadas no que aparece como sendo as condições necessárias, inevitáveis ou determinantes para que a aprendizagem se realize plenamente.

Antelo faz um mapeamento interessante a respeito das definições que circulam sobre o necessário e o contingente.

> Contingente: possibilidade de que algo aconteça. Fato que pode acontecer ou não acontecer. Coisa contingente. Eventual. Risco, perigo, evento. [...] Necessário: Determinado. Que se segue inevitavelmente a sua causa. Aquilo sem o qual (quer dizer a condição) não é possível viver. O que não é suscetível de ser de outra maneira de como é. (Antelo, 2000a: 144-145; minha tradução)

A tradição pedagógica é fortemente constituída pela busca dos *a priori*, dos elementos necessários que não podem faltar para o êxito educativo. Como afirma Antelo, "impossibilidade não é uma palavra agradável à tenacidade pedagógica metafísica. [...] É muito o que não pode ser de outra maneira de como é no campo da educação" (Antelo, 2000a: 150; tradução minha).

O autor problematiza em particular os postulados do que denomina "psico-didática", tendo em vista a força que um certo tipo de discurso alcançou nas definições da Pedagogia contemporânea.

> A psico-didática crê fervorosamente que aquele que aprende, aprende somente na medida em que leva a cabo, em que se cumpre, um processo psico-didático. Se uma criança não aprende é porque não se cumpre uma série de postulados *psi* que funcionam como condições *necessárias* para que algo da ordem da aprendizagem aconteça. (Antelo, 2000a: 139; minha tradução; grifo no original)

E o fracasso nessa cadeia causal costuma ser pensado como falta, das mais variadas ordens. Alguns desses postulados sobre os quais os autores se debruçam criticamente são, por exemplo, os de que a aprendizagem — não qualquer uma, mas a efetiva aprendizagem — só se realiza quando há "interesse" e "motivação" das crianças, quando se parte de seus "saberes prévios" ou quando as aprendizagens tornam-se "significativas", pois se articulam à realidade imediata das crianças. Conforme esse tipo de discurso, faltando tais condições, ocorrem os problemas de aprendizagem e, sobretudo, para o que interessa especialmente nesta pesquisa, ocorrem os problemas disciplinares.

No entanto, e apesar de tudo, constata-se que faltam aulas que funcionem plenamente, falta harmonia, falta entendimento, faltam aprendizagens significativas, falta disciplina.

> Não há estratégia didática que permita livrar-nos dos "do fundo", dos que atentam contra o transcorrer da aula, interrompendo-a, dos desatentos, dos que resistem, dos sediciosos que se levantam e se sentam, dos ávidos da visita ao banheiro, dos que contaminam e parasitam (na) a classe, dos de sempre. (Antelo e Abramowski, 2000a: 79-80; minha tradução)

O combate à ambivalência, à contingência, ao indeterminado, ao que falta, também está presente na tradição pedagógica que define o que é ou deve ser a disciplina na escola. E, tendo em vista o que há de atual na questão lançada por Foucault de que as escolas apresentam (ainda) intrigantes semelhanças com as prisões ou os quartéis, não se trata da definição de uma disciplina, em meio a outras possíveis. Na mesma direção apontada por Bauman em termos da bifurcação entre ordem e desordem, a indisciplina, sendo a negação da disciplina, constitui-se como "pura negatividade", funcionando apenas para afirmar e legitimar toda a "positividade" do que é estabelecido como disciplina.

A indisciplina costuma ser pensada como "aquilo que impede [...] a disciplina [de] constituir-se como tal" (Antelo, 2000b: 65; minha tradução), não sendo apenas sua ausência, mas sua impossibilidade. E também se pode pensar que, no afã de combater tudo o que a nega, a vontade disciplinadora da escola seja tanto "autodestrutiva", quanto "autopropulsora", na direção do que antes foi citado no âmbito do pensamento de Bauman a respeito da noção hegemônica de ordem durante a Modernidade. Quanto mais se define, se esquadrinha, se busca produzir e controlar a criança disciplinada, mais se abre o campo de emergência para as crianças indisciplinadas, as que a qualquer momento podem não se enquadrar, não se adaptar, negar ou não corresponder aos padrões que estabelecem o que é a criança disciplinada. Sendo assim, a escola produz sua (in)disciplina diária.

Nesse sentido, uma das questões fundamentais é a pergunta por que o combate ao que falta, ao que diz não, ao conflito, é tão central na história da Pedagogia e dos sistemas escolares, pois esse é um dos pilares da definição das relações entre a disciplina e a indisciplina na escola. O ideal parece ser o de que não haja crianças indisciplinadas na escola, que todas colaborem, entendam, aprendam, obedeçam, respeitem. Pensando que o conflito, a negação, a resistência são inerentes ao exercício do poder — e que não é possível, nem desejável, pensar uma relação da qual estejam definitivamente banidos —, trata-se de problematizar o que nos leva a agir em direção à anulação das diferenças, dos conflitos, daquilo que vemos como negatividades absolutas; trata-se de problematizar que tipo de lógica, de Pedagogia, de cultura escolar, estabelece o que falta, baseada em quais pressupostos, apoiada em quais práticas, produzindo que tipo de efeitos.

Se há uma forte tradição da "Pedagogia da Completude", baseada na necessidade de vigilância constante, de controle rígido, extensivo ou pormenorizado do que acontece no cotidiano escolar — como, por exemplo, através das enraizadas homogeneizações de sentidos e usos do tempo ou do espaço escolar, do "engessamento" ao qual o corpo infantil é tradicionalmente submetido na escola, dentre outras características —, há uma sobrecarga sobre seu papel disciplinador e, portanto, sobre o campo que define o que é a criança indisciplinada, pois são tantos aspectos a serem controlados, homogeneizados, normalizados, que o campo da indisciplina não somente é produzido, quanto, em certo sentido, incentivado. Trata-se de problematizar a indisciplina em uma direção próxima da que Foucault (1999b) pensou a sexualidade, ou seja, não tanto como o "inimigo", mas como o suporte para a multiplicação infinita das operações de disciplinamento.

Por exemplo, se a escola insiste em manter as crianças "parafusadas" nas carteiras, movimentando-se estritamente dentro dos rígidos padrões permitidos, ela induz a possibilidade de que parte delas saiam como "bombas atômicas prontas a explodir" para o "recreio" ou que apresentem tantos problemas disciplinares nas aulas de Educação Física; da mesma forma, só há problemas disciplinares durante as formações de filas porque a escola, nesse sentido, continua se parecendo com os quartéis, ou com as prisões, dado que, se não houvesse filas, não poderia haver indisciplina nas filas. E assim é que a indisciplina é produzida pela escola. Se não fosse isso, haveria, certamente, outros campos para a produção da indisciplina, mas não estes que há tanto tempo consomem as energias escolares. Quanto mais há o que vigiar, mais vigilância será necessária e mais se estenderá o campo para a transgressão, algo que coloca a engrenagem disciplinar sempre funcionando com certas margens de eficiência, mas também de significativa ineficiência.

É possível também se aproximar dessa lógica acentuadamente controladora através da pesquisa de Milstein e Mendes (1999). Deter-me-ei, agora, em alguns dos elementos analíticos trazidos por esses autores que me parecem ajudar a esclarecer melhor o papel controlador desempenhado pela Pedagogia e pela escola na contemporaneidade, bem como no de auxiliar possíveis articulações com uma certa tradição pedagógica e com a problemática da disciplina, como elemento ordenador do cotidiano escolar.

A Pedagogia e sua ênfase no controle: o exemplo dos jogos escolares

Milstein e Mendes salientam a grande importância que as(os) professoras(es) presentes em sua pesquisa conferem às atividades que se apresentam na escola sob a forma de jogos, não perdendo de vista tratar-se do cotidiano das séries iniciais do ensino fundamental. Tais docentes assinalam as inúmeras vantagens pedagógicas que vêem na utilização dos jogos, no sentido da facilitação das aprendizagens de cunho intelectual, afetivo e moral, tendo por base uma proposta de ensino prazeroso que motive os alunos e evite os problemas disciplinares.

A grande surpresa são as situações conflitivas, inesperadas e angustiantes por eles relatadas quando os jogos acontecem nas salas de aula: algumas crianças agitam-se muito, outras não querem participar, outras não entendem. "O resultado de muitos jogos que proponho é traumático tanto para mim quanto para as crianças, dado que produz nelas uma grande ansiedade e desordem e em mim um fracasso como coordenadora" (Milstein e Mendes, 1999: 58; minha tradução).[1] Conforme os autores, "o jogo que propunham não interessava às crianças, ou não as divertia, ou não se instalava na proposta com naturalidade, ou não o entendiam, ou faziam algo diferente do proposto, o que produzia, quase sempre, muita 'desordem'" (ibid., 1999: 56; minha tradução).

As várias narrativas dos docentes apontam para uma tensão central, relacionada ao que esperam ou supõem que deve acontecer e o que na prática acontece quando as crianças jogam na escola. Os autores sistematizam dois tipos de interpretação para tal tensão a partir dos depoimentos coletados junto aos docentes. Um deles remete à noção da falta, ou seja, a noção de que a aplicação do jogo resultou problemática porque faltou nos docentes ou nas crianças "alguma coisa": clareza nas explicações, adequação quanto ao momento de usá-lo, atenção ou interesse por parte das crianças etc. O outro tipo de interpretação remete às tensões apontadas pelos docentes em termos das contradições ou ambigüidades existentes entre respeitar os "interesses ou necessidades da criança" e ao mesmo tempo a

---

1. Tendo em vista a riqueza dos depoimentos colhidos junto aos docentes participantes da pesquisa de Milstein e Mendes, a partir desse momento poderei citar partes de alguns deles.

obrigação de ter que corrigi-la, estabelecendo-lhe os hábitos valorizados pela escola (ordem/atenção/disciplina etc.).

Tudo isso remete os autores à identificação do que aparece como "arbitrário cultural escolar dominante" — na direção do que já foi explicado no Capítulo 1 — em termos dos sentidos atribuídos ao jogo e à infância, algo que atua fortemente no cotidiano escolar, já que, nesse caso, os docentes continuam usando a estratégia dos jogos em sala, mesmo vivenciando recorrentes frustrações.

As análises feitas por Milstein e Mendes apontam para alguns pressupostos articulando necessariamente infância e jogo, sendo que funcionam como certezas inquestionáveis, "biologizadas" ou naturalizadas no senso comum pedagógico. Nas oficinas voltadas para essas questões, feitas com os docentes, emergiram como parte do "arbitrário cultural dominante" termos definindo as crianças, em certas ocasiões, como

> "obedientes", "submissas", "caladinhas"; em outras ocasiões [as crianças são identificadas como] "desobedientes", "rebeldes", "contestadores". "Carinhosos", "mimosos", mas também "egoístas". "Espertos", "curiosos" e "inteligentes", mas por momentos "estão na lua" e "se distraem facilmente". (Milstein e Mendes, 1999: 62; minha tradução)

Milstein e Mendes destacam aí duas características. Uma aponta para o acento dado pelos docentes ao que faltaria na criança, suas "carências" ou "defeitos", posto que a ênfase das colocações recaía sempre naquilo que incomodava mais, ou seja, na mobilidade, agitação, contestação ou na desobediência das crianças. A outra aponta para o permanente duplo sentido das críticas feitas pelos docentes, marcadas por "uma insuperável ambivalência ou ambigüidade: de um lado..., mas por outro lado..." (Milstein e Mendes, 1999: 63; tradução minha).[2]

Tais características remetem ao processo histórico tanto de "pedagogização do jogo" ou de "infantilização do jogo", quanto de "infantilização da criança", como colocam Milstein e Mendes. A "infantilização da criança" associa-se ao que é discutido por vários autores e autoras (cf. Bujes, 2002, Corazza, 2002a, e Narodowski, 1994), quando, por exemplo, estudam a própria invenção da infância, na passagem entre a Idade Média — período em que, dentre outros aspectos, as crianças não contavam com espaços, instituições ou saberes especificamente

---

2. Situar ambigüidades ou contradições é parte recorrente da argumentação desses autores. No que se refere às minhas intenções, passarei a citá-las não no sentido de aludir a uma suposta ou inevitável superação, mas na direção de detalhar o apontamento dos conteúdos presentes nos discursos e nas práticas pedagógicas da atualidade.

voltados para elas, crescendo em meio às práticas sociais dos adultos — e a Idade Moderna, quando se desenvolvem saberes e técnicas que vão construindo a infância a partir de características específicas necessárias, universais, naturais ou biológicas, enfatizando traços de dependência, imaturidade e desprestígio, na medida em que tomam como padrão ideal os significados construídos em termos do mundo adulto.

> A ambigüidade nos comportamentos das crianças quando jogam responde à construção de um sujeito desvalorizado, ou valorizado por traços de pouco prestígio (sensibilidade, fragilidade, afetividade, emotividade), que, tanto pelo que tem, como pelo que não tem, pelo que é, como pelo que não é, resulta puerilizado. [...] O jogo — essa atividade "natural" das crianças — é interpretado como pouco sério, relevante ou significativo por contraposição às práticas sociais da vida adulta. Assim, vem-se produzindo o processo de *infantilização do jogo,* quer dizer, sua desvalorização como não prática dos adultos e sua desvinculação da vida cultural, ao transformá-lo em uma sorte de atividade transitória, ainda que necessária, em certa etapa do desenvolvimento evolutivo dos indivíduos. (Milstein e Mendes, 1999: 64-65; minha tradução; grifo no original)

Vinculado a tais noções, o jogo é infantilizado, aparecendo como algo necessário para o "bom" desenvolvimento infantil, ainda que também sujeito a desqualificações, porque os discursos pedagógicos supõem que deva ser progressivamente abandonado pela escola, na medida em que se aparta da seriedade do mundo adulto, mundo para o qual as crianças estão sendo preparadas para viver.[3] Os autores assinalam que a atividade de jogar, sendo entendida como algo típico da criança, é historicamente transposta para o universo escolar, tendo em vista três exigências básicas: a exigência de que o jogo colabore ou instrumente as aprendizagens consideradas fundamentais para as crianças, no campo da matemática, língua etc.; como prática que pode revelar possíveis "distúrbios" em seu desenvolvimento; e como uma das formas importantes de corrigir hábitos vistos como inadequados, que "prazerosamente" podem converter-se em adequados tendo em vista a sua predisposição "natural" ao jogo.

Como apontam Milstein e Mendes, os usos escolares dos jogos são, assim, especialmente vinculados aos significados que estabelecem o que é a ordem no cotidiano escolar — ordem curricular, moral etc. —, sendo direcionados no senti-

---

3. Vale notar que, se de um lado as práticas de jogos na sala de aula tendem a decrescer, na medida em que a escolarização avança — ou na medida em que as crianças vão se tornando adultas —, por outro lado cada vez mais os jogos aparecem como estratégias relevantes na educação e em programas de treinamento de adultos, como, por exemplo, nos que se dão no campo empresarial (programas de qualidade total etc.).

do de ensiná-la, reforçá-la, internalizá-la. A "pedagogização do jogo" é ainda explicada pelos autores, na medida em que o jogo, tal como costuma ser jogado fora da escola, é transposto para a lógica escolar.

> Os jogos escolares da sala têm objetivos que os orientam, relativamente alheios ao jogo em si mesmo, claros e certeiros, relacionados com o ensino e a aprendizagem e, portanto, vinculados a necessidades individuais de rendimentos e comportamentos; a ordem está predeterminada com independência da atividade e se desenvolve dentro dos limites espaço-temporais simbólicos próprios da ordem escolar; sempre implicam a intenção de se conectar com o sentido de realidade precisamente porque supõe a apreensão de algum aspecto do real. (Milstein e Mendes, 1999: 69; minha tradução)

Já os jogos como práticas sociais caracterizam-se por apresentar uma ordem com certas margens de flexibilidade, expressando objetivos relativamente incertos, pois remetem ao universo do jogo em si mesmo, que acontece mediante a invenção de tempos e espaços simbólicos que reordenam a realidade, "ficcionalizando-a" de modo relativamente independente da ordem moral. Tais jogos tendem a se dar a partir das tradições que lhes são próprias, sendo que as brigas ou os conflitos não os interrompem necessariamente: basta haver a disposição para seguir jogando.

> Os que participam dos jogos escolares de sala necessitam fazê-lo dentro do enquadramento "isto é a escola". Daí que os conflitos e brigas entendam-se como perturbações e costumem ocasionar a interrupção da atividade. Este "jogo" está previamente "armado" pelo professor, que muito ocasionalmente joga, mas sempre coordena, dirige, avalia. Vive-se como um problema o fato de que alguém prefira não participar, e isso em geral tem mais relação com uma "tradição" didática que com uma tradição de jogo. (Milstein e Mendes, 1999: 70; minha tradução)

E essa tradição didático-pedagógica remete à pretensão totalizante de controlar o mais possível tudo o que acontece no processo educativo das crianças, sob a minuciosa regulação que a lógica escolar busca efetuar. No caso da utilização do jogo na escola, dizem os autores, suas implicações finais remetem "à produção da subjetividade do sujeito adaptado e 'normal', ao controle do imaginário das crianças como um dos aspectos chaves de sua socialização" (ibid., 1999: 55; minha tradução). Busca-se cooptar sua dinâmica própria, deslocando-o para a lógica escolar, na qual é convertido em instrumento para atingir especialmente o que se consideram os verdadeiros fins educacionais, ou seja, aqueles relacionados às aprendizagens cognitivas ou morais, seja no sentido de facilitá-las, seja de fixá-las ou corrigi-las. É por isso que freqüentemente tais manobras ocasionam conflitos, angústias e frustrações. A escola trata da "constante necessidade de canalizar, adaptar, corrigir o jogo das crianças para tornar suas ações compatíveis com os mandatos da socialização normativa, disciplinadora e homogeneizadora" (Milstein e Mendes, 1999: 72; minha tradução).[4]

Penso que esse tipo de características pode ser aproveitado para ilustrar a lógica geral presente quando se afirma que algo foi "pedagogizado", tendo em vista as tradições da Pedagogia Moderna. Assim, a "pedagogização do jogo" (e de tudo o mais que é usado na lógica escolar) refere-se a esses tipos de dinâmicas necessariamente instrumentais — justificadas a partir de necessidades e fins superiores —, vinculadas à exigência da constante intervenção do professor em sentidos controladores e às várias pretensões totalizantes no direcionamento dos comportamentos infantis. Tal "pedagogização" é indissociável do que se entende por infância, o que remete aos processos de "infantilização das crianças", ou seja, aos discursos e práticas pedagógicas que constituem a infância a partir do que definem como sendo suas características universais e necessárias, acentuando traços de dependência, imaturidade e desprestígio, um contexto que me parece ser muito mais favorável às relações de culpabilização do que de responsabilização.

Em direções similares, esses autores abordam o que chamam de estética no cotidiano escolar, entendida para além do que acontece estritamente nas aulas de Educação Artística e tendo em mente como o bonito ou o belo são ensinados na escola. Não me deterei nesses aspectos, mas deixo aqui a sugestão de que se busque essa leitura.

"A vigilância estaria integrada à relação pedagógica?"

Assim, a necessidade de constante vigilância remete a esse tipo de tradição pedagógica que, apesar de pressupor "positividades" na condição infantil — seu caráter criativo, espontâneo, original, disponível —, tende a enfatizar os traços que demandam intervenções instrumentalistas, corretivas e controladoras. A imperiosidade dessa forma de observação, voltada para a vigilância, pode ser especialmente notada em narrativas do seguinte tipo:

---

4. Os autores finalizam essa parte da discussão ressaltando a importância dos estudos genealógicos sobre o jogo, tendo em vista a perspectiva de que "o jogo escolarizado não pode ser entendido com independência das 'estratégias' que historicamente foram elaboradas para conservar as crianças e a fantasia — também 'infantil' — no lugar apropriado". (Milstein e Mendes, 1999: 74; minha tradução)

Ocorrência 106. O aluno Clodoaldo Silva Sampaio, na data de hoje, [data] "x", *desde a hora da entrada está infringindo as normas da escola*. Primeiramente, a professora Rejane trouxe-o para a Coordenação pois o mesmo disse que sua mãe viria buscá-lo. Após confirmar com as Pedagogas que isso não era verdade, aluno e professora voltaram para sala. Pouco tempo depois, Clodoaldo estava novamente na sala da Coordenação sem a autorização da *professora, que teve que sair da sala, deixando os outros alunos, para vir atrás do Clodoaldo*. Conversamos com o menino e o levamos novamente para a sala. Na hora do recreio, Clodoaldo desentendeu-se com alguns colegas, que disseram que ele estava usando calcinha(s). Então, Clodoaldo abaixou as calças mostrando para os colegas suas partes íntimas. O aluno foi levado para a Coordenação e enquanto a pedagoga Verônica conversava com ele, este saiu correndo pegou seu material e tentou fugir da escola, sendo resgatado pelo inspetor Leôncio. Conversamos com Clodoaldo e ficou decidido que o mesmo só entraria na escola no dia seguinte com a presença da mãe ou responsável. [Constam a data abreviada e a assinatura da pedagoga.]

Ocorrência 107. Aos "x" dias de "x" [mês] de "x" [ano], foi convocado entrevista com a professora Amanda para que ela pudesse explicar o fato ocorrido ontem (dia "x") com a turma "x", a qual a professora assumia. A Amanda *soltou a turma 10 minutos antes para brincar livremente* e acabou sumindo todo o material da aluna Jussara. *A pedagoga colocou a necessidade de se fazer uma atividade dirigida mesmo que seja uma brincadeira fora de sala* e que as malas fiquem na sala com a porta trancada. [Constam a data abreviada e a assinatura da pedagoga.]

Ocorrência 108. Aos "x" dias do mês de "x" de hum mil novecentos e noventa e "x", foram trazidos à sala da Coordenação os alunos: Elbio B. Lisboa, Heitor M. Severo, Gaudino O. Dressler e Beatriz V. Porto da série "x", para resolver um *problema de briga* entre os mesmos. *Segundo os alunos a briga teve início no momento em que a professora* Lavínia [nome da disciplina] *se ausentou da sala para buscar um xerox*, na sala ao lado. O Elbio bateu na Beatriz com uma corrente de clips, porque ela estava apagando o quadro. Os alunos se desculparam entre si na presença da professora e das pedagogas. [Constam "Curitiba", data por extenso, as assinaturas de duas pedagogas e outra, irreconhecível.]

Na primeira ocorrência, menciona-se o inconveniente de a professora ter "que sair da sala, deixando os outros alunos [sozinhos] para vir atrás do Clodoaldo". Na segunda, o problema acontece porque a vigilância não foi devidamente operacionalizada. E é interessante notar que um dos encaminhamentos apresentados para evitar novos problemas semelhantes é o de buscar assegurar o controle e a vigilância, mesmo quando as crianças brincam livremente, através da sugestão "de se fazer uma atividade dirigida". E no terceiro exemplo, há a narrativa sobre uma briga ocorrida justamente quando a professora "se ausentou da sala para buscar um xerox".

Mais uma vez, recordo minhas experiências como professora "primária". Corriam-se muitos riscos ao deixar as crianças "abandonadas à sua própria sorte". Duas das principais "receitas" para evitar problemas e confusões eram manter as crianças sempre trabalhando e evitar deixá-las sozinhas. Um dos grandes "fantasmas" da indisciplina — a ausência do olhar vigilante da(o) docente e das demais autoridades escolares — ainda parece estar bem vivo no cotidiano escolar.

Assim, a dimensão vigilante aqui problematizada, ou o que há de criminoso e de pecaminoso na lógica disciplinar que impulsiona os livros de ocorrência, não está associada a toda e qualquer Pedagogia, mas a um tipo específico de tradição pedagógica, ainda fortemente localizável no cotidiano escolar atual, na qual a constante necessidade de vigilância se faz imprescindível. Não se trata de pressupor que tudo o que acontece diariamente na escola vincula-se ao tipo de tradição pedagógica que vem sendo delineada neste trabalho. No entanto, tratando-se das especificidades apontadas no funcionamento dos livros de ocorrência, as vinculações com tal tradição são vistas aqui como fundamentais.

O repensar da dimensão vigilante das práticas pedagógicas e o movimento de lhes imaginar outras formas possíveis remete, nada mais, nada menos, à totalidade das bases sobre as quais a escola se assenta. No esforço de abordar alguns de seus elementos, tratarei, no próximo capítulo, de questões relativas aos processos de normatização e de normalização a partir do que as narrativas dos livros de ocorrência constituem como problema disciplinar (e como foco de vigilância) com relação a alguns dos parâmetros básicos sobre os quais a escola se organiza: a relação disciplinar estabelecida com o tempo, o espaço, as atividades e com as autoridades escolares.

CAPÍTULO 4
Livros de Ocorrência, Normatização e Normalização

> De perto ninguém é normal.
> (Veloso, 1986)

Considerações preliminares: normatização e normalização

Quero, inicialmente, chamar a atenção para a significativa importância que o respeito às normas escolares, ou termos correlatos, adquire nas narrativas dos livros de ocorrência. Eis alguns exemplos:

> **Ocorrência 109.** Aos "x" dias do mês de "x" de hum mil novecentos e noventa e "x" o aluno Estanislao foi trazido à sala da Coordenação Pedagógica pela professora Glória. Segundo a professora o Estanislao não se interessa pelas atividades de Educação Física e com isso só perturba os outros que querem participar, prejudicando assim as aulas da professora. No dia de hoje ele arremessou uma pedra que passou do lado da professora, que se tivesse acertado teria machucado a mesma. Dentro da sala de aula com a professora regente e os professores de aulas especiais ele vem aprontando desde o início do ano. Por diversas vezes foi advertido pela equipe Pedagógico Administrativa e de nada adiantou. *Fica o aluno e a família ciente de que se houver uma outra advertência a mãe terá que providenciar outra escola para o mesmo estudar já que ele não se adapta às normas e regulamentos*

da escola. [Constam a data, a assinatura da pedagoga e outras duas irreconhecíveis; ao final, consta escrito que a mãe não compareceu.]

Ocorrência 110. Aos "x" dias do mês de "x" de "x" estiveram na sala da direção os alunos Miguel S. Brok e o aluno Adroaldo Freitas Coutinho [citado nas ocorrências 33 e 101] ao qual foram trazidos pelo guarda ao qual constatou que o aluno Adroaldo deu um chute no Miguel e disse que o mesmo o pegaria lá fora. Os dois disseram que é brincadeira na minha frente. *Alertei os mesmos para as normas da escola. Ficam avisados que se houver próxima brincadeira desse tipo serão suspensos.* [Constam a data, as assinaturas dos dois alunos.]

[Já citada como ocorrência 74]. Os alunos Ernani Bernardes, Pery Furlan, Jonas C. de Brito, Ubaldo Vaz e Abraão Rangel, não se comportam na sala de aula desrespeitando a profa. e brincando de puxar o material dos colegas e escondendo. *Todos foram alunos da escola nos anos anteriores e sabem do regulamento.* Os pais serão convocados para tomar ciência do fato e caso venha a se repetir as brincadeiras e a falta de respeito com colegas, professores e demais funcionários seremos obrigados a relatar as ocorrências ao Conselho Tutelar para providências. [Constam a data, a assinatura da pedagoga e as assinaturas das mães dos cinco alunos, duas delas com a impressão digital do polegar.]

Trata-se de um conjunto de narrativas que, dentre os vários aspectos mencionados, referem-se à importância de as crianças respeitarem as normas vigentes na escola, entendendo-as praticamente como sinônimo das regras estabelecidas. Tais normas disciplinares, muitas vezes, não são explicitadas no cotidiano das escolas, permanecendo intocadas em seus fundamentos, finalidades e efeitos sobre as subjetividades, na medida em que tendem a ser tomadas de modo naturalizado, automatizado, como parte de um dia-a-dia escolar que não é questionado. Tendo em vista os momentos em que essas regras aparecem de modo explícito, cabe retomar algo do que consta escrito no regimento escolar então vigente no momento em que coletei os dados empíricos dessa pesquisa. Selecionei alguns trechos mais diretamente ligados ao que abre o campo para a realização de atos indisciplinados por parte dos(as) alunos(as).

No regimento, dentre os deveres referentes ao alunado, consta:

[...] executar tarefas definidas pelos docentes [...]; cooperar na manutenção da higiene e na conservação das instalações escolares, responsabilizando-se por danos [...]

que vier a causar; respeitar seus colegas e todos os profissionais da Escola; [...] cumprir as determinações [da Escola]; cumprir e fazer cumprir horários e calendários escolares; comparecer pontualmente às demais atividades, mantendo assiduidade.

Dentre as proibições referentes ao alunado, destaco:

> [...] tomar decisões individuais, que venham a prejudicar o processo pedagógico; ocupar-se, durante o período de aula, com atividades estranhas ao saber pedagógico; [...] utilizar sem a devida permissão qualquer material pertencente a outros alunos; trazer para a escola material de qualquer natureza estranha ao estudo; [...] agredir verbal ou fisicamente colegas, professores e demais funcionários da Escola; [...] entrar e sair da sala durante a aula, sem a prévia autorização do respectivo professor; [...].[1]

Portanto, fica especificado no regimento escolar um conjunto de comportamentos sob a forma de deveres das crianças e outro de proibições, entendendo-se que as últimas são mais categóricas do que os primeiros, embora estes também abram o campo de constituição do comportamento indisciplinado por parte do alunado. Assim, ficam estabelecidos deveres com relação a pontualidade, assiduidade, respeito para com todos os sujeitos da escola, responsabilidades quanto à conservação das instalações escolares e o dever de cumprir as tarefas definidas pelas autoridades escolares, dentre outros. Já o leque de prescrições relativo às proibições aponta, a princípio, para o que está vedado incondicionalmente ao alunado, como, por exemplo, agredir física ou verbalmente as pessoas.

Mais do que me deter no aprofundamento das questões passíveis de problematização existentes neste regimento, interessa-me aproveitar aquilo que as narrativas exemplificam em termos dos tipos de situação e de comportamento que constituem transgressão concreta a essas regras. Dessa maneira, a dimensão generalizante existente em todo regimento adquire detalhamentos e sentido em ato.

Outra questão preliminar remete aos sentidos que darei ao termo "norma". Tal como aparece nos exemplos antes citados, o comportamento indisciplinado é apresentado como aquele que, genericamente, desrespeita as normas ou regras estabelecidas na escola. Esse tipo de entendimento sobre o que constitui a disciplina está também presente em definições tomadas como pontos de partida nas discussões feitas por diversos autores. Por exemplo: "Se entendermos por disciplina comportamentos regidos por um conjunto de normas [...]" (La Taille, 1996: 10); "A disciplina enquanto 'regime de ordem imposta ou livremente consentida que convém ao funcionamento regular de uma instituição (militar, escolar, etc.)', im-

---

1. Ver nota 21 do capítulo 1.

plicaria na observância a preceitos ou normas estabelecidas" (Guimarães, 1996: 73); "Entende-se o ato indisciplinado como aquele que não está em correspondência com as leis e normas estabelecidas por uma comunidade, um gesto que não cumpre o prometido e, por esta razão, imprime uma desordem no até então prescrito" (França, 1996: 139); e "[...] a noção de disciplina como ordenadora e padronizadora do comportamento [...]" (Carvalho, 1996: 132).

Todas essas são definições de disciplina que transitam em torno de noções como um conjunto de normas/regras/padrões estabelecidos por uma comunidade/instituição/sociedade sobre seus componentes a fim de assegurar um funcionamento ordenado da coletividade. O recorrente entendimento de que a disciplina implica respeito a um conjunto de regras ou normas aponta para uma dimensão de equivalência entre ambas, correspondência que também pode ser encontrada no senso comum.

É possível considerar que, no pensamento foucaultiano, as normas adquirem dois sentidos básicos. Um se articula exatamente a essa dimensão de equivalência entre normas e regras, o que remete ao âmbito do que Schmid (2002) coloca em termos de normatização, em uma perspectiva não excludente, ou não contrária à problematização feita por Foucault no âmbito da ética.

Veiga-Neto, em explicações dadas em sala de aula,[2] ressaltava que o termo "normatização" está inserido no campo do regramento, referindo-se às ações de citar normas, de escrevê-las, de organizá-las. Conforme aponta Schmid, o tipo de problematização feita por Foucault sobre a questão da norma não pressupõe haver sociedades nas quais inexistam restrições, ou parâmetros de cunho obrigatório e universal de ordenamento das relações sociais. Quando tais parâmetros desembocam no âmbito da normatização, depreende-se que o relevante é que esse conjunto de normas possa ser permanentemente avaliado, criticado e reinventado, no sentido de os sujeitos estabelecerem relações ativas e criativas consigo próprios.

> Agora bem, como são, em geral, possíveis as normas universalmente obrigatórias? Desde que pressupostos? Somente partindo da base de que as regras para a formação da normatividade descansam no consentimento dos indivíduos e que elas não aspiram a normalizar sua maneira de autoconstituir-se nem tampouco a submetê-los a uma "normalidade". Somente sob esta condição poderiam ser aceitáveis as decisões de estabelecer a *normatividade* (validade fundamentada e obrigatoriedade), sem, ao mesmo tempo, prescrever *normalidade* (formas de vida dominadas por normas). [...]

---

2. Curso "Os estranhos", ministrado por Alfredo Veiga-Neto durante o primeiro semestre de 2001 e oferecido no âmbito da linha de pesquisa Estudos Culturais em Educação, vinculada ao Programa de Pós-Graduação em Educação da UFRGS, em Porto Alegre.

Agora bem, como resulta evidente que as exigências de validade universal de uma normatividade nunca são capazes de obter o consentimento de todos os indivíduos, é preciso que a crítica individual possa conformar um corretivo permanente. Somente quando a particularidade individual é tomada em consideração cabe estabelecer pelo geral uma pretensão de validade. Deste ponto de vista, a ética individual não se contradiz à normatividade, ainda que, sim, impeça a submissão a uma normalidade. (Schmid, 2002: 84-85; grifos no original; minha tradução)

O outro sentido básico dado à questão da norma no pensamento de Foucault vincula-se aos mecanismos de normalização, estes sim excludentes ao enfoque dado à questão da ética.[3] Conforme Veiga-Neto enfatizava nas aulas, o termo "normalização" refere-se ao movimento de trazer o outro para a norma no sentido de torná-lo normal. Volta-se para o enquadramento de alguém ou de algo na faixa da normalidade, significando deslocá-lo da anormalidade para colocá-lo no campo do normal. Nessa direção, se a norma seria o produto final da *normatização*, o normal seria o produto final da *normalização*.

A produção do normal

Em *Vigiar e punir* (1977) Foucault chama a atenção para a centralidade de um tipo específico de sanção que funciona à base da normalização: a *sanção normalizadora*.

O poder disciplinar e a circulação da norma a este atrelada agem por meio de castigos voltados para a correção dos indivíduos que cometem os "pequenos crimes" no cotidiano das instituições. Mas, subentende-se que o estabelecimento de normas está para além do funcionamento dessa micropenalidade no âmbito das disciplinas, orientando a formulação de padrões conforme as mais variadas estratégias constitutivas dos indivíduos e não necessariamente atrelado à aplicação de castigos. O poder disciplinar normaliza e essa normalização, de acordo com Foucault (1977: 159-164), ocorre mediante cinco operações articuladas em suas especificidades: *comparação, diferenciação, hierarquização, homogeneização* e *exclusão*.

---

3. A normalização das formas de existência é excludente à ética foucaultiana, na medida em que se destina a objetivar e subjetivar os indivíduos a partir de padrões ou modelos homogeneizantes, desconsiderando, assim, a dimensão da singularidade implicada no âmbito da ética e da estética da existência. Como já anotado, voltarei com mais detalhamento às questões éticas na produção de Foucault no último capítulo deste livro. Por outro lado, para maiores esclarecimentos sobre uma diferenciação entre normatizar e normalizar, ver minha tese de doutorado (Ratto, 2004: 42-59; 68-69; 207-248).

Por intermédio da *comparação*, ligam-se os atributos das individualidades aos das multiplicidades, o que cria as condições necessárias ao cálculo e estabelecimento de todo um campo de semelhanças, de diferenciações e de graduações. Nesse sentido, a comparação funciona ao mesmo tempo como base para a *diferenciação* entre os indivíduos, para a definição de quem é cada um e para o estabelecimento das regras que serão válidas para todos, regras que funcionam como um padrão mínimo, uma média ou uma meta máxima a nortear as expectativas e intervenções formativas com relação a todos os indivíduos. Assim, criam-se as condições para um constante movimento de *hierarquização* baseado em operações de quantificação e de qualificação dos indivíduos, com cálculos numéricos e definição de lugares para cada um, tendo em vista seu comportamento, aptidões, rendimento, ou qualquer outro atributo que se queira medir.

Comparando, diferenciando e hierarquizando, cria-se um campo cerrado de forças que constrangem em direção ao combate dos desvios, com a *homogeneização* de todos. Por fim, o poder disciplinar opera, em certo sentido, por *exclusão*, pois, no limite, surge a figura do anormal, com o estabelecimento de uma espécie de exterioridade, sobre a qual repousará e se desenvolverá todo um esforço de reinserção, de normalização.

A norma atrelada à produção da normalidade é também enfocada por Foucault a partir do apontamento de uma outra "família" de tecnologias — distintas das disciplinares — que começa a surgir, conforme Foucault, mais especificamente a partir de meados do século XVIII, voltando-se em especial para o controle do corpo-espécie, para a gestão da vida das massas: o biopoder.[4]

---

4. Tal qual o poder disciplinar, também age pela ordenação da multiplicidade, mas o fará com ênfases específicas. O alvo principal dos saberes e das técnicas de intervenção típicas desse biopoder será a população, que só então surge como problema ao mesmo tempo político e científico: uma população a ser mapeada, analisada, medida e, ao mesmo tempo, governada, regulada, administrada, visando sobretudo ao estabelecimento de mecanismos que tendam a promover o equilíbrio ou a compensação diante das várias flutuações que marcam suas dinâmicas globais. Tomam impulso saberes e técnicas vinculadas à estatística, à medicina, ao serviço social, à administração pública ou privada, subsidiadas pela invenção de métodos de observação, medição ou de intervenção, todos voltados para problemas atrelados à administração das populações. As ações giram em torno de processos que adquirem relevância do ponto de vista coletivo, como aqueles pertinentes a natalidade, mortalidade, fecundidade, doenças, higiene pública, longevidade, riscos, anomalias, condições de moradia, marginalidade e criminalidade — como prolongar a vida, como buscar relações compensatórias entre as taxas de natalidade e mortalidade, que fazer com a velhice, com os acidentes que podem incapacitar a produtividade das pessoas —, os temas relativos aos campos do auxílio-previdência, dos seguros, do incentivo à poupança, da organização de campanhas educativas dirigidas às populações para o estabelecimento de regras de higiene ou o combate de doenças. O problema ainda é incrementar a rentabilidade das forças, mas através de formas distintas das que caracterizam o funcionamento do poder disciplinar. Para mais detalhamentos, ver as obras aqui citadas de Foucault e, dentre outros, minha tese (Ratto, 2004: 49-56).

Foucault destaca que o estabelecimento da norma será central para o funcionamento de ambos os tipos de poder: "A norma é o que pode tanto se aplicar a um corpo que se quer disciplinar quanto a uma população que se quer regulamentar" (Foucault, 1999a: 302), circulando nos procedimentos voltados para a subjugação do corpo individual, mas também nos voltados para o controle no nível da população.[5]

Com o alastramento das disciplinas e das biopolíticas para o conjunto do corpo social, as leis seguem tendo sua importância, mas o princípio que passou a apresentar mais funcionalidade e plasticidade para o estabelecimento das relações sociais é o da norma. "Isso porque vivemos em uma sociedade na qual o crime já não é mais simplesmente nem essencialmente a transgressão da lei, senão o desvio em relação a uma norma" (Foucault, 1993: 69; minha tradução).

François Ewald (1993) faz importantes considerações sobre o funcionamento da norma — quando associada à normalização — no pensamento de Foucault. Nesse sentido, ressalta que "normalizar é produzir normas, instrumentos de medida e de comparação, regras de juízo" (Ewald, 1993: 99), definindo a norma como "uma medida, uma maneira de produzir medida comum" (ibid.: 88). No contexto disciplinar, a norma atua sobre o corpo individual especialmente na medida em que o liga com outros corpos e produz individualidades através de modos de comparação que estabelecem parâmetros voltados para a formatação de todas as individualidades e, ao mesmo tempo, de cada uma delas. A norma funciona principalmente como elo de ligação, de comunicação, entre as várias individualidades produzidas a partir do poder disciplinar. "Uma norma corresponde a uma proposta de unificação do diverso, que não tem nenhum sentido isoladamente" (Portocarrero, 2004: 179).

A norma articula-se com o exame e a vigilância hierárquica na medida em que direciona o que deve ser olhado e corrigido na formação das individualidades, institui objetos em meio ao campo de visibilidade que cria, ao mesmo tempo que estabelece parâmetros para o que deve ser examinado. É próprio da norma ser princípio de comunicação dessas individualidades e, ao mesmo tempo, o elo que possibilita que estas sejam constituídas a partir do poder disciplinar. "A norma é a

---

5. E mesmo sem perder de vista as especificidades sob as quais age o poder disciplinar e o biopoder, Foucault afirma recorrentemente que ambos se complementam, sustentam-se um ao outro, coexistem nas várias políticas de controle dos sujeitos presentes, em escolas, fábricas, famílias, hospitais ou igrejas. Estes lugares funcionam tanto através de operações individualizantes sobre a capacitação do corpo de cada um, quanto de intervenções baseadas nas técnicas voltadas para os fenômenos de conjunto, relacionados à dimensão do corpo-espécie.

referência que se institui a partir do momento em que o grupo é objetivado sob a forma do indivíduo" (Ewald, 1993: 84).

Isso se entende na medida em que a norma se refere a determinada maneira de objetivar as pessoas e as coisas, de tomá-las como objetos de conhecimento, de definição e de ação. A norma permite individualizar indefinidamente até os ínfimos detalhes, permite estabelecer as diferenças e os desvios incessantemente. Essa maneira necessariamente age por comparação, "[constitui] o um a partir do múltiplo" (Ewald, 1993: 108), insere o indivíduo em um grupo e assim retira os parâmetros para individualizar a todos. Por isso, "[a norma] é uma pura relação [...]. A normalização é uma maneira de organizar esta solidariedade que faz de cada indivíduo o espelho e a medida do outro" (Ewald, 1993: 86 e 104).

Ewald aponta que, a rigor, o anormal não é o outro da norma: ele está dentro da norma, está previsto pela norma. O raciocínio é o de que a pessoa anã e a gigante estão, ambas, dentro das variações possíveis do atributo da altura, que todo ser humano possui. A diferença não introduz uma alteridade tal que envie a um completamente outro. Mas isso não quer dizer que não haja partilhas, nem processos de valorização e, conforme aponta Ewald (1993), esta é a questão maior, ou seja, a de problematizar como essas partilhas internas efetuam-se e com quais efeitos sobre o conjunto das individualidades — isto é, quem é o anormal e o normal de cada situação, como são definidos, que qualidades e defeitos adquirem, o que devem suportar em termos de relações de poder. Naquela perspectiva rigorosa, a norma procede fundamentalmente por inclusão, por assimilação inclusive de tudo o que parece excedê-la: "Não que a exceção confirme a regra. Mas antes, que se encontra na regra" (Ewald, 1993: 87).

Feitas tais considerações, passarei a enfocar, neste capítulo, à luz das narrativas dos livros de ocorrência, certas normas referentes a alguns dos parâmetros básicos a partir dos quais a escola se organiza e estabelece aquilo que é necessário a seu ordenamento cotidiano. Trata-se de problematizar algumas das regras instituidoras do comportamento disciplinado e indisciplinado das crianças, tendo em vista o tipo de relação que elas são ensinadas a estabelecer com o tempo, o espaço, as atividades e com as autoridades escolares. E, no movimento de questionar a normatização que direciona o tipo de disciplinamento veiculado através dos livros de ocorrência, analisarei alguns aspectos relacionados aos processos de normalização implicados nestas dinâmicas disciplinares.

Assim, a disciplinarização das crianças depende de um extenso conjunto de aprendizagens com relação aos padrões e regras comportamentais estabelecidos na escola, tendo em vista as exigências relativas às várias relações interpessoais, aos vários espaços, tempos ou atividades existentes em seu cotidiano. Disciplinar as crianças significa fazer com que elas incorporem — internalizem dentro de si, de seu corpo — sentidos e práticas de ordenamento a serem estabelecidas com todos esses aspectos — tempo, espaço, atividades e autoridades, dentre outros. O que diverge desses vários ordenamentos tende a converter-se em sinônimo de indisciplina, abrindo o campo para os comportamentos sancionáveis.

Desse modo, se a "ordem" está associada à imobilidade do corpo infantil na sala de aula, as andanças ou correrias que aí se dão tendem a ser definidas como sinais de indisciplina. Se a regra está atrelada à imperiosidade do silêncio na escola, as conversas ou os gritos tendem a constituir ações sancionáveis. Se a norma está associada às expectativas de um ensino pleno, baseado na harmonia, no entendimento, na ausência de conflitos, como foi explorado no capítulo anterior, tudo o que nega esse tipo de expectativa tende a converter-se em comportamento indisciplinado. Começarei por abordar alguns dos aspectos relacionados à normatização, no que se refere à questão dos significados e usos do tempo na escola.

Controle, pontualidade e homogeneização: "tempo útil, tempo de produção"

Com relação ao tempo escolar, as narrativas mencionam problemas disciplinares relativos a atrasos, desrespeito ao sinal ou ao fato de se "fazer certas coisas na hora errada", como é o caso de deixar para tomar água ou ir ao banheiro depois que bate o sinal de término do "recreio", ou nos casos em que as crianças brincam, em vez de fazer tarefas ou as atividades exigidas. A normatização vigente com relação ao tempo, nesses aspectos, relaciona-se sobretudo com o cultivo da pontualidade, do uso homogeneizado ou sincronizado do tempo e de que "há hora certa para tudo". As seguintes narrativas exemplificam essas dimensões:

> **Ocorrência 111.** Os alunos Leopoldo N. Alferes, Margarida C. Lobo, Noêmia X. Razolini, Olga B. Sem, Olívia M. Amarante e Nicole P. Gravina, *não estão respeitando as normas da escola, não respeitam o sinal de entrada do recreio, deixam pra ir tomar água depois que o sinal já bateu. Se houver reincidência do fato os pais serão convocados para ciência e providências.* [Constam data e assinatura da pedagoga.]

> **Ocorrência 112.** O aluno Damaceno Luiz Pacheco [citado nas ocorrências 32, 44 e 45], da série "x", foi trazido a sala da Coordenação Pedagógica pela pedagoga Verônica, *por ter saído da sala de aula sem autorização da professora Flavia. Quando chegou na porta da sala da*

coordenação se negou a entrar e ficou brincando e tirando sarro da cara da pedagoga Verônica, voltando em seguida para a sala onde ficou segurando a porta para a pedagoga não entrar, dizendo que tinha autorização da professora para sair. Antes da pedagoga chamar sua atenção, ela consultou a professora e já havia avisado os alunos de que ela iria lavrar a ocorrência dos meninos que saíssem da sala de aula sem autorização prévia da professora. *Existem vários meninos que saem da sala a hora que eles querem e ainda fazem pouco das ordens da professora. Se o fato voltar a ocorrer, será enviado relatório ao Conselho Tutelar.* [Consta apenas a assinatura da pedagoga.]

Ocorrência 113. Os alunos Isidoro e Jerônimo *estavam brincando no horário de aula* e foram informados de que se isso ocorrer novamente, os pais serão chamados a comparecerem na escola para serem comunicados. [Constam as assinaturas dos dois alunos.]

Ocorrência 114. Os alunos Severino F. Brunati, Sócrates B. Calderari e Teodorico V. Brante, *chegaram às 9 horas e 10 minutos na escola*, pois estavam no Farol do Saber [espaços públicos vinculados à Prefeitura de Curitiba construídos na forma de farol, contendo biblioteca e serviço de informática] para fazer uma pesquisa para a irmã do Sócrates. *A professora não autorizou a entrada dos mesmos na sala.* [Constam a rubrica da pedagoga, a data e as assinaturas dos dois alunos.]

No primeiro exemplo, há a menção de que a regra da escola é a de que as crianças respeitem os sinais. Neste caso, o que sinaliza para o começo e o final do "recreio". É durante o "recreio" que as crianças devem aproveitar para tomar água e ir ao banheiro. Satisfazer essas necessidades fora do tempo de "recreio", portanto, abre o campo de constituição para o comportamento indisciplinado, passível de punição e correção, correção esta a ser garantida pela própria criança ou, se necessário for, pelos seus pais, ameaça especificada nesta narrativa.

No segundo exemplo, as normas que o aluno transgrediu referem-se principalmente à exigência de respeitar as autoridades, que não devem ser ridicularizadas, devem ser obedecidas etc. No entanto, há também a menção de que "existem vários meninos que saem da sala a hora que eles querem", sendo que tal saída depende estritamente da autorização da professora ou de alguma outra regra que estabeleça quando isso pode acontecer, como, por exemplo, quando o sinal soa.

A terceira narrativa trata da conhecida regra de que não se pode brincar durante o tempo das aulas, supondo-se que isso possa acontecer desde que haja autorização da professora. É bom ressaltar que esta regra e todas as demais são relativizadas por uma das regras escolares mais importantes, ou seja, a de que tudo depende da permissão das autoridades e da obediência a elas, assunto ao qual voltarei mais especificamente depois.

O último exemplo refere-se à pontualidade, regra que costuma ser vivida de modo bastante rigoroso pelas escolas. A narrativa remete a uma situação de atraso e traz a conseqüência de a professora não ter autorizado a entrada dos meninos na sala, o que alude aos espaços de autonomia do corpo docente.

Assim, há que ser pontual, há que aprender a noção de que existe o tempo certo para tudo, há que se sujeitar aos usos padronizados do tempo, válidos para cada um e ao mesmo tempo para todos. Nesse sentido, as aprendizagens escolares valorizam, sobretudo, a internalização de que o tempo escolar deve ser usado do modo mais homogêneo e sincronizado possível, tornando condenável tudo o que ameaça essa norma.

Voltando à pesquisa realizada por Milstein e Mendes (1999), um dos critérios de ordenamento do cotidiano escolar mais comum observado nas práticas de ensinamento dos docentes é exatamente o que se refere à homogeneização de tempos e ritmos, o que não exclui, no entanto, haver também muitas variações nas maneiras de ensinar e atuar sobre tais parâmetros junto às crianças. Por exemplo, os autores apontam variações quanto às formas de começar e terminar uma aula ou atividade, quanto às formas de comunicar esses parâmetros às crianças, quanto aos diferentes acomodamentos e reações com relação aos usos e significados do tempo, universo este que indica os constantes ajustes e desajustes efetuados no cotidiano escolar.

Os autores também abordam a importância do tempo do recreio na regulação do tempo para as atividades regulares de sala. Às vezes, a professora deixa que algumas crianças saiam para o "recreio", mesmo sem ainda ter batido o sinal, geralmente porque elas concluíram as tarefas previstas. Às vezes, a professora utiliza-se da aproximação temporal do "recreio" para estimular que as crianças se apressem — "os que se apurarem vão poder sair para brincar antes"; "se fazem tudo bem e rapidinho, vão ter mais recreio" (Milstein e Mendes, 1999: 46; minha tradução).

Às vezes, porém, algumas das crianças não querem sair para o "recreio" porque ainda não terminaram as tarefas, mesmo quando a professora sinaliza que o tempo para fazê-las terminou e que não há problemas. Então, a professora precisa convencer essas crianças a sair: "Não se preocupe, depois você vai ter tempo de terminar. Está lindo o sol, vamos sair" (Milstein e Mendes, 1999: 46; minha tradução). Ou ainda, às vezes, a professora retém algumas das crianças em sala porque elas não terminaram as atividades previstas: "Como antes se dedicaram a brincar, agora, quando o resto das crianças brincam, vocês têm que trabalhar" (Milstein e Mendes, 1999: 46; minha tradução). E nem sempre, nesses casos em que o tipo de relação estabelecida com o "recreio" funciona como punição, a professora fica em sala com essas crianças. No entanto, aquilo que é relevante, como os próprios autores salientam,

> [...] não se situa no plano das variantes mas no fato de se conseguir a coincidência grupal em relação ao uso do tempo e em que sejam os professores que o decidem e controlam. [...] É evidente que nas turmas de primeiro ano das escolas observadas, não se impõe um único ritmo estritamente uniforme, mas há uma certa regularidade. Poderíamos dizer que os professores apelam para múltiplas maneiras de atuar e falar para regularizar o ritmo da classe, quer dizer, para incorporar todas as crianças a um ritmo medianamente uniforme. E este ritmo uniforme não é nem muito acelerado, nem muito lento. Manifesta-se na constante insistência dos professores por regular a "velocidade" em diversos momentos da aula. (Milstein e Mendes, 1999: 47; minha tradução)[6]

O que vale reter, por enquanto, é que, para além das ricas variações e margens de flexibilidade observadas nas práticas dos docentes, especialmente tendo em vista as observações feitas nas salas das crianças menores, aquilo que lhes é comum com relação à regulação do tempo escolar remete à tendência de um uso homogeneizado, uniforme ou sincronizado, características que já estavam colocadas por Foucault em *Vigiar e punir*, como um dos campos básicos de controle e ordenamento exercido cotidianamente pelas relações de poder de tipo disciplinar. Um dos grandes méritos dessa pesquisa dos autores argentinos é o de buscar aproximações a respeito de como as várias formas de ordenamento se dão cotidianamente, nas escolas de hoje.[7]

No que se refere aos livros de ocorrência, devem funcionar em meio a essa variedade de formas possíveis de regular a utilização do tempo escolar, apontando

---

6. Voltarei a essa questão da busca pelo "sentido médio", que nessa citação aparece sob a forma de "um ritmo medianamente uniforme", na seqüência deste capítulo, tendo em vista outro critério comum de ordenamento observado na prática dos docentes pesquisados por Milstein e Mendes: a busca do "equilíbrio através do justo meio", baseado na noção central de que os extremos não são desejáveis.

7. O que aponta, desde já, para a relevância de buscar especialmente o aprofundamento de pesquisas etnográficas voltadas para a identificação dos significados e usos constitutivos dos parâmetros de organização da escola, como são o tempo e o espaço, ou a definição das atividades escolares, em suas implicações disciplinares cotidianas, na atualidade.

em particular para uma forma coercitiva de disciplinamento, baseada em advertências, ameaças ou punições. Os livros de ocorrência indicam exatamente para o que há de inflexível, de rigoroso, de impreterível ou inevitável em torno do objetivo maior de controlar extensivamente o uso do tempo na escola. Como afirma o ditado popular, "se não for por bem, que seja por mal" que as crianças aprendam a imperiosidade de certos ensinamentos. Essa parece ser a mensagem final dada pelos livros de ocorrência: "[se] não respeitam o sinal [...], os pais serão convocados"; "[uma vez que chegaram atrasados na escola] a professora não autorizou a entrada dos mesmos na sala"; "se o fato voltar a ocorrer [se os alunos continuarem saindo da sala na hora em que quiserem], será enviado relatório ao Conselho Tutelar".

Nessa perspectiva, os livros de ocorrência vinculam-se a um tipo específico de lógica disciplinar que sinaliza para o momento em que as margens de tolerância deixam de existir, sejam lá quais forem. A dimensão ameaçadora, inflexível, coercitiva presente nas narrativas remete àquela tradição pedagógica delineada no capítulo anterior, que, nesse caso, se expressa por uma tendência de rigorosidade quanto aos usos homogeneizados do tempo ou à pontualidade. Conforme tal lógica, aquilo que decisivamente parece importar para o estabelecimento da ordem escolar é o controle e homogeneização intensos sobre a utilização do tempo ali empregado, com o combate à ociosidade e a transformação máxima do tempo "em tempo de trabalho [e de produção]" (Foucault, 1996: 116) ou em "tempo útil" (Foucault, 1977: 137), convertendo tendencialmente em indisciplina tudo o que pode interromper o ritmo massificante e intensamente produtivo estabelecido.

Essa tradição pedagógica remete ainda à conhecida desproporção existente entre o tempo de trabalho e o tempo de "recreio", este comprimido no tempo médio e "fulminante" de quinze minutos. Não deixa de ser intrigante o "ritmo fabril" que a escola segue impondo ao tempo de permanência da criança na escola. Um dos alunos entrevistados na pesquisa de Guimarães exprime-se de forma bem-humorada:

> O tempo é marcado e ocupado de modo que seja utilizado intensamente. O aluno deve ser rápido, cumprindo as atividades que lhe são determinadas: "Você chega... você vai tomar merenda, certo. Você pega aquele filão do INPS lá (risos). Sai de lá e pega outro filão, o do banheiro, e acaba o tempo. Você só pode comer e ir ao banheiro e subir. Você não pode ter uma conversa diferente para distrair um pouco, pra depois, na hora que você sobe, estar com a cabeça assim limpa pra você aproveitar as próximas aulas. Então você tem que ir ao banheiro rápido, voltar, comer rápido e pronto e subir". (Guimarães, 2003: 74)

A problematização das relações que a escola estabelece com o tempo não significa pressupor que certas regras de organização ou ordenamento com relação a este fator não devam existir, sobretudo se não perdemos de vista estar em jogo a viabilização das relações entre tantos sujeitos que devem conviver juntos. O que chama a atenção é a tendência de inflexibilidade, ou ainda a tensão que paira sobre o conjunto dos envolvidos, mesmo quando pode haver certa flexibilidade nas relações estabelecidas em torno das regras.

Em direções similares às que antes foram apontadas em termos da transposição dos jogos para a lógica escolar, há que se perguntar sobre que tipo de Pedagogia converte, por exemplo, um mero "fazer pipi", no momento em que isso se faz necessário, em foco de tensão. Aquilo que fora da escola é vivido como um básico ato de "fazer pipi" — em que as pessoas simplesmente se levantam e caminham em direção a um banheiro para satisfazer sua necessidade —, dentro da escola pode converter-se em momento potencial de confusão. Deleuze, entrevistando Foucault, faz a seguinte provocação:

> Não são apenas os prisioneiros que são tratados como crianças, mas as crianças como prisioneiras. As crianças sofrem uma infantilização que não é a delas. Neste sentido, é verdade que as escolas se parecem um pouco com as prisões, as fábricas se parecem muito com as prisões. Basta ver a entrada na Renault. Ou em outro lugar: três permissões por dia para fazer pipi. (Foucault, 1982: 73)

"Um lugar para cada coisa e cada coisa em seu lugar"

Com relação ao espaço escolar, há nas narrativas menções à invasão de espaços, a correrias ou andanças na sala, à recusa de ficar ou trocar de lugar, à depredação ou incorreto uso do espaço e dos objetos nele dispostos ("subiu pelas carteiras, rasgou os cartazes das equipes"), mau comportamento, empurrões ou brigas nas filas. Os pressupostos são os de que cada criança e cada coisa tem um lugar próprio, além de que cada espaço escolar e cada coisa existente nesse espaço têm regras de utilização próprias. As seguintes narrativas exemplificam essas dimensões:

> [Já citada como ocorrência 77.] Os alunos Farid N. Cartaxo, Nivaldo C. Sprenger e Moysés Pombo [citado na ocorrência 98], *pediram licença para a professora para irem ao banheiro, só que em vez de irem ao banheiro invadiram a sala da professora Jurema, para tirar os tazos do Isaías. Os 3 estão proibidos de usarem o banheiro fora do horário do recreio.* [Consta a data.]

Ocorrência 115. Os alunos Dirceu, Celso e Vicente, no dia de hoje, *tumultuaram as aulas com conversas, risadas, andanças e intrigas* (série "x"). As profas. Iolanda e Teresa encaminharam os mesmos, pois não há condições de trabalhar. Foi conversado sério com eles. [Constam a data e a assinatura da pedagoga.]

Ocorrência 116. Os alunos Fernando M. Falcão e Gaspar X. Mastena, da série "x", foram trazidos à Coord. Pedag. pois *estavam atrapalhando a aula (brigando, jogando bolinhas um no outro e correndo na sala)*. [Constam a data e as assinaturas dos dois alunos.]

Ocorrência 117. A aluna Filomena B. Szurek da série "x" no dia "x" na aula de Ed. Física não respeitou o prof. de Ed. Física (Rômulo) *não quis trocar de lugar na sala* e ainda disse palavrões e recusou-se a conversar com a coordenadora sobre o assunto. [Não consta assinatura de ninguém.][8]

Ocorrência 118. A aluna Betina V. Grimm (série "x") mesmo na presença da inspetora Vânia, *subiu pelas carteiras, rasgou os cartazes das equipes,* puxou o cabelo de suas colegas (relato da profa. Sara) e acabou ofendendo a inspetora. A mãe será convocada para conversar com a profa. (3ª feira, dia "x"). [Constam data, assinaturas da pedagoga, da aluna e de sua mãe.]

Milstein e Mendes analisam também a centralidade que os usos e significados do espaço têm na construção do ordenamento cotidiano da escola. Um dos critérios comuns observados nas práticas das(os) docentes presentes em sua pesquisa refere-se aos ensinamentos sobre a máxima "um lugar para cada coisa e cada coisa em seu lugar" (Milstein e Mendes, 1999: 127; minha tradução), ou aos de que cada um tem seu lugar próprio — "este é teu lugar" (Milstein e Mendes, 1999: 39; minha tradução) —, o que vale para cada criança isoladamente, em grupo, ou para as/os professoras(es), algo que Foucault indicou em termos de "cada indivíduo no seu lugar; e em cada lugar, um indivíduo" (Foucault, 1977: 131).

Os autores levantam diversas formas de definir esse lugar próprio nas práticas de tais docentes — filas, círculos, duplas, pequenos grupos —, sendo que o professor é referência central para a constituição do lugar escolar da criança e das coisas: basta um olhar seu para indicar, por exemplo, que a aula não poderá começar ou terminar porque algo ou alguém está fora de lugar; ou conforme o ensina-

---

8. Ocorrência retirada do livro de ocorrência "resumido".

mento de que há maneiras corretas de deslocar-se no espaço: "com sapatos de algodão" (Milstein e Mendes, 1999: 43), assinalando que não deve haver barulhos, nem carteiras arrastadas. Tudo isso vai regulando e inscrevendo nos corpos infantis "a predisposição a experimentar o espaço da sala como um espaço constituído de lugares" (Milstein e Mendes, 1999: 127; minha tradução).

Quando é a professora quem muda a criança de lugar, às vezes esta se nega à mudança, às vezes se alegra e às vezes há indiferença. E a professora age deslocando a criança ou como forma de reorientar uma atividade que esteja apresentando problema; ou no sentido de aproximar a criança de si, como um sinal afetivo; ou ainda como um tipo de punição, exilando a criança de seu lugar próprio e afastando-a de sua "vizinhança". Nem sempre as mudanças de lugar das crianças são vividas pelos docentes como desordem, "mas é comum que o 'não ficar em seu lugar' produza ao menos uma mirada ou uma observação através de um gesto ou palavra" (Milstein e Mendes, 1999: 40; minha tradução).

As muitas variantes encontradas pelos autores, no entanto, partilham o pressuposto de que cada um tem seu lugar próprio, assim como cada coisa também o tem. O extenso conjunto de atividades cotidianas com relação à definição dos lugares próprios das coisas, das crianças e das professoras, vai constituindo o sentido de ordem e desordem, assim como o dos limites, como importantes balizadores para a constituição das relações disciplinares a serem estabelecidas entre os corpos e o espaço. O uso da sala de aula, da cozinha, do banheiro, do pátio, da sala da direção etc., é regulado por um conjunto de posturas corporais, permissões, proibições e valores, alguns comuns e outros específicos e próprios de cada situação e de cada momento, sendo que aquilo que "está fora de lugar", que escapa das prescrições estabelecidas, tende a ser experimentado como sinônimo de desordem, algo que, acrescento eu, abre o campo da constituição dos comportamentos indisciplinados.

Na mesma direção já apontada antes no âmbito do tempo escolar, Milstein e Mendes assinalam que a variedade nas maneiras através das quais as crianças são distribuídas no espaço e sua mobilidade é maior nas primeiras séries, marcadas por maior tolerância e flexibilidade também no que se refere aos ensinamentos a respeito das corretas e incorretas ocupações dos corpos no espaço. Xavier e Rodrigues, em estudo recente sobre as formas de trabalho pedagógico nas turmas de pré-escola e das séries iniciais do ensino fundamental de uma escola da prefeitura de Porto Alegre, identificam o mesmo tipo de característica, apontando para a crescente imobilidade e silêncio exigidos das crianças, tanto maior quanto mais elas avançam na seriação. Quanto às disposições do espaço físico:

Na pré-escola, por exemplo, o tipo e a disposição do mobiliário é, em geral, compatível com o tamanho das crianças e com propostas coletivas de trabalho, já na primeira série, as classes e cadeiras, estão, muitas vezes, dispostas em duplas e, na quarta série, elas são organizadas com muita freqüência, de uma a uma, em filas, voltadas para o quadro-de-giz e para a mesa da professora. (Xavier e Rodrigues, 2002: 34)

As autoras enfatizam a progressiva rigidez e monotonia que vão caracterizando o trabalho pedagógico neste percurso.

À medida em que a escolarização avança, o uso de recursos pedagógicos fica reduzido, basicamente, ao quadro-de-giz, livro didático, caderno e folha mimeografada, [...] cópias, [...] muitas cópias, [...], fragmentação do tempo (50 minutos para cada disciplina), [...] ênfase dada ao silêncio e à imobilidade, [...] Não há tempo para perguntas, novas hipóteses, curiosidades [...]. A escola não se permite considerar o lúdico [...]. Acaba por se privilegiar, em sala de aula, a busca do silêncio, da imobilidade, da ordem, que é o que tradicionalmente a escola sempre fez. (Xavier e Rodrigues, 2002: 34-35)

Isso remete também aos vários problemas disciplinares ocorridos nas filas, as "eternas" filas por intermédio das quais os corpos infantis tendem a ser obrigados a se movimentar dentro do espaço escolar.

Ocorrência 119. Os alunos Sergio Luka, Thales A. Gavazoni e Toni N. Maestreli, da série "x", *estão sendo advertidos por mau comportamento na fila de entrada do recreio.* [Consta a data abreviada e as assinaturas dos três alunos.]

Ocorrência 120. O aluno Valdir R. Pompéia foi advertido e trazido até a coordenação pela professora Úrsula, *por bater em seus colegas na fila.* [Constam a data e a assinatura da pedagoga.]

Tomando esse aspecto recorrente presente na organização das escolas como exemplo, o das filas, cabe não perder de vista mais uma vez que só existem problemas disciplinares nas filas porque a escola baseia a organização do deslocamento das crianças no espaço em filas. Certamente existiriam outros problemas disciplinares, mas não os que faz tanto tempo se relacionam com a existência de filas. Na direção do que vem sendo recorrentemente afirmado em diferentes momentos deste trabalho, há que se questionar os problemas disciplinares a partir do tipo de lógica que os gera, dos pressupostos, efeitos e ensinamentos que tendem a privilegiar. No caso das filas, o ensinamento principal parece ser o de que os corpos infantis devem estar sob constante ordenamento, vigilância, uniformização e mobilidade controlada.

Mais uma vez, não se trata de imaginar que não devam existir filas ou regras de ocupação e de relacionamento dos corpos infantis com o espaço. Trata-se de questioná-las a partir do contexto em que se insere sua lógica e efeitos. Este é o movimento analítico que precisa nortear as difíceis escolhas a serem feitas no cotidiano escolar. O critério ordenador baseado no princípio de que cada um e cada coisa tem seu lugar próprio, se levado à obsessão e ao "totalitarismo", reconduz ao tipo de crítica feita por Bauman (1999) à vontade ordenadora presente nos rumos tomados pela Modernidade, com todas as implicações que tal enfoque tem na definição do que é ou deve ser a disciplina escolar.

E também aqui emerge a questão de que a lógica pedagógica pela qual os livros de ocorrência funcionam sinaliza para o momento em que as margens de tolerância deixam de existir, aparecendo então o que há de fundamental, de impreterível ou inevitável nesse tipo de relações disciplinares. Não que tais margens "devam ser (ou não devam ser) infindáveis", mas esse ponto-limite, no caso dos livros de ocorrência, traz consigo tudo o que pode haver de criminoso, acusatório, ameaçador ou punitivo nas relações disciplinares.

Voltando aos exemplos apresentados no início desta seção, tem-se a narrativa em que a professora autorizou os meninos a saírem da sala para irem ao banheiro (abrindo uma exceção à regra), eles se aproveitaram da situação para desobedecer a uma outra regra (invadiram outra sala para tirar o brinquedo de outro aluno) e foram punidos com o retorno da norma inicialmente flexibilizada, mas agora reapresentada em todo seu rigor e inflexibilidade: os meninos "estão proibidos de usarem o banheiro fora do horário do recreio" (ocorrência 77). Ou a narrativa em que a menina "subiu pelas carteiras, rasgou os cartazes das equipes, puxou o cabelo de suas colegas e acabou ofendendo a inspetora": a aluna descumpriu vários tipos de regras. A conseqüência? Uma nova instância de coerção sobre a criança é acionada, por meio da convocação de sua mãe na escola (ocorrência 118). Ou ainda a narrativa em que os alunos "tumultuaram as aulas com conversas, risadas, andanças e intrigas" (ocorrência 115), quando as crianças são encaminhadas para a pedagoga, para essa espécie de "tribunal superior de justiça", na direção do que foi analisado no Capítulo 2.

Tais questões remetem a pelo menos dois leques de problematização. Um deles relaciona-se à própria lógica disciplinar e em suas implicações "criminosas", através da qual qualquer um (mas especialmente as crianças), a qualquer momento, pode ser alvo de acusações. O outro se refere ao questionamento da própria normatização que define as bases do ordenamento escolar e, portanto, do tipo de disciplina a ser implantado cotidianamente.

Como foi apontado com relação ao uso das filas, tem-se, por exemplo, que as "andanças" ou "correrias" na sala constituem-se como indisciplina a partir da regra, nem sempre explicitada, de que o corpo infantil deve movimentar-se no espaço sob estreitos limites, devendo estar sob permanente vigilância, controle ou direcionamento na escola, regra que, por sua vez, articula-se com o conjunto dos aspectos configurantes do ordenamento escolar, relacionando-se com o que se considera ser necessário que as crianças aprendam, de que forma, em qual tempo ou ritmo etc. Tal normatização, portanto, está inserida em um contexto extremamente complexo, no qual os vários aspectos ordenadores do cotidiano escolar se inter-relacionam compondo a totalidade das bases sobre as quais a escola se assenta, merecendo serem analisados em suas especificidades, mas também no contexto abrangente que lhes articula, ou seja, na direção do projeto, ou da concepção, de infância, de educação, de ensino e de disciplina que lhes dá sentido.

A transmissão da herança cultural às novas gerações: "conteudismo" e extenso leque de obrigações

Com relação às atividades ou tarefas desenvolvidas pelas crianças, a tendência presente nas narrativas é a de repreendê-las ou por não fazê-las, ou por fazê-las de modo incompleto ou incorreto, geralmente apresentando junto outros tipos de problemas disciplinares, como brigas, palhaçadas, mau comportamento, brincadeiras, dentre outros. Eis alguns exemplos:

> **Ocorrência 121.** Aos "x" dias do mês de "x", Dona Virgilina X. Baraúna, avó do aluno William P. Baraúna (série "x"), compareceu à Escola a pedido da coordenação pedagógica. Foi relatado que o aluno *está faltando muito às aulas normais e de recuperação, não traz material e faz as tarefas incompletas.* [Constam a data abreviada, as assinaturas da pedagoga e a da avó.]
>
> **Ocorrência 122.** O aluno Raimundo Tribek *não faz as tarefas* (só qdo quer), *irrita a professora com brincadeiras como, subir na carteira, fazer "palhaçada" para que os colegas riam,* etc. Cansada de chamar a atenção do aluno a professora pediu que o aluno assinasse o livro de ocorrência; sendo que da próxima vez o aluno só entrará nas depen-

dências da escola com a presença dos pais. [Constam a data abreviada e a assinatura do aluno.]

Ocorrência 123. O aluno Heráclito Cavalcante [citado nas ocorrências 25, 29, 41 e 79], série "x", Profa. Sibele, compareceu hoje, dia "x", na Coordenação Pedagógica, pois *além de não estar fazendo a tarefa quase estrangulou o colega* Damião [citado na ocorrência 40, 75 e 93]. O aluno fica advertido que se este tipo de comportamento se repetir, só entrará na escola c/ a presença da mãe. [Constam a rubrica da pedagoga, as assinaturas do aluno e de sua mãe.]

Ocorrência 124. Os alunos: Zacarias, Zilna, Valéria e Waldomiro estavam brincando na aula de matemática (série "x"). *Deixaram de corrigir a tarefa do caderno, incentivando a turma a brincar/* vide papéis. A Profa. Diana os retirou da sala de aula. [Constam as assinaturas dos quatro alunos e a data abreviada.]

Assim, se há uma tendência de a escola atual organizar-se ainda com base no critério comum de transformar, o mais possível, o tempo escolar "em tempo útil, em tempo de produção", isso só adquire sentido a partir de como concebe e organiza os conteúdos e atividades que julga serem necessários trabalhar com as crianças. É na resolução dessa complicada "equação" — o que ensinar, como e quando ensinar — que adquirem configuração muitos dos aspectos escolares, inclusive os disciplinares.

Tendo em vista os embates históricos mais recentes entre as várias tendências pedagógicas, a problematização dos atuais acomodamentos escolares dados a essa "equação" remete à forte influência que a chamada "Pedagogia Histórico-Crítica" adquiriu a partir dos anos de 1980, no Brasil, especialmente tendo em vista as formulações de Saviani. Esse tipo de discurso crítico, vinculado às tradições marxistas e voltado especialmente para a defesa das classes excluídas, consolidou consensos no âmbito das tendências pedagógicas, graças à centralidade adquirida em torno de temáticas como: o papel da escola na redemocratização da sociedade brasileira, a educação comprometida com a conquista da cidadania e os desafios de articular competência técnica e compromisso político.

Embora as posições da Pedagogia Histórico-Crítica venham sendo objeto de críticas e redimensionamentos, mesmo entre os autores que a defenderam, alguns pontos de suas reflexões tenderam a se tornar de senso comum, especialmente nos meios escolares públicos. Um se refere exatamente à centralidade da aquisição dos conteúdos escolares, diante das problematizações sobre o que caracteriza historicamente a especificidade da escola como instituição social. Saviani (1984), por exemplo, realiza uma revisão crítica de cunho histórico a respeito dos fundamentos e efeitos das principais tendências pedagógicas, ressaltando o que apresenta como o enfraquecimento dos desafios da escola com relação à difusão do conhecimento historicamente acumulado, destacando aí o papel que as Pedagogias "escolanovistas" tiveram sobre a realidade escolar. Daí emerge como questão nuclear a atribuição de a escola trabalhar com a transmissão/apropriação do conhecimento, de forma dinâmica e crítica, mandato que orientou a redefinição dos conteúdos presentes nas várias reformas curriculares desencadeadas no país a partir de então.

A partir desse movimento pedagógico, estabeleceu-se uma tendência curricular "conteudista", em que os professores passaram a ser pressionados pelas exigências de uma extensa lista de conteúdos obrigatórios a serem trabalhados nas várias disciplinas, algo que, a meu ver, acabou por atualizar as tradições pedagógicas existentes na cerrada vinculação do tempo escolar a um "tempo útil", a um "tempo de produção", a um tempo a ser controlado, esquadrinhado e homogeneizado, o mais possível, a fim de que o programa curricular possa ser "vencido".

Pensar sobre como e em que medida tal influência está presente hoje na escola não é tarefa fácil. De um lado, muitas escolas e políticas educacionais oficiais permanecem explicitando compromissos em torno da Pedagogia Histórico-Crítica, dentre outras. Também há o enorme poder que o vestibular tem sobre a configuração da escola como um todo — a ponto de que o ensino de qualidade tenda a ser automaticamente enfocado, em nossa cultura social e escolar, como sinônimo daquele que gera a aprovação no vestibular —, agindo no sentido de estabelecer uma relação "burocrática" e "meritocrática" com o currículo e de reafirmar o aproveitamento máximo do tempo escolar em direção à aprendizagem dos muitos conteúdos obrigatórios. Por outro lado, há as denúncias de que o alunado (especialmente de escolas públicas) conclui cada nível de escolaridade sabendo cada vez menos, no contexto dos efeitos de políticas como as de aceleração de estudos, de ciclos ou das várias pressões que recaem atualmente sobre as escolas, mesmo na organização seriada, no sentido de que reprovem o mínimo possível — todas muitas vezes desacompanhadas das condições básicas para o avanço da qualidade do ensino (precariedades nos investimentos sobre o professorado, na recuperação ou reforço pedagógico para o alunado etc.) —, o que indica, por sua vez, um movimento de enfraquecimento da centralidade das extensas listas de conteúdos obrigatórios.

Tendo em vista esse complexo contexto, cabe renovar as perguntas diárias que as escolas se fazem em torno do que entendem por qualidade de ensino — com destaque para a reflexão em termos do papel e dos efeitos do vestibular sobre a viabilização, por exemplo, de um ensino voltado para a criticidade, criatividade, autonomia etc. — e em termos de suas responsabilidades relativas a transmissão da herança cultural às novas gerações — responsabilidade que subscrevo —, sobre o que é viável ou não, principal e acessório, sobre o que é obrigatório e o que pode fazer parte de a autonomia escolar definir e principalmente ao que interessa aqui, sobre as implicações disciplinares que qualquer definição curricular carrega consigo.

"Os extremos não são desejáveis": a produção de crianças "normais"

Ao examinar as muitas ocorrências existentes nos livros, identifiquei uma que talvez seja emblemática, pois expressa uma aproximação com o tipo de ideal de estudante que informa e define, de alguma maneira, o que é a disciplina e a indisciplina na escola. Manoel foi agredido, mesmo estando "quieto em seu lugar fazendo a tarefa":

> **Ocorrência 125.** Os alunos Geni Penha e Lourenço Figueira, da turma "x", bateram no aluno Manoel que estava quieto em seu lugar fazendo a tarefa, chegando a cortar o lábio do menino. Lourenço disse que bateu nele porque Manoel falou coisas obscenas para ele e Geni porque Manoel bateu em outra menina. Conversamos e todos se desculparam, prometendo não mais incorrer no mesmo erro. [Consta a data, e só a pedagoga assina.]

Manoel parece estar próximo de ser esse aluno, no sentido específico de que ele estava quieto em seu lugar realizando as muitas tarefas estipuladas. É importante considerar, no entanto, que tal quietude seja ideal desde que colocada dentro de certos enquadramentos, relacionados à expectativa de que haja respostas ativas das crianças, seja em termos da execução das atividades programadas, seja do cumprimento do conjunto das regras estabelecidas.

Milstein e Mendes trazem contribuições a respeito de como esses limites são experimentados no cotidiano escolar, o que favorece aproximações também com os modos diários de normalização das crianças. Os autores abordam outro tipo de critério comum de ordenamento escolar (e, acrescento eu, de constituição da criança disciplinada) observado nas práticas dos docentes pesquisados. Trata-se do critério vinculado à noção de que "os extremos não são desejáveis" (Milstein e Mendes, 1999: 125; minha tradução), critério comum também em outros ambientes sociais, mas que se encontra na escola sob formas específicas.

Por exemplo, as(os) professoras(es) da pesquisa de Milstein e Mendes apontam possíveis problemas tanto na criança que é muito agitada, quanto naquela que é muito quieta, tendendo a desconfiar que ambas indiquem anomalias. É o que aparece nas seguintes falas coletadas por estes autores: "— Não é possível que estejam daqui para lá todo o tempo, assim não aprendem. [...] — E não se movia nunca de seu lugar, estava (sempre) em seu lugar com suas coisinhas. [...] Os que se movem não incomodam se estão fazendo algo útil" (Milstein e Mendes, 1999: 121; minha tradução). Os extremos devem ser reprimidos, o que os autores colocam também em termos da busca da(o) docente pelo "equilíbrio através do justo meio", baseada na reiteração do esquema "nem tanto, nem tão pouco" (Milstein e Mendes, 1999: 123; minha tradução). Conforme o observado, a definição da criança que é boa aluna passa pela aproximação com o "justo meio entre dois extremos" (Milstein e Mendes, 1999: 120; minha tradução), tomado como sinônimo do comportamento correto, adequado ou desejável. Tal critério está presente não apenas na definição do bom comportamento, mas também no que aparece como correto em vários textos escolares. Milstein e Mendes citam um texto sobre alimentação que informa, ao mesmo tempo que normaliza e moraliza, estabelecendo a moderação como um dos princípios básicos invariáveis que devem nortear a relação das crianças com os alimentos (mas não apenas com estes), exemplo ao qual voltarei mais adiante.

Encontrei várias narrativas que podem ser interpretadas nessa direção, mencionando problemas de apatia, desinteresse e baixo rendimento ou termos como "muito", "demais", "estranho", "pouco" ou "fraco", indicando que os limites que definem a média do que é aceitável ou esperado foram transpostos.

Ocorrência 126. Aos "x" dias do mês de "x" de hum mil novecentos e noventa e "x", compareceu na escola a Senhora Zenita de Arruda Torres, mãe do aluno Danilo de Arruda Torres [citado na ocorrência 37], da série "x", para relatar que seu filho foi agredido na hora do recreio pelo aluno Procópio A. Granato, também da série "x". O aluno Procópio está acostumado a bater em seus colegas de sala de aula. No dia "x" o aluno foi trazido na Coordenação porque *estava incomodando demais na sala de aula*, foi neste dia que ele agrediu o Danilo. Foi solicitado pela supervisora Verônica a presença dos pais neste dia, mas só compareceu a irmã mais velha, então ficou determinado que ele só entraria na escola com a presença dos pais. [Constam a data, as assinaturas da pedagoga e da mãe de Danilo.]

Ocorrência 127. Aos "x" dias do mês de "x" o pai da aluna Sofia (série "x"), Sr. Durval, esteve na Escola para tratarmos *sobre o baixo rendimento escolar da menina e a situação de apatia qto. ao estudo e aos colegas da classe*. A orientadora fez encaminhamento para uma consulta pediátrica e espera retorno desta. Conforme o resultado fará outro encaminhamento compatível. [Constam a data, as assinaturas da pedagoga e da professora.]

Ocorrência 128. O aluno Gabriel V. Arraes [citado na ocorrência 90], série "x", agrediu duas colegas, derrubou sua carteira, berrou em sala. *Neste dia seu comportamento foi estranho* e agressivo. [Constam a data e a assinatura da pedagoga.]

A mesma busca diária deste "equilíbrio através do justo meio" é analisada por Milstein e Mendes quando se referem à existência de um "tempo de espera" na prática das(os) docentes, especialmente válido para o ensino nas séries iniciais, tempo este que também remete ao critério comum ordenador que busca um "justo meio entre os extremos". Há uma margem de tolerância, que se baseia em noções como as de "ritmo" ou "características próprias de cada criança". No entanto, a partir de certos limites, a criança que não responde a uma espécie de média comportamental é considerada diferente, no sentido de que deve haver intervenção para que ela se conforme aos padrões. "Este tempo de espera não está regulamentado, nem normatizado, ainda que se trate de uma espera 'convencionalmente regrada' e limitada por um suposto básico: em algum momento — que não é qualquer momento — todas as crianças saberão acomodar-se [...]" (Milstein e Mendes, 1999: 122; minha tradução). Para os autores, esse "tempo de espera" é estabelecido a partir de processos que cruzam o que supostamente é individual em cada criança com as características que fazem parte do grupo em que ela está inserida.

> O tempo de espera também se relaciona a traços que individualizam as crianças. Os professores detectam precocemente características vinculadas ao que denominam tempo de maturação, rapidez e lentidão, hiperatividade e excesso de tranqüilidade. Junto ao tempo de espera para o conjunto das crianças e sobre a base dessa individualização, espera-se que o muito rápido, excitado, hiperativo, se acalme e o lento, se apure: de modo tal que ambos possam se incluir em um tempo relativamente homogêneo que permite contextualizar uma classe. (Milstein e Mendes, 1999: 123; minha tradução)

Os autores, mais uma vez, situam o teor das ambigüidades que identificaram no trabalho das(os) docentes presentes em suas pesquisas, agora tendo em vista especialmente o critério de ordenamento relacionado ao "justo meio". De um lado, discursos e práticas que afirmam a valorização de tudo o que pode remeter ao "respeito à individualidade" das crianças, a suas "diferenças individuais" no que se refere, por exemplo, a um "ritmo próprio" de aprendizagem, "sinais de maturação" etc. De outro, impõe-se a necessidade de intervir e, nesse caso, de intervir homogeneizando os comportamentos em direção à normalidade (e à disciplina).

Embora Milstein e Mendes tenham construído suas análises especialmente a partir das contribuições teóricas de Bourdieu, é possível estabelecer relações entre esse critério de ordenamento que apontam nas relações pedagógicas — o do "equilíbrio através do justo meio" — e as considerações de Foucault a respeito dos processos de normalização. De acordo com Milstein e Mendes, trata-se de um critério usado no dia-a-dia do professorado, um critério prático muitas vezes não explicitado, nem regulamentado, mas que define as intervenções pedagógicas sobre as crianças a partir do pressuposto de que "os extremos não são desejáveis". Em direções analíticas semelhantes às de Foucault, estes autores ressaltam que a aplicação desse critério supõe o duplo movimento que individualiza a criança — diante da identificação de suas "características próprias" com relação, por exemplo, à mobilidade de seu corpo, a seu ritmo de aprendizagem, aos sinais de maturidade que expressa — e que a contextualiza no grupo em que está inserida, o que fornece os parâmetros para que as(os) docentes identifiquem certos padrões comuns ao grupo no que se refere aos diversos aspectos, a fim de construir diariamente a normalização, tanto do grupo, como de cada criança.

Note-se que, para Milstein e Mendes, tais docentes não realizam estatísticas ou levantamentos quantitativos precisos, embora eles possam apoiar-se em uma série de saberes especializados prévios que tenham se baseado nesse tipo de metodologia para o estabelecimento dos padrões relativos aos mais variados aspectos. Eles agem fundamentalmente a partir desse pressuposto presente no "arbitrário cultural escolar dominante" de que "os extremos indicam anomalias".

Como foi observado antes, comparando, diferenciando, hierarquizando, cria-se um campo cerrado de forças que constrangem em direção ao combate de desvios e a homogeneização de todos. Na perspectiva foucaultiana, a normalização não implica que sejamos todos "iguais", mas que nos tornemos "parecidos", na medida em que cada um é levado a construir sua individualidade, tomando por base os mesmos padrões ou parâmetros que moldam as ações e comportamentos de todos, o que direciona e restringe significativamente o leque das múltiplas possibilidades de manifestação humana.

Voltando ao bloco de ocorrências antes apresentadas, as narrativas aludem aos diferentes tipos de anormalidade: "estava incomodando demais na sala", a menina apresentava "baixo rendimento escolar e apatia qto. ao estudo", o aluno teve um "comportamento estranho". Ou ainda, como nesta ocorrência não citada, em que a aluna "não fazia as tarefas, apenas ficava olhando para a professora quando vinha". A partir daí, é possível pressupor que "incomodar", "conversar", "não responder ativamente" às demandas escolares, "estar desinteressado", até certo ponto, é aceitável, ainda que esteja fora do padrão ideal.

Mas, como já se apontou, também com relação aos processos de normalização das crianças a lógica que move os livros de ocorrência sinaliza para o momento em que as margens de tolerância e de flexibilidade foram transpostas, emergindo, então, toda a centralidade do que parece ser o mais importante nas relações de disciplinamento: a produção de crianças normais, por intermédio seja de instrumentos pedagógicos baseados em repreensões e punições, seja de outras formas menos perceptíveis e mais sutis. Assim, embora os livros funcionem marcadamente através de proibições, castigos ou ameaças, funcionam em meio a uma enorme produtividade das relações de poder, produtividade voltada para a totalidade dos aspectos que constituem a criança como criança normal.

Tais processos tendem a se dar em meio a um contexto pedagógico que ressalta tudo o que remete ao "respeito à individualidade" da criança, mas que, ao mesmo tempo, se dão em dinâmicas que afirmam o peso de toda uma tradição pedagógica voltada para o intenso controle e homogeneização das condutas ou das "aptidões infantis". Trata-se, segundo Milstein e Mendes, de intervenções pedagógicas que ordenam o cotidiano escolar mediante o pressuposto de que "os extremos não são desejáveis". E, de acordo com Foucault, trata-se de uma tradição que constrange o conjunto dos comportamentos em direção ao campo do normal: comparando-os, estabelecendo-lhes semelhanças, diferenciações, graduações, construindo padrões que funcionam como parâmetros para a identificação e combate aos desvios ou para o enquadramento no campo da normalidade que é instituída com relação a cada um dos aspectos que esteja em foco (interesse, rendimento escolar, postura corporal, ritmo de aprendizagem, maturidade, adaptação às regras escolares etc.). Mais uma vez, o normal também não é em si mesmo "bom" ou "ruim". Por exemplo, uma amiga esteve grávida e ao longo da gestação descobriu-se que o feto estava abaixo dos níveis normais de crescimento, o que viabilizou uma série de cuidados básicos que favoreceram a realização de um bom parto. Penso que problematizar a produção do normal remete, dentre outros, aos desafios de exercitarmos a alteridade, para o que o enfoque foucaultiano da ética e suas críticas aos processos de normalização trazem algum apoio. Um filme recente que me parece situar bem a questão é o *Little Miss Sunshine*, de Jonathan Dayton e Valerie Fars, que retrata uma família bem "anormal" e apresenta formas interessantes de enfocar as relações entre as pessoas (e consigo mesmas).

A relação com as autoridades escolares: a centralidade da obediência às ordens

Como já vimos, talvez a mais importante regra disciplinar que circula através das narrativas dos livros se refira à exigência de respeitar as autoridades escolares. Todas as demais regras parecem estar subordinadas a esta, pois, em tese, as crianças podem "tudo", desde que autorizadas e desde que respeitem as autoridades. Eis alguns exemplos:

> **Ocorrência 129.** O aluno Edmundo B. Romani, da série "x", ao invés de fazer a lição *ficou brincando de tazo, a professora pediu que guardasse-os, o mesmo fingiu não ouvir e continuou brincando.* A professora pegou os tazos para que o mesmo não os utilizasse novamente. [Constam a rubrica da pedagoga, a data e a assinatura do aluno.]
>
> **Ocorrência 130.** O aluno Egídeo *respondeu mal a Profa.* Gabriela. [Consta apenas a data abreviada.]
>
> **Ocorrência 131.** Os alunos Jacques da Silva [citado na ocorrência 17] e William P. Baraúna [citado na ocorrência 121], ambos da série "x", no dia de hoje, dia "x", permanência da profa. Guiomar, *saíram da sala de aula sem pedir permissão à professora* Iolanda. Se houver reincidência do fato, os pais serão comunicados. [Constam a data, a rubrica da pedagoga e as assinaturas dos dois alunos.]
>
> **Ocorrência 132.** Os alunos Leandro, Gregório e Levi — série "x" — estavam quebrando tijolos na hora do recreio e ultrapassaram o portão que separa os recreios, *desobedecendo às ordens da coordenadora* Francisca. [Constam a data e a assinatura da pedagoga.]
>
> **Ocorrência 133.** O aluno Lindolfo Bonin, série "x", *desrespeitou às ordens da profa.* Gabriela, na entrega do lanche. [Consta apenas a data abreviada.]

Ocorrência 134. Ao primeiro dia do mês de "x" de "x" [ano], esteve na escola à pedido da Coordenação Pedagógica a Sra. Leopoldina B. Campos, mãe do aluno Altair B. C. Campos [citado nas ocorrências 18 e 95], da série "x", profa. Alice. Altair não tem realizado de maneira satisfatória as atividades em sala de aula, grita com colegas e professores, *não acata ordens, nem respeita normas*. Foi conversado com a mãe que, se após este diálogo, Altair não apresentar melhora, o caso será levado ao Conselho da Escola. [Constam a rubrica da pedagoga, a da mãe e a da professora.]

As narrativas expressam o desrespeito às autoridades escolares nas seguintes formas: os alunos "debocharam da cara da professora"; o aluno "não tem se comportado bem [...] desrespeitando a professora"; o aluno "fingiu não ouvir [a professora] e continuou brincando"; o aluno "agrediu verbalmente a professora"; o aluno "desacatou a professora"; o aluno "desrespeitou com atitude agressiva o professor"; os alunos "saíram da sala de aula sem pedir permissão à professora"; o aluno "desrespeitou o guarda"; a aluna "xingou a zeladora".

Quero chamar a atenção para o que aparece especialmente nas três últimas ocorrências, pois nestas parece-me estar expresso o que representa, no conjunto das narrativas, o tipo ideal de relação a ser estabelecido com as autoridades escolares, ou seja, uma relação de obediência às ordens estabelecidas sobre as crianças: os alunos desobedeceram "às ordens da coordenadora"; o aluno "desrespeitou as ordens da professora"; o aluno "não acata ordens, nem respeita normas". Aquilo que é central, principal, tendo em vista a lógica que move a existência dos livros de ocorrência, é garantir, sobretudo, a obediência e a submissão às ordens estabelecidas, norma esta que constitui o aluno disciplinado e indisciplinado nas relações a serem estabelecidas com as autoridades escolares.

Milstein e Mendes também abordam essa questão sob a perspectiva do apontamento de outro critério comum de ordenamento observado na prática do professorado, ou seja, o que faz equivaler autoridade e ordem, assim como falta de autoridade e desordem. Segundo os autores, é própria da experiência escolar a gradativa "despersonalização" dos significados de autoridade, feita a partir do caráter institucionalizado e estatal das relações que aí se dão. Trata-se da constituição gradativa de predisposições a obedecer e a aceitar, a ser punido, enfim, a comportar-se conforme um conjunto de regras implícitas e explícitas que devem ser indistintamente aplicadas a todos, algo que, em última instância, constitui a base sobre a qual se instala "a representação do Estado como autoridade legítima, 'por cima' da sociedade civil" (Milstein e Mendes, 1999: 137; minha tradução).

Os autores apresentam como exemplos os usos feitos dos cadernos das crianças e do boletim escolar, nos quais manifestam-se o "peso" da instituição e da "palavra oficial". No caso dos cadernos, são e não são dos alunos, pois ali as crianças fazem seus exercícios e atividades, mas também os professores e demais autoridades escolares transmitem recados e convites aos pais, notificam problemas, qualificam e desqualificam a criança. Assim, "a criança não somente lê em seu caderno seus próprios textos, mas também se lê interpretada continuamente pela palavra oficial" (Milstein e Mendes, 1999: 133; minha tradução).

A experiência de ser avaliada não é nova para a criança, pois isto ocorre continuamente, mesmo antes de ela estar na escola. A novidade é o caráter institucional desses julgamentos, no sentido de estarem com freqüência documentados, com assinaturas, carimbos e linguagens oficiais, elementos localizáveis nas narrativas dos livros de ocorrência, que podem ser examinadas a partir de suas características institucionais. Os livros de ocorrência podem ser também problematizados como um dos instrumentos disciplinares especialmente voltados para a internalização de um sentido específico de autoridade, "despersonalizado", em que a "palavra oficial" se estabelece e faz circular seus efeitos individualizantes, particularmente comprometida com o cultivo de predisposições a aceitar e a obedecer.

De acordo com os autores, é claro que as relações entre docentes e crianças são profundamente marcadas por laços afetivos. Mas, no que se refere à implantação do sentido de autoridade, a questão fundamental é a de encarná-lo na criança de modo impessoal, dado que a(o) docente constrói e preserva a legitimidade de sua autoridade a partir de suas prerrogativas institucionais, mais que pessoais. Isso ocorre sob a base da mesma naturalização de sentidos e implicações antes descritos em outros âmbitos, agora vistos sob o prisma do exercício de um certo tipo de autoridade, tomado como algo inevitável tanto à manutenção, quanto ao restabelecimento da ordem, sempre que for exigido.

Milstein e Mendes apontam a existência de cinco aspectos que caracterizam os sentidos dos ensinamentos cotidianos sobre o significado da autoridade para as crianças. O exercício da autoridade na escola serve:

— para indicar a diferença entre o correto e o incorreto (e estabelecê-lo, além do mais, como efeito de sua mesma indicação);

— para vigiar e controlar a adequação dos comportamentos individuais e grupais aos critérios (regras implícitas ou explícitas) do correto;

— para reconhecer e identificar os comportamentos que constituem transgressão a essas regras (instituindo, pelo peso de sua autoridade, a definição pública e "oficial" que dita: isto é transgressão);

— para penalizar e sancionar a transgressão;

— para habilitar, permitir e promover o estabelecimento de relações recíprocas entre as crianças, que se vinculam através de sua "permissão" ou suas indicações. (Milstein e Mendes, 1999: 135-136; minha tradução)

Para os autores, tais ensinamentos constituem a base para a criança incorporar a noção de um certo tipo de autoridade como algo necessário e natural para o bom convívio humano, tendendo a viver sua ausência como sinal de desordem.

As especificidades presentes na lógica de funcionamento dos livros de ocorrência no campo das relações que as autoridades escolares estabelecem com as crianças vão na direção da totalidade dos aspectos antes apontados por Milstein e Mendes: as autoridades estabelecem, diferenciam e ensinam o que é "certo" e o que é "errado" através das narrativas dos livros (o que remete também à dimensão moral do disciplinamento, sobre a qual voltarei mais especificamente no último capítulo deste livro); exercem vigilância e controle, visando à adequação de todos ao que é definido como "correto"; identificam as crianças que se comportam "erradamente", definindo pública e oficialmente a transgressão das regras; aplicam sanções sobre essas crianças; e regulam o conjunto dos comportamentos, instituindo o tipo de relações recíprocas necessárias à existência do grupo.

As narrativas dos livros de ocorrência também remetem especialmente aos momentos em que as margens de tolerância deixam de existir, finitude sinalizada pela repreensão, castigos e ameaças, apontando para o que é o mais importante nessa relação com as autoridades escolares, isto é, a obediência às ordens estabelecidas. A dimensão autoritária presente nesse tipo de relação emerge com toda a sua força das narrativas, expressando o que há de significativo fracasso em todos os discursos democratizantes baseados nas críticas ao chamado ensino tradicional. Esse fracasso está, a meu ver, associado a um tipo de concepção de educação, de Pedagogia, ou de disciplina, ainda fortemente presentes no cotidiano escolar, ou seja, o de que educar — e disciplinar — significa e implica, acima de tudo, dominar ou domesticar as crianças. Ser disciplinado é, antes de mais nada, ser obediente.

Tal concepção de educação (e de disciplina) volta a aparecer de modo emblemático em algumas narrativas, quando se referem às relações com os responsáveis pelas crianças, como, por exemplo nesta:

> Ocorrência 135. No dia "x", *a mãe* do Afonso esteve na minha sala ao qual ficou ciente do que o filho está fazendo, ou seja, colocando uns contra os outros e até querendo pagar para bater em outro cole-

ga. *Está ciente também que o mesmo não corresponde com as normas da escola; a mesma se compromete a conversar e disciplinar o mesmo.* Esta ocorrência vai por mim assinada e a mãe em evidência. [Constam as assinaturas da diretora e da mãe.]

Voltarei a esse tipo de ocorrência no capítulo seguinte, mas, por agora, vale reter que, embora a narrativa mencione a exigência da escola de que a mãe converse com seu filho, o que mais importa é que ela tenha domínio sobre ele, garantindo que, ao discipliná-lo, seu comportamento seja corrigido na direção das normas estabelecidas. E, no contexto de tal normatização, há que se cultivar uma relação fundamentalmente de obediência para com as autoridades escolares.

Cabe retomar aqui o tipo de ambigüidades que marca a experiência cotidiana das escolas no que se refere às complexas relações de poder a serem estabelecidas entre as crianças e as autoridades, acrescentando algumas idéias nas colocações de Milstein e Mendes sobre essa questão. De um lado, há os discursos que enfatizam o rechaço ao "autoritarismo" presente nas relações pedagógicas tradicionais, a "verticalidade" através da qual são estabelecidas as regras de convivência, a pouca disposição das autoridades em escutar as crianças e deixar que elas também escolham, isso tendo em vista a importância de tudo o que estaria envolvido na formação de "cidadãos críticos, autônomos e participativos" para os rumos da transformação da sociedade brasileira, em direção a uma sociedade mais justa. De outro, há as relações cotidianas da escola, baseadas acentuadamente em relações de obediência e domesticação sobre as crianças.[9]

E, como vem sendo recorrentemente afirmado, não se trata de pressupor não ser necessário estabelecer relações de poder e de autoridade sobre as crianças. Tampouco significa pressupor ser possível, ou desejável, viver sem a existência de limites e regras normativas com relação a tais aspectos.

Nessa perspectiva, a problematização das normas no contexto da cultura social e escolar vigente proporciona um fecundo campo para que se possa desnaturalizá-las e, portanto, retirá-las de uma dimensão de inevitabilidade, no sentido de exercitarmos nossa capacidade de revê-las e de reinventá-las, bem como no de nos compreendermos melhor. Penso que, nessa direção, as políticas de reorganização das escolas públicas, através das concepções de ciclo de aprendizagem, abrem

---

9. Isso tudo remete às freqüentemente tênues fronteiras entre autoritarismo e autoridade, ou, segundo Foucault, entre os estados de dominação e as relações de poder, estas entendidas enquanto "jogos estratégicos entre liberdades" (Foucault, 1999d: 413; minha tradução), na direção do que será explicado na próxima seção do texto.

interessantes espaços de revisão e de mudança, não perdendo de vista os problemáticos interesses vinculados à economização de recursos financeiros, a "maquiagem qualitativa" efetuada pelos dados estatísticos a partir das pressões mais recentes para o fim das reprovações ou a precariedade de recursos e de apoio ao professorado para que desenvolva seu trabalho em melhores condições.

Ainda assim, as políticas de ciclo inauguraram novas possibilidades para que o conjunto da normatização escolar seja revisto e restabelecido. No começo dos anos de 1980, década que marcou mais efetivamente o início da formulação e da implantação das políticas de ciclo nas mais diferentes regiões do país,[10] era praticamente impensável que as escolas pudessem se organizar em outras bases, fora dos tradicionais parâmetros de seriação ou de reprovação anuais. No entanto, com a "ciclagem", mesmo que tais concepções devam ainda estar em circulação em meio ao cotidiano das escolas públicas, parece-me identificável a emergência de novas configurações. Tal emergência, a meu ver, potencializa produtivos espaços para que se possa problematizar e experimentar mudanças no conjunto das normatizações escolares que, dentre outros aspectos, institui o que é o comportamento disciplinado e indisciplinado das crianças na escola, tendo em vista, por exemplo, o tipo de relações que elas são levadas a estabelecer com o tempo, o espaço, os saberes, as atividades ou com as autoridades escolares.

"Não há luz no fim do túnel": sejam lá quais forem nossas concepções, instrumentos ou fins, reações de conflito e de resistência acontecerão

Como já afirmei, estar "presente" no livro de ocorrência, ou a possibilidade de estar presente, é uma forma de castigo, com todas as implicações existentes em termos de advertências, conversas conscientizadoras, envolvimento dos pais, encaminhamentos a especialistas, ameaças de suspensão, expulsão ou de aciona-

---

10. Tais políticas públicas surgiram no país de modo mais efetivo voltadas para o chamado ciclo básico, em geral baseadas na ampliação do período inicial de alfabetização para dois anos, acarretando uma nova concepção do processo de aquisição da leitura e da escrita, o que englobou tanto os aspectos de reorganização do ensino, quanto de redefinição curricular. Supunham ainda uma visão diferenciada de avaliação que se opõe aos critérios tradicionais; daí porque a aprovação automática entre a primeira e a segunda série (cf. Werebe, 1993). Especialmente durante a década de 1990, a concepção de ciclos estendeu-se para todo o ensino fundamental, em alguns casos englobando do pré-escolar à quarta série, em outros até a oitava série, a depender das características de cada política implantada. Ainda assim, conforme dados de 2002, "só 21% dos alunos do ensino fundamental estavam em escolas que adotavam apenas o sistema de ciclos" (Gois, 2004).

mento do Conselho Tutelar. Trata-se de punir os que se desviam, deixando claro, ao mesmo tempo, que todos são castigáveis. Essa dimensão punitiva visa reforçar a aproximação de todas as crianças com relação às regras disciplinares ou àquilo que funciona como padrão desejável de comportamento na escola a fim de manter sua ordem diária. Tal direcionamento se dá em meio a relações de poder — e, como afirma Foucault, onde há poder, há resistência, em forma efetiva ou potencial: "nas relações de poder, existe necessariamente possibilidade de resistência" (Foucault, 1999d: 405; minha tradução).

Especialmente discordando de certas análises marxistas, Foucault ressalta que a compreensão da dinâmica do poder não se esgota nas esferas dos aparelhos de Estado, convertidos comumente em principal alvo para a superação das desigualdades e injustiças produzidas pelo sistema capitalista. Quando aborda a questão das formas de governo, Foucault não fica restrito à noção clássica que o vincula às formas e estruturas políticas de administração dos Estados. Foucault amplia a discussão, ao identificar a importância de compreender as manifestações cotidianas viabilizadas pelas microrrelações de poder, não necessariamente moldadas pela ação do Estado:

> Eu não estou querendo dizer que o aparelho de Estado não seja importante, mas me parece que, entre todas as condições que se deve reunir para não recomeçar a experiência soviética, para que o processo revolucionário não seja interrompido, uma das primeiras coisas a compreender é que o poder não está localizado no aparelho de Estado e que nada mudará na sociedade se os mecanismos de poder que funcionam fora, abaixo, ao lado dos aparelhos de Estado a um nível muito mais elementar, quotidiano, não forem modificados. (Foucault, 1982: 149-150)

Nesse sentido, o poder é microfísico, "vem de baixo", é relação multidirecional, atua em todos os momentos e sobre cada um de nós, através do que mais concreto nós temos, ou seja, nossos corpos. Não é propriedade apenas de alguns, está no dia-a-dia das relações sociais, no âmbito das famílias, das fábricas, de escolas, igrejas, na televisão, nas relações que se estabelecem com o espaço, com o tempo, com as atividades realizadas. As relações de poder são imanentes às relações sociais, não lhes são exteriores ou superestruturais; movem os vários afrontamentos, disputas e distribuições que acabam por configurar e produzir as práticas sociais de certas maneiras e não de outras: produzem verdades, conhecimentos, identidades, funcionamentos, realidades. E também não há exterioridade com relação à resistência: a produção do poder é imanente à produção de resistências, onde há relações de poder pode haver, a qualquer momento, relações de resistência. Na direção do que afirma Gallo,

Em sua perspectiva [Foucault] seria absurdo, portanto, falarmos em poder e num "não-poder" como oposição ao mesmo; podemos, isso sim, falar em poderes múltiplos e múltiplos contra-poderes —, que só se definem enquanto tal na relação de uns com outros. Dessa teia microfísica de poderes e contra-poderes que se entrelaçam e se engalfinham, ergue-se toda a macroestrutura social. (Gallo, 2004: 84).

Eventualmente, a resistência manifesta-se na forma das grandes rupturas ou revoluções; mas, seja na forma da mudança radical, seja quando a visualizamos como o outro do poder (através da oposição ao governante), a resistência é composta e se distribui em meio a múltiplos focos, que, em última instância, não possuem coerência ou identidades fixas. Daí por que a necessidade de analisá-la no plural e em sua singularidade — para além do que pode ser reconhecido como os elementos comuns que a movem —, como vários pontos de resistência que podem negar e podem também constituir-se como superfícies de apoio ao poder, a partir das mais variadas combinações. Tais especificidades indicam importantes variações de alcance, de função ou de potencial nas disputas em questão.

Elas [as correlações de poder] não podem existir senão em função de uma multiplicidade de pontos de resistência que representam, nas relações de poder, o papel de adversário, de alvo, de apoio, de saliência que permite a preensão. Esses pontos de resistência estão presentes em toda a rede do poder. Portanto, não existe, com respeito ao poder, *um* lugar da grande Recusa — alma da revolta, foco de todas as rebeliões, lei pura do revolucionário. Mas sim resistências, no plural, que são casos únicos, em última instância: possíveis, necessárias, improváveis, espontâneas, selvagens, solitárias, planejadas, arrastadas, violentas, irreconciliáveis, prontas ao compromisso, interessadas ou fadadas ao sacrifício; por definição, não podem existir a não ser no campo estratégico das relações de poder. (Foucault, 1999b: 91; grifo no original)

Incomodado com as leituras que o tornavam "o teórico do poder, um poder perverso contra o qual nada há que fazer", Foucault afirma, em entrevista, que "o poder não é [em si] o mal" (cf. Foucault, 1999d: 412). As relações de poder — enquanto jogos estratégicos abertos nos quais seus efeitos não estão de antemão definidos de uma vez por todas — não têm necessariamente efeitos "ruins". Referindo-se especificamente às relações pedagógicas, Foucault declara:

Não vejo onde se encontra o mal na prática de alguém que, em um dado jogo de verdade, e sabendo mais que o outro, lhe diz o que fazer, lhe ensina, lhe transmite um saber e lhe comunica técnicas. O problema consiste mais em saber como se evitarão em tais práticas — nas quais o poder não pode deixar de jogar e no que não é mal em si mesmo — os efeitos de dominação que farão com que um cara seja submetido à autoridade arbitrária e inútil de um professor. (Foucault, 1999d: 413; minha tradução)

Ao final desta entrevista, Foucault aponta para os correntes problemas existentes no uso das noções de poder e de dominação, reconhecendo que inclusive ele pode ter sido pouco claro no início de suas pesquisas:

> Parece-me que há que distinguir as relações de poder como jogos estratégicos entre liberdades [...] e os estados de dominação, que são o que habitualmente se chama de poder. E entre ambos [...] encontram-se as tecnologias governamentais, concedendo a este termo um sentido muito amplo — que inclui tanto a maneira pela qual se governa a própria mulher e os filhos, como o modo pelo qual se governa uma instituição. A análise destas técnicas é necessária porque, com freqüência, através deste gênero de técnicas é como se estabelecem e se mantém os estados de dominação. Em minha análise do poder há três níveis: as relações estratégicas, as técnicas de governo e os estados de dominação. (Foucault, 1999d: 413-414; minha tradução)

Nessa mesma entrevista, Foucault afirma que seu interesse principal não girou tanto em torno da noção de dominação, mas em torno do alcance extraordinário que as relações de poder adquirem no cotidiano, como um feixe de relações estratégicas abertas, móveis e complexas. No entanto, é certo que, às vezes, tais relações se encontram congeladas por meio de *estados de dominação*, em contextos nos quais é extremamente reduzido o espaço para que as relações de poder se movimentem em meio a acontecimentos imprevisíveis e abertos nos efeitos que possam gerar. E isso remete ao lugar da liberdade e da resistência no pensamento de Foucault, em que ele estabelece diferenças importantes entre o que entende por *práticas de liberação* e por *práticas de liberdade*.

Para Foucault, apenas em estados de domínio as *práticas de liberação* adquirem sentido e urgência, pois a questão da liberdade, a rigor, só existe em meio às relações de poder, não podendo existir no contexto dos estados de dominação. No entanto, ressalta que isso não é suficiente, nem talvez o principal, como pode indicar uma série de discursos emancipatórios. As práticas de liberação, avalia ele, em geral supõem a existência de uma liberdade original, descontaminada, essencial, definitiva, que ficou bloqueada a partir de estruturas fixas que impossibilitaram sua manifestação. Nesse tipo de raciocínio comum, a questão é a de implodir tais estruturas, somente a partir do que tal liberdade essencial pode ser reencontrada. Diante — por exemplo — das lutas de liberação dos povos colonizados, parece-lhe necessário, de fato, "expulsar o dominador". Mas isso não dá conta das questões que, na seqüência, precisarão ser enfrentadas, para evitar que novos estados de dominação se instalem:

[...] esta prática da liberação não basta para definir as práticas de liberdade que na continuidade serão necessárias para que esse povo, essa sociedade e esses indivíduos possam definir formas válidas e aceitáveis tanto de sua existência, como da sociedade política. A isso obedece que eu insista mais nas práticas de liberdade que nos processos de liberação que, há que se dizer uma vez mais, têm seu lugar, mas não me parece que por si mesmos possam definir todas as formas práticas de liberdade. (Foucault, 1999d: 394-395; minha tradução)

A rigor, em relações de domínio, não há *práticas de liberdade*, ou só há unilateralmente; e aqui, sim, são exclusivas a quem "detém o poder". Nos modelos escravistas, por exemplo, as relações de poder encontram-se bloqueadas, há a máxima redução dos espaços permitidos de confronto, de reação, de invenção, de contestação, de mobilidade; os indivíduos estão literalmente acorrentados.

O poder só se exerce sobre "sujeitos livres", enquanto "livres" — entendendo-se por isso sujeitos individuais ou coletivos que têm diante de si um campo de possibilidade onde diversas condutas, diversas reações e diversos modos de comportamento podem acontecer. (Foucault, 1995b: 244)

E como afirma recorrentemente Foucault, se há relação de poder, no contexto dos enquadramentos existentes em cada situação, pode haver resistência a ela. Se é assim, sejam lá quais forem nossas concepções, intenções, instrumentos ou fins, acontecerão reações de conflito e de resistência. Do que se trata aqui é de problematizar o tipo de relações de poder e de lógica disciplinar que age no sentido de produzir certas formas de resistência, e não outras. Essa é outra questão extremamente complexa, pois não considero tratar-se de um mero enaltecimento incondicional das práticas de resistência. Tendo em vista os livros de ocorrência, não estou pressupondo que devamos "aplaudir" ou ficar impassíveis diante de uma criança que jogue uma cadeira contra a janela, que tente agredir fisicamente uma professora, ou que esteja quase estrangulando um colega.

No entanto, na mesma medida em que agimos conforme o imediatismo do cotidiano, podemos também refletir sobre as bases que nos levam a agir de certas maneiras, e não de outras. E nesse sentido, as manifestações de resistência trazem significativas potencialidades: podem nos colocar diante da experiência da alteridade, no sentido do radicalmente outro, ou seja, daquele que não expressa nossas expectativas, não confirma nossas intenções ou não reafirma nossa identidade; e do ponto de vista social, podem nos conduzir à identificação de relações de poder que, com certa freqüência, resultam em estados de dominação. Em ambas as direções, interligadas, as manifestações de resistência podem abrir significativos espaços de reflexão e de mudança, ainda que, especialmente no campo disciplinar, não se possa prometer nada, ou não se pode assegurar que haja "luz no fim do túnel". Pelo contrário, reafirmo, problemas disciplinares sempre ocorrerão. Esta me parece ser uma questão fundamental no contexto da crítica a uma "Pedagogia da Completude", tão marcada pela negação dos conflitos e por expectativas de estados definitivos de plenitude e de harmonia.

Como observa La Taille, nossa tendência é a de não problematizarmos o comportamento que se apresenta como disciplinado, já que está conforme as nossas expectativas; geralmente, não procuramos os motivos para o aluno ser bem-comportado, que "pode sê-lo por medo do castigo, por conformismo. Pouco importa: seu comportamento é tranqüilo. Ele é disciplinado. Isto é desejável?" (La Taille, 1996: 10). Ou, conforme Fortuna, tais expectativas tendem a ser vividas a partir de critérios "autoexplicativos e autojustificados" (Fortuna, 2002: 88), consideração também muito enfatizada por Milstein e Mendes, como venho apontando.

La Taille (1996) considera que, se o comportamento disciplinado é entendido como aquele que se conforma às normas estabelecidas, o comportamento indisciplinado se traduz em duas formas básicas possíveis: o desconhecimento dessas normas e a revolta contra elas. Ambas as possibilidades são bem complexas, pois, por exemplo, o possível desconhecimento ou a incompreensão das normas por parte das crianças se dá em meio a um intenso processo de aprendizagem dessas mesmas normas, no qual ocorrem constantes ajustes e desajustes até que elas incorporem, internalizem, respondam duradoura e adequadamente aos mandatos escolares (cf. Milstein e Mendes, 1999: 105-106). O caráter bem-sucedido desse disciplinamento nunca está dado de uma vez por todas, apresentando significativas margens de fragilidade, fragmentação, parcialidades, ambigüidades, o que comporta a possibilidade de coexistência das mais diferentes reações.

Quando a escola é ameaçada de um motim

Chamarei a atenção agora especialmente para as dimensões de resistência existentes nas narrativas dos livros. Nesse sentido, podemos interpretar que toda ocorrência implica, em alguma medida, algum tipo de resistência à accitação ou ao cumprimento das regras disciplinares vigentes na escola, ainda que seja uma resistência ligada à dificuldade de compreender ou conhecer as regras escolares estabelecidas. Pois podemos supor que, desde muito cedo, as crianças mencionadas nos livros de ocorrência sabem ou são informadas de que é proibido pular o muro da escola, gazetear aula, brigar, xingar as autoridades, dentre outras regras. A maior parte das ocorrências, contudo, narra a situação de indisciplina e não se alude a resistências adicionais por parte das crianças. A escrita sugere resignação, passividade, aceitação, arrependimento.

> **Ocorrência 136.** O aluno Anibal Carvalho, série "x", se *comportou mal na hora do recreio*. [Constam a data abreviada e a assinatura do aluno.]
>
> **Ocorrência 137.** O aluno Geraldo Carneiro Leão, série "x", *está sendo advertido por falar palavras de baixo calão à colega* de sala de aula, além de não trazer o bilhete assinado pela mãe que a profa. Lorena pediu. [Constam a data abreviada, a rubrica da pedagoga e a assinatura do aluno.]
>
> **Ocorrência 138.** As alunas Silvia L. Rodrigues (série "x") e Nanci Beltrão Tavares brigaram dentro da sala de aula. A aluna Silvia bateu na face da colega, que em seguida lhe deu um chute. Ambas se desculparam. [Constam a data abreviada, a rubrica da pedagoga e as assinaturas das duas alunas.]
>
> [Já citada como ocorrência 51.] O aluno Jurandir F. Giotto, foi pego beijando sua colega de aula no horário do recreio. Se houver uma segunda vez, o aluno terá que vir acompanhado dos pais. [Constam "Curitiba", data abreviada, as assinaturas da pedagoga e do aluno.]
>
> **Ocorrência 139.** Os alunos Leônidas Esquier e Juvenal Balaban *brigaram dentro da sala de aula* na presença das professoras regente e co-regente. *Entre socos e mordidas, ambos foram trazidos à coordenação* às 11:40. Os pais serão avisados da ocorrência. [Constam a data e a assinatura da pedagoga.]
>
> **Ocorrência 140.** Os alunos Samuel A. Bona e Silvio P. Casari, *foram advertidos, por brigarem* na aula de Educação Física com a profa. Paula. *Ficam os dois cientes de que três advertências por escrito resultará em transferência da escola*. [Constam a data e a assinatura da pedagoga.]

Nas narrativas acima, as crianças comportam-se mal na hora do "recreio", e ponto. Elas brigam e são alertadas dos inconvenientes decorrentes de seus atos, ou conversam e pedem desculpas; elas brigam e comportam-se mal e são ameaçadas de transferência da escola, ou de chamamento dos pais, caso não melhorem seu comportamento. São narrativas que podem ser interpretadas na direção da dimensão de eficiência dos livros de ocorrência e das demais formas de disciplinamento usadas pela escola, já que não explicitam a existência de maiores dificuldades para além do descumprimento de certa regra disciplinar e da repreensão que lhe é posterior, geralmente mencionando problemas ocorridos com crianças não reincidentes.

Por outro lado, há narrativas nas quais se explicita: o aluno "recusou-se fazer [uma] atividade", a aluna "negou-se a participar da aula", o aluno "recusou-se entrar em sala", o aluno "tentou fugir da escola após ter se negado a assinar a ocorrência", o aluno "recusou-se a conversar e saiu sem dar explicações", outro "recusou-se pedir desculpas", outro ainda foi instruído pela mãe "para que não assinasse nada na escola".

> **Ocorrência 141.** O aluno Daniel B. Cabral, da série "x", no dia de hoje [consta a data abreviada], à hora da entrada na sala de aula, xingou uma colega e *tentou fugir da escola após ter se negado à assinar a ocorrência* com a professora Berenice. [Consta a assinatura do aluno.]
>
> **Ocorrência 142.** O aluno Maurílio da série "x" na aula de educação artística bateu no seu amigo Célio tirando sangue do mesmo, não tendo motivos aparentes; Maurílio disse ter dado uma rasteira no mesmo ao qual veio a cair. Maurílio disse que Célio tinha xingado ele por isso ele deu a rasteira. *A mãe instruiu o mesmo para que não assinasse nada na escola.* A ocorrência vai assinada por mim e pelo aluno em questão, sendo avisado que se ocorrer novamente os pais serão chamados. [Constam as assinaturas da pedagoga e do aluno.]
>
> **Ocorrência 143.** O aluno Getúlio Bandeira [citado na ocorrência 68] (série "x") agrediu o aluno Inocêncio (série "y") com um chute, na hora da entrada no dia de hoje, 01.04.98, alegando que o aluno Inocêncio tinha xingado o mesmo com palavrões de baixo nível. O aluno Inocêncio *recusou-se a conversar e saiu sem dar explicação, alegando que não iria conversar comigo nem assinar a ocorrência.* [Constam a rubrica da pedagoga e a assinatura de Getúlio.]
>
> **Ocorrência 144.** O aluno Homero Prussak (série "x") deu um tapa no rosto de seu colega Mauro. *E recusou-se pedir desculpas, prometendo brigar no recreio.* [Constam a data e a assinatura da pedagoga.]
>
> **Ocorrência 145.** O aluno Ismael Voluz da série "x" da tarde, hoje dia "x" ele estava desrespeitando a professora, atrapalhou a aula, *pediu para a inspetora Vânia trazer ele na sala da pedagoga Verônica dizendo*

que não dava nada: pois o mesmo tem vindo quase todos os dias na sala da direção; e quando vem promete se comportar, mas é só sair da sala da direção começa tudo de novo: e hoje na hora da saída as 17:00 hs o Ismael deu um soco em outro aluno tirando sangue do nariz do aluno. O Ismael vai assinar esse relato porque ele está consciente do que fez hoje. [Consta a assinatura do aluno.][11]

Nas narrativas acima, parece haver uma espécie de duplicação da dimensão de resistência existente no comportamento infantil, um certo agravante em termos de problema disciplinar. Nesses casos, as crianças descumprem alguma regra disciplinar, ou várias, em uma mesma narrativa, com a diferença de que fica explicitada sua recusa, sua negação, sua resistência. Não se trata de a criança apenas não realizar certa atividade ou se comportar mal, como nas ocorrências do bloco anterior ao que está acima; fica explicitado que ela se nega a realizá-la ou recusa-se a se comportar bem. A criança não apenas "deu um tapa no rosto do colega", mas "recusou-se pedir desculpas, prometendo brigar no recreio".

O que parece ser particularmente problemático, nesse tipo de narrativa, é a explicitação da rebeldia por parte de certas crianças. Esse traço de rebeldia pode ser especialmente notado nas ocorrências referentes às crianças reincidentes nos livros de ocorrência, ainda que seja possível localizar também esse tipo de narrativa com relação a algumas crianças que aparecem apenas uma vez nos livros. No entanto, de modo geral, são as narrativas relacionadas aos "campeões de ocorrência" que mais intensamente expressam a dimensão de ineficiência, de fragilidade existente nas relações de poder disciplinares sobre certas crianças que até surpreendem pela "criatividade" ou "perseverança" com que se negam a disciplinar-se.

É o caso da aluna Maristela Dotti Sawat, uma das "campeãs de ocorrência" de 1998, com quatro ocorrências, uma aluna de quarta série que não volta a aparecer nos registros relativos a 1999, o que tende a indicar que foi aprovada para a quinta série, a ser cursada em outra escola. Eis as ocorrências relacionadas a Maristela:

> **Ocorrência 146.** No dia "x", a Senhora Guadalupe esteve nesta escola a fim de esclarecer o por quê ou o que estava acontecendo entre sua sobrinha Maristela Dotti Sawat e a aluna Leda D. Vilar [citada na ocorrência 56], da "série "x", pois as mesmas vêm brigando na

---

11. Exemplo retirado do livro de ocorrências "resumido".

escola e também fora dela. Neste dia, a aluna Leda havia faltado e portanto não pudemos conversar. Porém, hoje, dia "x", a menina compareceu à escola e juntamente c/ a Maristela, da série "y", foram chamadas para esclarecermos a questão. As alunas conversaram juntamente com a Pedagoga e a questão ficou esclarecida. Ambas se desculparam. [Constam a data, a rubrica da pedagoga e as assinaturas das duas alunas.]

Ocorrência 147. Aos "x" dias do mês de "x" de "x" [ano], a aluna Maristela Dotti Sawat, da série "x", na aula da profa. Esmeralda, desrespeitou a profa., gritou, negou-se a fazer as atividades e por fim, quando a professora tentou levá-la à Coord. Pedagógica, ela negou-se a ir. [Constam a data, a rubrica da pedagoga e a assinatura da aluna.]

Ocorrência 148. Aos "x" dias do mês de "x" de hum mil novecentos e noventa e "x", compareceu a escola o Senhor Hipólito B. Marquesi [não parece ser o pai, em função do sobrenome], responsável pela aluna Maristela Dotti Sawat, da série "x", da professora Diana, para tomar ciência do fato ocorrido no horário de aula , onde a aluna pediu para ir ao banheiro e [foi? Trecho apagado] conversar com seu colega Marcelo. A professora achou que esse colega fosse aluno da escola, mas não era. A Maristela se ausentou da escola sem permissão; por esse motivo foi solicitado a presença dos responsáveis. Esta ocorrência vai assinada pela professora, supervisora e responsáveis pela aluna. [Consta a data e a assinatura da pedagoga.] Em tempo: O inspetor Leôncio saiu a procura da aluna e não conseguiu encontrá-la; por volta das 11h10min ela retornou e se dirigiu ao banheiro. Segundo sua colega de sala, ela saiu para namorar com o Marcelo e pediu a ela que guardasse sua mala, que no final do horário ela viria buscá-la. [Constam outras duas assinaturas, irreconhecíveis, possivelmente a do responsável e a da professora.]

[Já citada como ocorrência 45.] Aos "x" dias do mês de "x" de "x", esteve na sala da Coordenação Pedagógica a professora Diana da série "x", dizendo que por duas vezes o aluno Timóteo Fagundes Goulart [aluno citado na ocorrência 32] da série "y" esteve em sua sala de aula para falar com a aluna Maristela sobre o ocorrido com o aluno Damaceno [referência à ocorrência 44, na qual é narrada uma briga entre o aluno Damaceno e o guarda da escola, aluno também citado na ocorrência 32 e 112]. Tanto o aluno Timóteo quanto a aluna Maristela estão ameaçando fazer um motim na escola para defender o aluno Damaceno, que teve um problema com o guarda municipal. [Consta apenas a assinatura da pedagoga.]

Imagine-se a cena de um "motim" na escola! Nesse sentido, não deixa de ser provocativa a seguinte afirmação de Foucault:

> Se as crianças conseguissem que seus protestos, ou simplesmente suas questões, fossem ouvidos em uma escola maternal, isso seria o bastante para explodir o conjunto do sistema de ensino. Na verdade, esse sistema em que vivemos nada pode suportar: daí sua fragilidade radical em cada ponto, ao mesmo tempo que sua força global de repressão. (Foucault, 1982: 72)

Também é interessante citar o aluno Heráclito Cavalcante, com onze ocorrências em 1998, quando estava na terceira série; e apenas duas ocorrências em 1999, quando cursava a quarta série, um decréscimo quase "milagroso" que aponta até para um resultado final em termos de eficiência e de êxito dos instrumentos disciplinares sobre sua conduta, ainda que permeado por sucessivos momentos de ineficiência, tendo em vista as várias ocorrências existentes com ele em 1998. Algumas das ocorrências já foram citadas: a narrativa em que Heráclito "atirou o lanche que sua colega estava tomando nela própria" (ocorrência 25); em que "fugiu da escola e foi até o circo" (ocorrência 29); em que ele e um colega "quebraram dois vidros da janela" (ocorrência 41); ou em que ele, "além de não estar fazendo a tarefa, quase estrangulou o colega" (ocorrência 123).

Selecionei algumas das outras ocorrências de 1998 referentes a este aluno — que provavelmente encarna a criança que se transforma no clássico "pestinha" ou "demônio" escolar —, que poucos de nós desejaríamos ter em sala de aula:

> **Ocorrência 149.** O aluno Heráclito Cavalcante abriu a bolsa da colega de sala, pegou o pacote de bolachas, comeu 2 bolachas e distribuiu p/ outros colegas sem o consentimento da dona. [Constam a data abreviada e a assinatura do aluno.]
>
> **Ocorrência 150.** O aluno Heráclito (série "x") afanou uma correntinha de um aluno na fila de entrada. Eu e o inspetor fomos a sala para constatar o caso; mas o menino já tinha fugido pelo portão. [Constam a data, as assinaturas da pedagoga e da mãe.]
>
> **Ocorrência 151.** Aos "x" dias do mês de "x" de hum mil novecentos e noventa e "x", compareceu à escola o irmão do aluno Gilmar, da

série "x", para reclamar que os alunos Timóteo Fagundes Goulart [um dos "campeões" de ocorrência, citado nas ocorrências 32 e 45] e Heráclito Cavalcante bateram no menino no dia "x" no horário de entrada e na hora do recreio. O aluno Heráclito Cavalcante já está com dois relatórios no Conselho Tutelar e o aluno Timóteo Fagundes Goulart vai ser encaminhado ao Conselho Tutelar e portanto a família do mesmo terá que comparecer à escola. [Constam a data e a assinatura da pedagoga.]

Aproximar-se melhor das características e dimensões da resistência em comportamentos como os apresentados exigiria realizar também pesquisas etnográficas, escutar essas crianças, saber e problematizar o que elas pensam a respeito do que fizeram ou o que elas pensam da escola e de suas regras disciplinares, o que aponta para a relevância de pesquisas nessas direções. No entanto, do ponto de vista da lógica disciplinar que norteia os livros de ocorrência e tendo em vista articulações especialmente com o referencial foucaultiano, se há resistência por parte de certas crianças, é possível problematizar a partir de que tipo de enquadramentos tal resistência acontece.

Há que se remeter à normatização que define o conjunto das regras que instituem o ato disciplinado e o ato indisciplinado na escola. Dentre esse conjunto, abordei, neste capítulo, aspectos constitutivos das regras que estabelecem o disciplinamento das relações que a criança é levada a estabelecer com o tempo, o espaço, as atividades e com as autoridades escolares, tendo em vista certos aspectos existentes nas narrativas dos livros de ocorrência.

Com relação ao *tempo*, as normas vigentes tendem a converter em indisciplina tudo o que interrompe o ritmo massificante fixado pela escola. O pressuposto, na direção do que Foucault apontou na caracterização do poder disciplinar feita em *Vigiar e punir*, é o de que o tempo deve ser usado do modo mais uniforme e sincronizado possível, convertendo-se em importante forma de controle sobre os indivíduos, a partir da necessidade de convertê-lo maximamente em "tempo útil". Com relação ao *espaço*, abre-se o campo de constituição do comportamento indisciplinado, na medida em que este negue ou ameace os vários ordenamentos que estabelecem detalhadamente um lugar específico para cada pessoa e para cada coisa, o que também é operacionalizado mediante intensa imobilidade e forte controle sobre as maneiras dos corpos infantis se movimentarem. Com relação às *atividades*, o traço da sobrecarga de conteúdos e as maneiras de trabalhá-los (em meio a uma cultura escolar marcada por cópias, exercícios repetitivos etc.) acarreta normas que obrigam a criança a permanente atividade dirigida, convertendo tendencialmente em indisciplina tudo o que coloque em risco essa espécie de "ativismo" atrelado ao cumprimento da extensa lista de obrigatoriedades curriculares. Com relação às *autoridades escolares*, o que é principal, tendo em vista a lógica que move os livros de ocorrência, é garantir a obediência e a submissão das crianças às ordens estabelecidas. Eis alguns dos enquadramentos que as crianças podem a qualquer momento negar, indisciplinando-se.

Do ponto de vista das relações entre normatização e normalização, é bom ressaltar que não necessariamente ambas estão indissociavelmente articuladas. No entanto, diante do tipo de tradição pedagógica apontada ao longo desta pesquisa, aparecem tendencialmente vinculadas, já que o uso que é feito da normatização está centralmente comprometido com a padronização ou homogeneização das condutas infantis. Trata-se de uma tradição voltada para a administração de uma espécie de "economia moral", que estabelece valores, deveres ou obrigações, em nível universal e necessário, no campo da objetivação e da subjetivação das crianças e do que, em uma perspectiva foucaultiana, aparece sob a forma das tecnologias morais de poder.

Pensar alternativas a tais formas de subjetivação levou Foucault ao estudo histórico das chamadas "tecnologias do eu", no contexto da ênfase nas relações ativas que os sujeitos podem ser levados a estabelecer consigo mesmos, das práticas do cuidado de si, da estética da existência, na direção do que será sistematizado no último capítulo. Tal perspectiva abre um campo pouco conhecido para a Pedagogia Moderna — e para todos nós, que nesta fomos formados —, constantemente interessada em estabelecer "normalidades" por meio da normatização. Voltarei a esse tipo de questão posteriormente para explorar algumas possibilidades analíticas com relação à dimensão moral e ética existente no campo das relações disciplinares. Antes, desenvolverei algumas problematizações, especialmente a partir de articulações entre as narrativas dos livros de ocorrência e o último dos instrumentos que, para Foucault, caracterizam o funcionamento do poder disciplinar: o *exame*.

CAPÍTULO 5

Livros de Ocorrência, Exame e Alianças: Eficiência e Fragilidade*

> Ilusão, ilusão,
> Veja as coisas como elas são
> A carroça, a dama,
> O louco, o trunfo, a mão,
> O enforcado
> A dançarina
> Numa cortina
> O encarnado
> A dançarina, o encantado
> O encarnado, numa cortina
> O enforcado [...]
> Ilusão, ilusão,
> Veja as coisas como elas são
> A fortuna, a roda,
> O raio, a imensidão,
> O estrelado
> O obscuro
> O seu futuro
> Embaralhado.
>
> (Buarque, 1984)

Escola, exame e alianças: dimensões de eficiência

A abordagem de Foucault a respeito do *exame* relaciona-se com a viabilização de distintas técnicas voltadas para a objetivação dos indivíduos, o que envolve

---

* Uma versão deste artigo foi apresentada na forma de artigo pela *Revista Educação e Sociedade*, set./dez., 2006 (Ratto, 2006).

formas de explicá-los, classificá-los, avaliá-los, defini-los, como são as provas escolares ou os vários métodos de observação e descrição. E, para isso, colocá-los constantemente como objetos observáveis é condição primeira para a realização dessa objetivação, um dos momentos fecundos em que os instrumentos da vigilância hierárquica e os de exame se apóiam mutuamente, complementam-se e se interpenetram. Também é característico do exame basear-se em um produtivo e minucioso poder de escrita, com a proliferação de documentos, anotações, arquivos ou relatórios.

> O exame que coloca os indivíduos num campo de vigilância situa-os igualmente numa rede de anotações escritas; compromete-os em toda uma quantidade de documentos que os captam e os fixam. [...] Um "poder de escrita" é constituído como uma peça essencial nas engrenagens da disciplina. (Foucault, 1977: 168)

As várias técnicas de exame possibilitam a identificação do indivíduo como indivíduo, mas também sua colocação em meio a um conjunto, por meio da criação de um fecundo campo comparativo que estabelece informações que comporão as bases dos processos de normalização, como já expliquei. Para Foucault, a partir desses dois grandes interesses é que se desenvolverão as ciências humanas desde então: o da classificação individual e o de sua ligação ao coletivo.

Com isso, as técnicas de exame abordam cada indivíduo na forma de um caso, um problema que é construído tanto do ponto de vista da produtividade do poder, quanto do saber. "O caso [...] é o indivíduo tal como pode ser descrito, mensurado, medido, comparado a outros e isso em sua própria individualidade; e é também o indivíduo que tem que ser treinado ou retreinado, tem que ser classificado, normalizado, excluído etc." (Foucault, 1977: 170).

Foucault observa que, por muito tempo, esse poder de escrita voltado para a criação da individualidade teve por alvo estrito as elites, o topo da pirâmide social. A individualidade de qualquer um não tinha lugar, não era questão a ser definida. Tratava-se de uma *individualização ascendente*. Por exemplo, nas sociedades feudais, quanto mais poderoso o indivíduo, mais intensos os rituais de individualização, por intermédio de cerimônias, vestimentas, retratos, monumentos: tudo isso era mais um de seus privilégios e de seus signos de poder.

Com as disciplinas, por outro lado, a *individualização* passa a ser *descendente*, por meio de mecanismos de poder anônimos e meticulosos que quanto mais alcançam a cada um dos "antigos súditos", mais realizam suas funções. Torna-se fundamental caracterizar o indivíduo comum, e as técnicas de exame, o poder da escrita, articulado com cada uma das facetas das funções e instrumentos disciplinares descritos por Foucault, passarão a produzir tais individualidades. Esse processo de individualização descendente que caracteriza o poder disciplinar é reapresentado por Foucault quando ele compara o tipo de poder que caracterizava o combate à lepra com o aplicado no caso da peste, ambos coexistentes durante a Idade Média.

No caso da lepra, as especificidades apontam para o estabelecimento de um modelo de poder voltado para um tipo de isolamento por exclusão radical do leproso, pela divisão homogênea efetuada, que tem como principal marca a identificação binária e excludente de portadores e não portadores da doença.

> A exclusão da lepra era uma prática social que comportava primeiro uma divisão rigorosa, um distanciamento, uma regra de não-contato entre um indivíduo (ou um grupo de indivíduos) e outro. Era, de um lado, a rejeição desses indivíduos num mundo exterior, confuso, fora dos muros da cidade, fora dos limites da comunidade. Constituição, por conseguinte, de duas massas estranhas uma à outra. E a que era rejeitada, era rejeitada no sentido estrito nas trevas exteriores. [...] Em suma, eram de fato práticas de exclusão, práticas de rejeição, práticas de "marginalização", como diríamos hoje. (Foucault, 2001: 54)

O modelo da lepra, de exclusão, não se apóia na necessidade de conhecer, analisar, controlar, de diferenciar e individualizar cada leproso. O que interessa é marcar os doentes e os não-doentes e separá-los radicalmente. Uma vez marcado o indivíduo como leproso, trata-se de exilá-lo e esquecê-lo.

No caso do combate à peste, Foucault cita um regulamento formulado no fim do século XVII como exemplo das medidas de quarentena decretadas quando essa doença atingia uma cidade. Esta era recortada espacialmente de modo minucioso, dividida em quarteirões e ruas cuja vigilância ficava sob responsabilidade de uma hierarquia composta de intendentes, síndicos, guardas, médicos, boticários e magistrados. A questão era garantir minucioso controle da fixação da população dentro das casas — e os fiscais chegavam a trancá-las e guardar as chaves — e de sua circulação, prevista apenas em caso de necessidade extrema.

A inspeção se efetuava mediante técnicas de vigilância e observação multidirecionais, tanto em relação à população, quanto à hierarquia encarregada de controlá-la, com uma detalhada regulamentação de observações, visitas e registros baseada em rigorosa definição de papéis, responsabilidades e na mútua fiscalização entre todos, sendo central o controle do patológico, em todos os âmbitos. "Tudo o que é observado durante as visitas, mortes, doenças, reclamações, irregularidades, é anotado e transmitido" (Foucault, 1977: 174). A população apresentava-se nas janelas a fim de responder às perguntas, e dizer a verdade era obrigatório; todos os nomes eram conhecidos, assim como as presenças e ausências, o que conduzia facilmente ao levantamento dos mortos, dos doentes, da situação dos vivos e do mapeamento de qualquer desordem.

Esse espaço fechado, recortado, vigiado em todos os seus pontos, onde os indivíduos estão inseridos num lugar fixo, onde os menores movimentos são controlados, onde todos os acontecimentos são registrados, onde um trabalho ininterrupto de escrita liga o centro e a periferia, onde o poder é exercido sem divisão, segundo uma figura hierárquica contínua, onde cada indivíduo é constantemente localizado, examinado e distribuído entre os vivos, os doentes e os mortos — isso tudo constitui um modelo compacto do dispositivo disciplinar. (Foucault, 1977: 174-175)

Foucault aponta que os poderes desenvolvidos em torno da peste apoiavam-se em uma espécie de utopia ou sonho político — que o poder disciplinar vai constantemente atualizar em uma escala crescente sobre as sociedades, não só quando ameaçadas pela peste —: o da cidade constante e completamente governada.

A peste é o momento em que o policiamento de uma população se faz até seu ponto extremo, [...] é o momento do policiamento exaustivo de uma população por um poder político, cujas ramificações capilares atingem sem cessar o próprio grão dos indivíduos, seu tempo, seu habitat, sua localização, seu corpo. (Foucault, 2001: 59)

Os livros de ocorrência, narrando os vários tipos de encaminhamentos feitos pela escola — aos setores psicológicos, médicos, assistenciais, ao Conselho Tutelar —, podem ser analisados em meio a um conjunto amplo de saberes e técnicas que visam entender, explicar, classificar, caracterizar as crianças, no sentido de objetivá-las, especialmente, na forma de um caso, como afirmou Foucault. Não se trata da realização de qualquer tipo de exame, mas de um tipo de exame que disciplina os indivíduos, buscando definir quem é cada indivíduo (uma "individualização descendente"), em um contexto marcadamente normalizador e, portanto, voltado para a identificação e correção de irregularidades. Como poderá ser visto no conjunto das ocorrências aqui expostas, muitas das crianças citadas tornam-se um caso: seja na forma de um "mistério", que é preciso desvendar; seja na forma do "desespero", em função das dificuldades ou impotência sentida pela escola diante da problemática sócio-escolar; seja ainda porque os encaminhamentos apresentam-se como as formas recomendadas de "salvação" da criança, dentre outras possíveis motivações. De qualquer maneira, estes livros de ocorrência fazem parte de uma espécie de exame que disciplina — em meio a um conjunto maior de ações, cotidianamente desenvolvido pela escola —, em que especialmente as crianças são caracterizadas, classificadas e avaliadas, tendo por meta principal a ortopedia dos comportamentos avaliados como indisciplinados.

> **Ocorrência 152.** Após tido uma conversa com Dona Guilhermina e com o aluno Ébano L. Geara (série "x") *fiz o encaminhamento para o setor de Psicologia*. Nem bem a mãe saiu daqui, na hora do recreio, o Ébano bateu e deu socos em 2 crianças menores que ele. *Estou esperando os resultados do tratamento*; por isso novamente conversei com ele, porém com fala mais ríspida. [Constam a data e a assinatura da pedagoga.]
>
> **Ocorrência 153.** O pai do aluno Benjamim O. Gávea (série "x"), entre tantos outros, veio à Escola tomar satisfações sobre o tal "pedágio" que o aluno Damião Guedes Nogueira [citado nas ocorrências 40, 75 e 93] vem cobrando de seu filho e prometendo arrumar 1 gangue para massacrá-lo. A atitude negativa do Damião persiste *e por indicação do Conselho Tutelar se em 4 sessões (Psicologia) o Damião não demonstrasse uma pequena melhora, poderíamos fazer sua transferência*. Ao notificá-lo da nossa possível providência (Pedagoga e diretora) o aluno Damião foi até o corredor de onde fica sua sala e depredou o quadro-mural, arrancando toda a moldura e dando chutes na parede. Ao entrar novamente na sala da Orientação ficou ameaçando bater pra valer no Benjamim e que ia se vingar de mim, a pedagoga. Imediatamente chamei os responsáveis e levei o caso à Direção para decidirmos que providência tomar. Já esgotamos todas as possibilidades e estamos prevendo que algo mais grave está por acontecer. Basta! Esta ocorrência vai assinada por mim e por todos os elementos que presenciaram a situação. [Consta a data, a assinatura da pedagoga.]
> OBS.: A mãe Alcina veio às 10 h; foi notificada e recusou-se a assinar a ocorrência. Encaminhei-a à sala da direção. Ciente. [Consta a assinatura da diretora; há, em seguida, uma frase ilegível.]

Dentre os vários aspectos existentes, estas duas narrativas exemplificam bem a forte expectativa corretiva da escola diante dos encaminhamentos que realiza na direção de solucionar os problemas disciplinares identificados. Na ocorrência 153 é até explicitado um número limite de sessões terapêuticas para que o aluno apresente melhoras em seu comportamento.[1]

---

1. Mais uma vez, relembro que Damião é um dos "campeões de ocorrência", com seis ocorrências em 1998 e onze em 1999, tendo sido o único caso de expulsão existente na escola, medida decidida conjunta-

Tendo em vista o conjunto das narrativas, mais do que é possível considerar como boas intenções de ajudar as crianças e suas famílias, os recorrentes encaminhamentos que a escola realiza, além de viabilizarem diferentes formas de exame sobre as crianças, nessa perspectiva disciplinar, criam também condições para formas de aliança ou de parceria. Aí incluo — para além das aproximações com o Conselho Tutelar e os distintos especialistas — as relações estabelecidas entre a escola e os responsáveis pelas crianças. Tais parcerias adquirem, indissociavelmente, dimensões de eficiência e de fragilidade, o que abre campos complexos de relações, que se baseiam ora em apoios recíprocos, ora em ambigüidades, conflitos, acusações ou resistências. Eis alguns exemplos que podem ser interpretados em direções que apontam para as dimensões de eficiência dessas alianças:

[Ocorrência já citada antes como um dos exemplos do Quadro 1 no Capítulo 1.] A aluna Mônica Romero da Luz, série "x", está sendo advertida porque espirrou um jato de espuma em seu colega Carlos, pois o mesmo estava chamando-a de ladra. *Conversei com a mesma, para que não repetisse tal ato, pois se isto tornar a acontecer terei que chamar seus pais.* [Constam a data abreviada, a rubrica da pedagoga e a assinatura da aluna.]

Ocorrência 154. Aos "x" dias do mês de "x" de "x" [ano] *o pai* do aluno Benedito F. Rego (série "x"), sr. Dilermando Rego, *esteve na Escola p/ conversarmos*, juntamente com a profa. Lorena, sobre as dificuldades de aprendizagem e de relacionamento que o garoto vem enfrentando. Foi relatado ao pai que o Benedito falsificou o termo de compromisso da Recuperação, que tem 8 faltas consecutivas aos sábados e principalmente sobre o baixo rendimento escolar. *A partir do dia "x", o aluno freqüentará a recuperação das 10:00 às 12:00. A orientadora fez encaminhamento para a consulta psicológica* (via posto de saúde). [Constam data, as assinaturas da pedagoga, do pai e da professora.]

Ocorrência 155. Aos "x" dias do mês de "x" de hum mil e novecentos e noventa e "x", compareceu a este estabelecimento de ensino, por

---

mente no Conselho de Classe e no Conselho Escolar, estando o pai do aluno presente em ambos os momentos. Na entrevista, a pedagoga afirmou que a avaliação posterior feita pelas autoridades escolares foi a de que isso representou um "atestado de incompetência da escola". Há recorrentes narrativas que mencionam ameaças e perseguições feitas por Damião a outros colegas e às autoridades escolares. Em uma das ocorrências, é narrado que esta pedagoga protegeu pessoalmente uma das crianças ameaçadas, acompanhando-a, na saída da escola, até sua casa.

solicitação da Coordenação Pedagógica o Senhor Domingos P. Timbó, pai do aluno Arnaldo V. Timbó, da série "x", para tomar ciência do número de faltas do mesmo. Até a data de hoje ele está com 13 faltas. *Foi esclarecido que se ele continuar faltando, seremos obrigados a comunicar o Conselho Tutelar para providências.* [Constam a data por extenso, as assinaturas do pai, da pedagoga e da professora.]

Ocorrência 156. Aos "x" dias do mês de "x" de "x" esteve na escola a mãe Sra. Aparecida B. Timbó, mãe do aluno Arnaldo V. Timbó, da série "x", para justificar as faltas do aluno. *Algumas das faltas a mãe não teve como justificar, alegando que o menino saiu para vir p/ a escola e não sabe onde ele ficou.* [Constam a rubrica da pedagoga e a assinatura da mãe.]

A primeira das ocorrências exemplifica uma das muitas narrativas em que apenas a ameaça de chamamento dos pais parece ser suficiente para corrigir o comportamento da criança. Trata-se de um dos muitos casos em que a criança aparece registrada apenas uma vez no livro de ocorrência — nesse caso, no livro referente a 1998 —, o que indica que, provavelmente, a escola não teve mais problemas com ela; se teve, estes não adquiriram dimensões de gravidade que implicassem novo registro. A segunda ocorrência trata igualmente de um aluno que não volta a aparecer nos registros, o que indica que o chamamento dos pais, o reforço do encaminhamento interno de freqüência às aulas de recuperação e o encaminhamento externo para consulta psicológica, em alguma medida, resultaram eficazes.

A terceira e a quarta ocorrências ilustram as narrativas sobre uma criança que aparece duas vezes nos registros relativos a 1999, mas que, diante dos muitos dias letivos existentes no calendário escolar, igualmente podem ser entendidas como sinais dos sucessos escolares nas questões disciplinares e, particularmente, na utilização dos livros de ocorrência. Uma, que registra faltas excessivas da criança e a ameaça de que o Conselho Tutelar seria chamado se o problema persistisse, aconteceu no mês de março, constando a presença do pai; na outra, no mês de abril, ainda referente a problemas com faltas, consta o comparecimento da mãe. Tal criança não mais voltou a estar presente no livro de ocorrências, o que sinaliza para a questão de que o problema foi resolvido.[2]

---

2. Quanto ao fato de a criança aparecer apenas uma ou duas vezes nos registros, pode ser que ela não tenha voltado a ser mencionada por desistir da escola ou por ter sido transferida. No entanto, pressuponho que tal possibilidade seja exceção, já que, de modo geral, a tendência é a de que a maioria do alunado cumpra o ano letivo em uma só escola.

Os livros de ocorrência funcionam em um contexto disciplinar marcado pelo significativo sucesso escolar na resolução dos problemas disciplinares vivenciados. Relembre-se que a grande maioria do alunado dessa escola não está mencionada nos livros de ocorrência; das crianças que estão presentes, a maioria aparece registrada apenas uma vez, não sendo reincidentes; e a maioria das narrativas existentes não traz elementos que reforcem uma dimensão de resistência por parte do alunado ou de seus pais, que tendem a colaborar e a agir no sentido do acatamento das medidas escolares. Tudo isso aponta para o significativo êxito obtido com o uso dos diversos instrumentos disciplinares (e dos livros de ocorrência, nesse conjunto), assim como das alianças estabelecidas entre a escola e outras autoridades para a correção dos comportamentos estabelecidos como indisciplinados. Ainda assim, há que se lembrar da visibilidade adquirida pelas crianças identificadas como indisciplinadas, algo que, a meu ver, anima, em grande parte, os discursos de cunho "catastrófico" em termos do que é comumente apresentado como a atual ingovernabilidade das novas gerações e o "fim" de várias "coisas": do respeito às autoridades, às normas, aos limites etc.

Escola e Conselho Tutelar: a escrita disciplinar, "jogos de empurra-empurra", conflitos

No que se refere às relações dessa escola com o Conselho Tutelar, relembro que a pedagoga comentou a esperança inicialmente depositada em um trabalho conjunto com essa instituição, quando ela passou a funcionar, em 1998. Como já situei, tal parceria logo se mostrou problemática para a escola. A pedagoga entrevistada apontou três ordens de problemas. Um remete ao surgimento de mais uma instância de cobrança sobre a escola, pois o Conselho passou a exigir registros escritos dos esforços escolares na resolução das questões, o que, na avaliação da pedagoga, veio a reforçar a utilização dos livros de ocorrência. Outro se refere à questão de o Conselho não contar com instrumentos de resolução dos problemas diferentes daqueles com os quais a escola age. O terceiro é a tendência de o Conselho não dar retorno dos casos que a escola encaminhava, sendo necessário exercer pressão, com uma certa freqüência.[3]

---

3. Em fins de novembro de 2003, houve eleição dos novos membros do Conselho Tutelar em Curitiba. A cidade tem hoje oito Conselhos Tutelares, distribuídos nas oito administrações regionais da cidade. Cada Conselho Tutelar conta com cinco membros, com mandato de três anos, eleitos pela população de cada regional. Na última eleição curitibana, exigiu-se que os candidatos tivessem concluído o ensino médio e comprovassem experiência de dois anos de trabalho com crianças e adolescentes. "Os Conselheiros Tutela-

O jogo existente entre essas duas instituições exemplifica significativamente algumas dinâmicas típicas da teia disciplinar na qual estamos envolvidos cotidianamente. Uma remete à já citada escrita disciplinar. Esse "poder de escrita" acontece em meio às sucessivas criações de instâncias e instrumentos distintos, em nível de instituições — secretarias, órgãos —, ou de políticas, normas, obrigações ou metas, que, no caso do contexto brasileiro, são em geral dotados de recursos precários e voltados para a resolução de problemas idênticos — o conhecido processo de duplicação de meios —, o que necessariamente os atrela a uma rede de "fracassos eternos", baseada em relações de cobrança e de vigilância mútuas, mas que sustentam a impressão de que os responsáveis não estão inertes e as devidas providências estão sendo tomadas. Dessa maneira, esse tipo de rede disciplinar caracteriza-se pela permanente burocratização das relações sociais e pela formação do conhecido "jogo do empurra-empurra", no qual a responsabilidade pela resolução dos problemas é sempre do "outro". Cedo ou tarde, esse jogo entra em cena: no caso da escola, esta responsabiliza as crianças, os pais, o Conselho Tutelar, o Estado — e vice-versa, e assim por diante. A própria pedagoga expressou, na entrevista, esse âmbito das relações em que a escola está imersa, tendo em vista a falta de retorno do Conselho Tutelar: "um jogando para o outro"; "soltaram o problema todinho para nós".

Essa dimensão de ineficiência das relações disciplinares, em meio às quais os livros de ocorrência funcionam, pode ser visualizada, no caso do Conselho Tutelar, especialmente em narrativas do seguinte tipo:

> **Ocorrência 157.** Aos "x" dias do mês de "x" de "x", enviei um bilhete convocando a mãe do aluno Jacob F. Ortolani, pois o mesmo até a data de hoje conta com 101 faltas. *Conversei com a mãe (também) por telefone e ela disse que não sabe mais o que fazer.* Foi enviado em "x" [referência ao mês] um relatório para o Conselho Tutelar, quando o aluno contava com 61 faltas, porém, segundo a mãe, *o C. T. ainda não a visitou.* Liguei para o Conselho e falei com a Georgina que disse que irá repassar para o Conselheiro que atende o caso. [Constam a data abreviada e a rubrica da pedagoga.]
>
> **Ocorrência 158.** Aos "x" dias do mês de "x" de "x", a Professora Dirlanda N. V. Fisher veio até a Coordenação Pedagógica para rela-

---

res são responsáveis por prestar atendimento aos casos de desrespeito dos direitos das crianças e adolescentes e por encaminhá-los para os órgãos competentes, em caso de necessidade" (Tomam posse os novos conselheiros, *Gazeta do Povo*, 16/1/2004). O número de candidatos subiu de 130, em 2000, para 232, em 2003. Os novos conselheiros tomaram posse em 15/1/2004, com salário mensal de R$ 900,00.

tar que ela foi agredida com intenção com uma bolada na face pelo aluno Cauby M. Antunes [um dos "campeões de ocorrência", citado na ocorrência 66], que deveria estar na sala de aula com a Professora Lenira B. Dávila. Conversamos longamente com a mãe e explicamos tudo o que a escola já fez. Segundo a mãe, ele não é agredido com surras em casa, mas todas as atitudes do Cauby apontam que ele deve ser agredido, pois nenhuma criança é agressiva e má de graça. Chamamos na sala da Coordenação Pedagógica as referidas professoras, as pedagogas e a diretora. As professoras expuseram a situação de hoje e também das aulas anteriores. Cauby não pára na sala de aula e quando qualquer pessoa, responsável da escola, lhe pede que entre em sala, xinga a pessoa com palavras de baixo calão e foge. *Já tentamos de todas as formas possíveis e imagináveis, o caso já foi até relatado para o Conselho Tutelar, e não há mudança no comportamento de Cauby.* Portanto, como o que ocorreu é fato reincidente, pois Cauby já agrediu outros funcionários da escola com chutes e mordidas, solicitamos à mãe que compareça ao Conselho Tutelar para que o mesmo tome as providências cabíveis no caso, pois o aluno só poderá retornar à escola, após ter comparecido a este órgão. [Constam "Curitiba", data, assinaturas de duas pedagogas, da diretora, de duas professoras e da mãe.]

Ocorrência 159. Aos "x" dias do mês de "x" de hum mil novecentos e noventa e "x", compareceu a este estabelecimento de ensino, por solicitação da Coordenação Pedagógica as Senhoras Ismênia Mión (mãe do aluno Atílio N. Mión da série "x") e Betty Cardon (vizinha) para tomar ciência do número de faltas do menino (32 F). A mãe veio com a vizinha que disse que a mãe do aluno é portadora de necessidades especiais e que ela é quem ajuda a Sra. Ismênia. A Sra. Betty informou-nos que *Atílio foi recolhido pelo Juiz para uma instituição (que não sabem qual é), por maus-tratos.* Conversamos com as senhoras e após, entraremos em contato com o Conselho Tutelar para obtermos maiores informações. [Constam a data, a assinatura da pedagoga e a impressão digital do polegar da mãe.] Em tempo: *Ligamos para o Conselho Tutelar onde fomos atendidas por Georgina, que nos disse que não havia nenhum registro sobre o Atílio, orientando-nos a ligar para o S. O. S. Criança. Ligamos para o S. O. S. Criança, onde fomos atendidos por Deisy que nos informou que o caso está sendo atendido pela técnica Lilian. Porém, a técnica entraria em contato com* *a escola mais tarde, pois estava em reunião.* [Constam a data abreviada e a assinatura da pedagoga.]

No primeiro exemplo, narra-se um problema de falta excessiva da criança, a impotência da mãe, "que não sabe mais o que fazer", o acionamento do Conselho Tutelar, feito mais de um mês antes dessa ocorrência, seguido do informe dessa mãe, na direção de que o Conselho ainda não a visitara. O encaminhamento feito pela escola foi o de fazer contato mais uma vez com o Conselho Tutelar, provavelmente com o objetivo de solicitar esclarecimentos e a efetivação das medidas cabíveis. No segundo exemplo, em meio aos vários problemas disciplinares narrados com relação ao aluno Cauby, um dos "campeões de ocorrência", menciona-se que a escola já agira "de todas as formas possíveis e imagináveis", o caso fora "até relatado para o Conselho Tutelar", e não havia mudança no comportamento de Cauby; ainda assim, a escola parece não ver outra alternativa a não ser a de novamente recorrer ao Conselho Tutelar, obrigando a mãe a comparecer a esse órgão. Se na ocorrência anterior era a mãe que explicitava sua impotência, aqui é a vez de a escola — e, indiretamente, o Conselho — explicitar a sua. Na terceira narrativa, situando um problema de falta excessiva da criança e de maus-tratos familiares, registra-se o início do esforço escolar para o levantamento de dados sobre o menino junto a outros órgãos: é um exemplo relacionado mais com o funcionamento do conjunto das instituições voltadas para a proteção da infância do que propriamente com as especificidades das relações da escola com o Conselho Tutelar.

Tais casos situam a complexidade desse tipo de problemática — ora aludindo às "falhas" que fornecem as brechas iniciais para o desencadeamento de relações de cobranças e ao "jogo do empurra-empurra" entre a escola e o Conselho Tutelar, como no caso da ocorrência 157; ora remetendo à inexorável dimensão de fracasso movida pelo conjunto das relações disciplinares, implícita diante de uma impotência que não é apenas da escola, mas dos pais, do Conselho Tutelar e do conjunto das instituições disciplinares, como no caso da ocorrência 158; ora se referindo ao tipo de relações disciplinares que estabelecem vínculos entre as várias instituições encarregadas de proteger a infância, tal como é aludido na ocorrência 159.

Isso aponta para a relevância de pesquisas direcionadas especificamente a tais questões, aprofundando, por exemplo, a problematização das relações disciplinares a partir da rede de instituições voltadas ao atendimento da infância em que a escola está inserida, ou enfocando em que medida esta é pressionada, aproveita-se e/ou se acomoda, diante das várias obrigatoriedades a que está sujeita, a partir do funcionamento de tal rede.

A relação entre a escola e os pais através dos livros de ocorrência: apoio recíproco, cobranças, imposições

No que se refere mais especificamente aos responsáveis pelas crianças, retomo aqui a avaliação que a pedagoga fez, em um dos momentos da entrevista, no sentido de apontar as positividades relacionadas sobretudo à presença dos pais na escola, dado que, tendencialmente, os problemas identificados seriam resolvidos, algo que também constatei nas narrativas dos livros. É significativa a quantidade de ocorrências em que se registra a presença dos pais ou em que tal presença funciona como forma de ameaça sobre as crianças, o que, mais uma vez, sinaliza a estreita parceria existente entre a escola e os pais nos esforços disciplinadores em questão. Relembre-se que tais ocorrências representam aproximadamente 62% do total, tendo em vista o total das 517 ocorrências anotadas nos livros "completos" de 1998 e 1999, e juntando-se a porcentagem de conseqüências "puras" e "mistas" em que há registro da efetiva presença dos responsáveis pelas crianças na escola ou a ameaça de que sejam chamados.

Os registros que elogiam o comportamento dos pais são esporádicos, como é o caso das narrativas a seguir:

> [Já citada como ocorrência 76.] Aos "x" dias do mês de "x" de hum mil novecentos e noventa e "x", compareceu na Coordenação Pedagógica o Senhor Capistrano N. Krueger, pai do aluno Tenório C. Krueger, da série "x", para pedir ajuda quanto à situação de seu filho. *O pai é um senhor responsável, interessado na vida acadêmica do menino, sempre está em contato com a escola*; porém, ficou sabendo que Tenório vem gazeando as aulas; o que lhe preocupou muito, pois ao conversar com o menino, este não lhe conta aonde fica no período em que não compareceu na escola (inclusive, Tenório sai pela manhã com o material, dizendo que está indo à escola). Tenório está com 12 faltas até a data de hoje; o que vem lhe prejudicando a aprendizagem. [...]. [Constam "Curitiba", data abreviada, as assinaturas da pedagoga e do pai.]
>
> Ocorrência 160. No dia "x" de "x" [mês] de "x" [ano] esteve em minha sala a Sra. Doroteia D. Greiffo ao qual veio trazer seu filho Dimas que havia brincado de ter tirado a cadeira na hora em que a colega sentou. *Ficamos felizes com o comparecimento dos responsáveis porque assim temos clareza que a criança é acompanhada em casa.* A

mãe se responsabiliza pelo procedimento do filho tomando providências para que isto não aconteça mais. Esta ocorrência vai assinada por mim e os responsáveis envolvidos. [Assinam a diretora e a mãe; há outra assinatura, irreconhecível.]

Por outro lado, existem muitas narrativas em que há sinais de atritos, críticas, ameaças, imposições ou frustração, especialmente por parte da escola com relação aos pais. Eis algumas das ocorrências nessas condições:

Ocorrência 161. A Professora Lorena (série "x") encaminhou o aluno Diógenes à sala do S. O. E. [Serviço de Orientação Educacional], juntamente com a ficha. *O aluno além de não produzir nada em sala e nem nas aulas de Recuperação, agora está agressivo com os colegas e brincando em sala com atitudes indesejadas.* A Orientadora Educacional Letícia fez *vários encaminhamentos: oftalmologia, consulta pediátrica, exame de eletro*, e a mãe não levou para tais, *dando a desculpa que não há vaga no posto e que não pode faltar ao serviço. Foi conversado várias vezes com ela*, com o menino e com a professora *e a situação de desinteresse aos estudos e apatia por parte do Diógenes continua e agora o agravante de estar agressivo.* Foi convocado o pai e este não veio. Portanto, *a alternativa encontrada e a última que a Escola tomará é o encaminhamento para a Psicologia. A família é a responsável pelas situações subseqüentes.* Nada mais a declarar, eu Orientadora Educacional, Letícia, subscrevo esta ata. [Constam "Curitiba", data por extenso, assinaturas da pedagoga e da professora; ao lado do espaço reservado para a assinatura da mãe, o xerox está relativamente apagado, mas parece que há uma observação de que a mãe não compareceu para assinar.]

Ocorrência 162. Aos "x" dias do mês de "x", uma das nossas inspetoras foi à casa do aluno Arthur, série "x", p/ entregar um bilhete de convocação aos pais. *A mãe estava dormindo (10:00)*, o pai trabalhando e o menino faltou à escola e estava perambulando na rua. Tomarei nova atitude, 3ª feira, convocando a mãe e alertando-a do número excessivo de faltas de seu filho na Escola. [Constam "Curitiba", a data abreviada e a assinatura da pedagoga.]

Ocorrência 163. Aos "x" dias do mês de "x", Dona Conceição Alvarenga veio à Escola a pedido da Pedagoga Letícia para saber o motivo das inúmeras faltas do aluno Charles (série "x"). A mãe coloca que o aluno se recusa a vir pra aula. A pedagoga conseguiu vaga para o Projeto "x" [programa governamental de assistência social], a fim [de] que a mãe possa trabalhar; está pleiteando vaga na creche para o [filho] pequeno e enviou carta para "x" [órgão público] colocando a necessidade de cesta básica. *A Escola está fazendo todos os encaminhamentos possíveis para ajudar a família; mas a mãe não tem responsabilidade de trazer o filho,* enquanto isso está recebendo faltas. Foi combinado que a mãe traga-o todos os dias ou que alguém se responsabilize por essa tarefa. Caso persista a situação, faremos relatório para o Conselho Tutelar. [Constam "Curitiba", data abreviada, assinaturas da pedagoga, da mãe e de outra pessoa, talvez a professora do aluno.]

Essas são algumas das narrativas nas quais particularmente emergem os significativos esforços dessa escola para ajudar a família, que, diante dos insucessos decorrentes, resultam em críticas, impaciência, ultimatos, ameaças ou em imposição de medidas. São exemplos do funcionamento da rede disciplinadora que envolve o conjunto dos sujeitos ligados à escola. Nesses casos, pode-se perceber que também os responsáveis se encontram sob vigilância, exame e normalização, sendo alvos de definição, classificação, cobranças, ameaças e punições.

Na primeira ocorrência, a escola dá uma espécie de ultimato. Diógenes, "além de não produzir nada em sala e nem nas aulas de Recuperação, agora está agressivo com os colegas e brincando em sala com atitudes indesejáveis". Tendo em vista que a mãe não levou o filho para as várias consultas e exames solicitados ("sempre dando desculpas sem fundamento") e que as várias conversas com ela e com a criança não surtiram efeito, a última tentativa que a pedagoga afirma que irá fazer é a de realizar um novo encaminhamento, agora para a psicologia. A partir daí, a autoridade escolar define que "a família é a responsável pelas situações subseqüentes", algo que, mais uma vez, deve funcionar no sentido de proteger a escola de possíveis acusações no futuro, já que também as autoridades estão sob constante vigilância, normalização, avaliação e julgamento.

Na segunda ocorrência, tendo em vista que a inspetora foi até a casa do aluno para convocar seus pais, registra-se que "a mãe estava dormindo (10:00)", algo que tende a ser entendido, em nossa cultura, como sinal de "vagabundagem". Na terceira ocorrência, aparece o registro das várias medidas tomadas pela escola no sentido de ajudar a família a fim de garantir a presença da criança na escola, acompanhado da crítica de que "a mãe não tem responsabilidade de trazer o filho, [o qual] enquanto isso está recebendo faltas". Nesse caso, a ameaça é a de que o Conselho Tutelar seja acionado se a situação persistir.

Como é possível observar, um dos problemas disciplinares que mais gera a presença dos responsáveis na escola é o relacionado às faltas excessivas das crianças. Tendo em vista o mapeamento quantitativo das ocorrências e juntando a porcentagem daquelas computadas como "puras" e "mistas" que se referem aos problemas de falta das crianças em 1998 e 1999, tem-se aproximadamente 18% do total das ocorrências envolvendo esse tipo de problemática (ver Quadros 8 e 9). E é interessante pensar no estranhamento que pode causar essa situação: a criança é indisciplinada, não pelo que ela faz dentro da escola, mas pelo que ela não faz. Isso se refere às garantias legais relacionadas ao direito da infância ao ensino fundamental e à obrigatoriedade do Estado em garanti-lo, assim como dos pais em assegurar a freqüência, garantias vinculadas à forte valorização que a sociedade confere ao papel da escola na formação dos indivíduos. A seguinte narrativa é emblemática:

> **Ocorrência 164.** Aos "x" dias do mês de "x" de hum mil novecentos e noventa e "x" compareceu a este estabelecimento de ensino, por solicitação da coordenação pedagógica a Senhora Antônia M. Berman, mãe da aluna Wanda C. Berman, da série "x", para conversarmos à respeito das inúmeras faltas da mesma. *Segundo a Mãe, na 1ª semana a aluna não veio à escola porque estava com o pé machucado, na semana seguinte a mãe a deixou cuidando de sua irmã menor, para que ela saísse à procura de emprego.* A Wanda está com um total de 19 faltas consecutivas no mês de março. *Esclarecemos que a criança está respaldada pelo Estatuto da Criança e do Adolescente e que ela tem o direito de vir à escola todos os dias e que ficar em casa cuidando de sua irmã menor é explorar o trabalho infantil. Caso este fato venha a se repetir seremos obrigados a comunicar o Conselho Tutelar para providências.* [Constam a data por extenso, as assinaturas da pedagoga, da mãe e da professora.]

Os dispositivos legais criam a possibilidade de que o Estado (se não garantir a oferta) e os responsáveis pelas crianças (se não assegurarem a freqüência) sejam legalmente responsabilizados, na medida em que não efetivem esse direito à criança. Essa lógica gera pressões consideráveis e é um dos principais motivos para a escola registrar zelosamente os casos em que há problemas de assiduidade, pois comprova estar fazendo a parte que lhe cabe — já que é uma instituição estatal —, além de proteger-se de possíveis acusações. No entanto, algumas narrativas parecem desafiar o que há de cômodo nessa lógica de direitos, deveres e punições. E quando os desdobramentos da miséria brasileira são praticamente ingovernáveis e impõem-se de maneira contundente?

Ocorrência 165. Aos "x" dias do mês de "x" de "x" [ano], compareceu à Escola a Sra. Zenaide L. P. Cordeiro, avó da aluna Cassiana B. N. Cordeiro, da série "x" à pedido da Coord. Pedagógica para ficar ciente de que a menina não está comparecendo às aulas. *Segundo a avó, a menina saiu para cortar o cabelo pois estava com piolho e não mais retornou. A avó disse que talvez a menina esteja morando novamente com a mãe em "x" [nome da cidade]. A avó não tem como entrar em contato com a mãe da menina (sua nora).* [Constam data abreviada, a rubrica da pedagoga e a assinatura da tia de Cassiana, apesar de não ter sido citada no relato.]

Ocorrência 166. Aos "x" dias do mês de "x" de "x" esteve presente na escola para pegar o boletim de seu sobrinho Agostinho D. Peralta, da série "x", a senhora Ingrid N. Belache. Aproveitando a oportunidade conversamos com a tia a respeito do nº elevado de faltas que o menino vem tendo. O aluno está com 12 faltas só no 2º bimestre e está faltando até na recuperação. *A tia disse que no 1º bimestre ele estava morando com a avó e estava indo bem. Depois que saiu da casa da avó, foi morar com o tio e aí começaram as faltas. Nestes últimos dias o tio expulsou-o de sua casa e agora está em uma vizinha.* A tia disse que irá conversar com o menino e se no 3º bimestre o menino faltar, faremos relatório entregando o caso para o Conselho Tutelar. [Constam a data, a rubrica da pedagoga e a assinatura da tia.]

Ocorrência 167. A Sra. Estefânia R. Bengali, responsável pelo aluno Agenor P. Ramón, da série "x", esteve na escola no dia "x" para conversar com a Pedagoga Verônica sobre sua filha Suzete Bengali que terá atendimento no Centro Especializado do "x" [nome do bairro] no dia "x". Segundo a Sra. Estefânia, *o pai o abandonou (o Agenor) na casa dela (o marido dela é sobrinho dos pais do Agenor).* Agenor não tem comparecido na escola, está com excesso de faltas. A Sra. Estefânia disse que *não possui a guarda de Agenor e que não tem nenhum documento dele. Os outros irmãos (3) mais novos estão sendo atendidos pelo Conselho Tutelar. A Sra. Estefânia disse que não quer a guarda do menino porque não tem condições de cuidar dele.* Encaminharemos o caso para o Conselho Tutelar. [Consta a data.] Em tempo: nome do pai: Gumercindo A. Ramón e da mãe: Hilda F. Ramón [Possivelmente, a pedagoga conseguiu descobrir os nomes dos pais biológicos de Agenor e os registrou no final da ocorrência; constam a rubrica da pedagoga e a assinatura de Estefânia.]

E quando tudo aparentemente já foi tentado, e a criança insiste em se negar a vir para a escola?

Ocorrência 168. O aluno Rui Fraga e sua mãe Mirele P. Fraga estiveram na escola para explicar a quantidade de faltas do 1º bimestre (31). *O aluno alegou não querer vir para a escola* e sua mãe foi orientada sobre os direitos da criança segundo o Estatuto da Criança e do Adolescente. Assim sendo, *ambos comprometeram-se a cumprir o artigo que diz que toda criança tem direito à educação escolar. A mãe trará o filho todos os dias e ele não se negará a vir, salvo em caso de doença*, atestada pelo médico. [Constam "Curitiba", data por extenso, a assinatura da mãe do menino.]

Ocorrência 169. Aos "x" dias do mês de "x" de "x", esteve neste estabelecimento de ensino, Felício Demeterco, irmão do aluno Graciliano Demeterco, da série "x", à pedido da Coordenação Pedagógica, para ficar ciente das faltas do aluno. Até o dia "x" o mesmo estava com 26 faltas. *O irmão disse que Graciliano não quer mais vir para a escola e não apresentou nenhum motivo quando questionado pela Pedagoga porque o menino não quer mais vir.* O irmão foi informado de que, se o aluno continuar faltando o caso será relatado ao Conselho Tutelar, após conversa com a Coordenação Pedagógica. [Consta a data, a assinatura da pedagoga e a do irmão do aluno.] Em tempo. Interrogado do porque a mãe não compareceu à escola, o rapaz respondeu que ela é doente. Perguntamos qual o problema de saúde da mãe, ele respondeu que ela é doente dos nervos (sic). [Consta a rubrica da pedagoga ao final.]

Ocorrência 170. Aos sete dias do mês de abril de hum mil novecentos e noventa e nove, compareceu a escola a Senhora Leocádia V. Dumont, mãe da aluna Sueli V. Dumont, por solicitação da Coordenação Pedagógica, para esclarecimentos quanto as faltas de Sueli. *Segundo a mãe a Sueli compareceu à escola só no primeiro dia de aula* que foi no dia "x" e *depois ela não quis mais vir à escola. Esclarecemos à mãe que a menina terá que retornar às aulas e estamos transferindo-a de turno, pois a mãe acha que se ela vier no período da tarde, ela se adaptará.* [Constam a data por extenso, as assinaturas da pedagoga e da mãe.]

Ocorrência 171. Aos dois dias do mês de agosto de hum mil novecentos e noventa e nove, compareceu à escola a Senhora Leocádia V.

Dumont, mãe da aluna Sueli V. Dumont, por solicitação da Coordenação Pedagógica, para conversarmos a respeito das faltas da mesma. A mãe já está ciente das conseqüências que estas faltas acarretarão a aluna. Já existe uma outra ocorrência datada do mês de abril, assinada pela mãe. Segundo a mãe *a menina não quer vir para a escola. Esclarecemos a ela que seremos obrigados a levar o caso ao conhecimento do Conselho Tutelar para providências.* Até a presente data a menina está com 82 faltas. [Constam a data por extenso, as assinaturas da pedagoga e da mãe.]

Mantive excepcionalmente a transcrição das datas relacionadas às duas últimas ocorrências para facilitar a visualização da questão. A primeira ocorrência, referente ao mês de abril, assinala pela primeira vez o problema das faltas excessivas da menina, narrando que "ela não quis mais vir à escola", sendo que a aluna é transferida de turno, neste caso, atendendo à solicitação da mãe. A segunda ocorrência, referente ao mês de agosto, indica que a tentativa de transferir a menina de turno não foi bem-sucedida, dado que o problema persiste: a criança não quer vir para a escola e continua faltando.

Diante das ocorrências que narram problemas com a assiduidade das crianças, é freqüente constar o registro de que parte delas se nega a vir à escola. Citarei um exemplo pessoal que me parece útil. A pessoa que trabalha como diarista em minha casa — mãe que dá sinais freqüentes de zelo e responsabilidade — passou pelo mesmo tipo de problemática em 2004: seu filho menor começou a se recusar a ir para a escola. Ela conversou com a diretora da escola, a criança foi mudada de turno três vezes, parentes e autoridades escolares buscaram convencer o menino a freqüentar as aulas, mas nada adiantou. Depois, nova tentativa: ela matriculou o filho em outra escola, mas ele continuou resistindo; esta última escola notificou-a que o Conselho Tutelar teria que ser acionado. Ela me disse mais ou menos assim: "O que eu posso fazer? Já tentei de tudo... Não dá pra sair arrastando o menino pela rua, aos berros...". Eis aí uma outra interessante problemática de pesquisa: enfocar as crianças que resistem em permanecer na escola.

A pergunta que me faço é: qual a produtividade de impor aos pais tantos momentos de ameaça e de constrangimento em situações como estas? Não pretendo apresentar exatamente uma resposta, mas trazer alguns elementos reflexivos para a convivência diária com essa complexa questão.

Mesmo no contexto da tradicional distância entre a proliferação de leis que garantem direitos e deveres neste país e a precária efetivação prática desses direitos, cabe considerar que, no caso da infância, os dispositivos legais muitas vezes significam avanços no sentido de favorecer ou proteger a criança, como, por exemplo, ao permitir que a sociedade denuncie situações de espancamento ou de abusos sexuais. Podemos imaginar que, entre os papéis da escola, especialmente em se tratando de uma escola pública, esteja, de um lado, o de prestar informações e esclarecimentos sobre certas questões legais, sobre serviços disponíveis ou sobre possíveis formas de mobilização, e, de outro, o de denunciar situações intoleráveis de maus-tratos ou tentar todas as medidas possíveis para, por exemplo, manter a assiduidade da criança na escola ou auxiliar as famílias no contexto da miserabilidade brasileira.

O que chama a atenção é o tom ameaçador existente em várias narrativas relacionadas aos problemas de falta, ainda que não apenas relacionadas a esse tipo de ocorrência. Especialmente nesse tipo de situação, a escola parece se debater com as adversidades que estão além de todos os esforços realizados e que, em muitos casos, relacionam-se ao contexto da desigualdade social brasileira, da impotência dos pais ou da própria escola (impotência não necessariamente atrelada àquele contexto, mas ao das adversidades da vida de cada um), reagindo na forma de cobranças, ameaças ou imposições e remetendo-se freqüentemente a formas constrangedoras e autoritárias de resolução da questão. No entanto, caberia renovar as perguntas que a escola se faz diariamente quanto ao que está ao seu alcance fazer e ao que seria parte de seu papel fazer. Esse tipo de reflexão é que pode instrumentá-la, tanto no sentido de estabelecer pontos de resistência e de luta contra as várias obrigatoriedades ou pressões sofridas, quanto no de lhe fornecer parâmetros para repensar o contexto geral de disciplinamento que efetua, inclusive com relação aos responsáveis pelas crianças.

O disciplinamento sobre os pais: vigilância, normalização, exame e "infantilização"

Tal questionamento remete às várias nuances existentes nas narrativas quando se referem aos responsáveis pelas crianças. Os termos variam: "conversamos com a avó", "estando a mãe ciente", "deixamos claro para a mesma que", "seremos obrigados a", "o pai e o próprio aluno se comprometem a", "ficou estabelecido que", "[o responsável] garantiu que", "foi combinado que", "ficou determinado que", "decidimos juntos" etc.

Dentre outras possíveis nuances e dependendo da íntegra de cada narrativa, ora o sentido tende para uma imposição clara das medidas desejadas pela escola, que é o mais freqüente — "a mãe trará o filho todos os dias e ele não se negará a vir, salvo em caso de doença" —, ora indicam a existência de diálogo, sendo este menos freqüente — "estamos transferindo-a [a criança] de turno, pois a mãe acha que se ela vier no período da tarde, ela se adaptará" —, ora aludem às pressões que também incidem sobre a escola — "esclarecemos a ela [a mãe] que seremos obrigados a levar o caso ao conhecimento do Conselho Tutelar".

Não raro, os pais são chamados pela escola na medida em que seus filhos estão acarretando problemas para o funcionamento escolar, sendo conscientizados ou cobrados a partir de discursos "prontos e fortes" que os colocam, tal qual seus filhos, também em uma posição constrangedora, com restritas margens de negociação, contestação, relativização ou exposição de suas dificuldades. Mais uma vez, a verdade tende a funcionar a favor da escola.

Como foi dito, tendo em vista que, articulados ao contexto do disciplinamento efetuado, os livros de ocorrência existem para estabelecer a verdade e proteger a escola de possíveis acusações, é fundamental que funcionem no sentido de dirimir dúvidas e registrar uma espécie de consenso. Tal consenso é particularmente problemático, dado que é construído em meio a um poder de escrita que beneficia, sobretudo, as verdades que as autoridades escolares querem ou precisam estabelecer, ainda que essa vantagem adquira os mesmos contornos de fragilidade apontados antes no âmbito do conjunto das relações disciplinares.

A grande tendência presente nas narrativas refere-se aos discursos de colaboração, de ortopedia ou de obediência às medidas escolares, em geral acompanhados de cobranças, ameaças e punições sobre os pais, elementos que apontam, de um lado, para as dimensões de relativa eficiência dos livros de ocorrência e dos instrumentos disciplinares usados na escola, e, de outro, para a questão de que também os responsáveis pelas crianças são alvos de disciplinamento.

Os responsáveis normalmente aparecem nas narrativas como alvos de submissão. Não há sinais freqüentes de que partam deles momentos de enfrentamento, resistência, cobrança ou desencadeamento de conflitos com relação à escola. Eis alguns exemplos nessa perspectiva:

> **Ocorrência 172.** Aos "x" dias do mês de "x" de"x", a mãe do aluno David Rebouças, a sra. Bernadete Rebouças, esteve presente à Escola e tomou ciência das faltas do filho, inclusive confirmou a preferência do mesmo em morar com a avó em outro bairro. Foi porém orientada tanto pela Escola daqui como pela da [nome do bairro em que está a outra escola] que, devido as dificuldades em conseguir vagas, o aluno deve continuar freqüentando as aulas diariamente até o final do ano. *A mãe se compromete a cuidar da freqüência do filho por enten-*

der que as faltas prejudicarão o seu rendimento escolar. [Constam a data abreviada, as assinaturas da pedagoga e a da mãe.]

Ocorrência 173. Aos "x" dias do mês de "x" de "x", esteve presente nesta coordenação para conversar a respeito das faltas da aluna Luiza de Ramos da série "x" a mãe da menina, dona Dolores de Ramos. A aluna está com 28 faltas só no primeiro semestre. *Conversamos com a mãe a respeito do problema e decidimos que a partir da data de hoje, se a aluna tiver mais alguma falta, o caso será encaminhado ao Conselho Tutelar.* [Constam a data, as assinaturas da pedagoga e da mãe.]

Ocorrência 174. Aos "x" dias do mês de "x" de "x" [ano], foi chamada pela Coordenação Pedagógica a Sra. Liliane B. Ortolani, mãe do aluno Jacob F. Ortolani [citado na ocorrência 157], da série "x", pois o aluno apresenta até o momento 61 faltas. Segundo a professora, Jacob é um bom aluno, tem conteúdo para acompanhar a série "x". *Estando a mãe ciente, deixamos claro para a mesma que, se o aluno continuar faltando* [consta "61 faltas até o mês "x"], *o caso será relatado ao Conselho Tutelar.* [Registram-se a data, a assinatura da pedagoga em forma de rubrica, a assinatura da mãe e a da professora.]

Ocorrência 175. A mãe do Adroaldo Freitas Coutinho [citado nas ocorrências 33, 101 e 110] esteve na minha sala para saber quanto ao seu filho; *foi esclarecido quanto à questão de brigas na sala de aula; a mesma se compromete em discipliná-lo e conversar com o mesmo.* [Consta a assinatura da mãe, apenas com seu primeiro nome.]

São alguns dos exemplos em que não há sinais de contestação ou de resistência por parte dos responsáveis pelas crianças. A primeira narrativa, ocorrida no mês de agosto, expressa o comprometimento da mãe em assegurar a freqüência do filho, ou seja, sua colaboração para com a escola, a partir do que é afirmado como sendo sua concordância, "por entender que as faltas prejudicarão o seu [do aluno] rendimento escolar". A escola parece ter sido relativamente bem-sucedida, pois esta criança só volta a aparecer nos registros aproximadamente quatro meses depois, já no fim do ano letivo, em uma narrativa que situa a existência de um número significativamente menor de faltas (seis faltas consecutivas), mas que ressalta principalmente problemas de mau comportamento do aluno.

Na segunda narrativa, chamo a atenção para a utilização do termo "decidimos" (juntos), que, nesse caso, tende a indicar constrangimento sobre a mãe, posto que na seqüência, ela é ameaçada de que, se sua filha continuar faltando, "o caso seria encaminhado ao Conselho Tutelar". Trata-se, provavelmente, de mais um caso bem-sucedido do disciplinamento escolar, já que a criança em questão aparece apenas essa vez nos registros.

Na terceira narrativa, em circunstâncias similares, a mãe é ameaçada com o possível acionamento do Conselho Tutelar. Nesta narrativa, é possível visualizar um dos sentidos fundamentais presentes nas operações de conscientização da escola sobre os responsáveis, ou seja, o de que eles se conscientizam ou tomam ciência, por intermédio de ameaças. "Estando a mãe ciente, deixamos claro para a mesma que, se ... [mãe e criança não se corrigirem], o caso será relatado ao Conselho Tutelar". Conforme as especificidades que marcam a lógica disciplinar dos livros de ocorrência sobre os pais, as narrativas que aludem a decisão compartilhada, a concordância ou a ciência deles indicam sobretudo que estão informados ou notificados da posição tomada unilateralmente pela escola, posição em geral reforçada por ameaças.

Na última ocorrência, que narra problemas ligados a brigas em sala de aula, a mãe "se compromete em discipliná-lo [o filho] e conversar com o mesmo". Cabe, então, perguntar o que é mais importante quando a escola exige que os responsáveis disciplinem seus filhos.

Apesar de a última narrativa mencionar o termo "conversa", junto com o compromisso da mãe de disciplinar seu filho, no sentido do que foi apontado no capítulo anterior, o que parece estar realmente em questão é a exigência de que ela garanta a correção do comportamento da criança, demonstrando ter domínio sobre esta. A associação do papel da disciplina — e da educação, em geral —, em termos de um controle voltado para o domínio ou a domesticação, reaparece em outras duas ocorrências que serão apresentadas a seguir neste capítulo, nos seguintes termos: "A mãe alega que não consegue dominar os filhos"; "a mãe diz que os meninos não lhe obedecem".

Nessa perspectiva, a escola busca disciplinar as crianças e, diante das dificuldades encontradas com algumas delas, aciona os responsáveis, cobrando que eles garantam o tipo de controle e de resultados que ela não conseguiu garantir. Trata-se, sobretudo, de fazê-las obedecer. As narrativas nesse sentido são emblemáticas, pois podem ser lidas especialmente a partir do que a lógica disciplinar presente nos livros de ocorrência dessa escola — e em toda uma tradição pedagógica e cultural, como venho argumentando ao longo deste trabalho — tende a entender por disciplina e por educação, transferindo esse entendimento para a relação com os responsáveis pelas crianças. Disciplinar continua significando, em grande medida, dominar, controlar, corrigir, domesticar as crianças, por meio de um entendimento e uma prática pedagógica que enfatizam a dimensão comportamental do disciplinamento, em suas implicações moralizantes. Uma disciplina que, mais do que a interação, pressupõe a objetivação dos indivíduos, no sentido de torná-los objetos a serem dominados.

O pressuposto parece ser o de que, se os filhos estão resistindo aos processos de disciplinamento escolares, mais do que a necessidade de rever e reelaborar tais processos, isso indica a necessidade de reforçá-los, disciplinando os pais na mesma perspectiva feita com as crianças — pais, portanto, que devem ser vigiados, examinados, normalizados, corrigidos —, posto que sua "incompetência" (suas "insuficiências, faltas, deficiências") está se refletindo na "incompetência" dos filhos. E, se pensamos que "infantilizar" alguém significa tratá-lo como "imaturo, dependente", como "portador de deficiências" ou de "faltas" urgentes que precisam ser sanadas, tudo isso desembocando na necessidade de vigilância, exame, normalização e correção, podemos pensar que também sobre os responsáveis incidem processos de infantilização. Há que trabalhar intensamente sobre o que aparece como sendo a "imaturidade" dos pais, suas "incapacidades", seu "despreparo", falando por eles, pensando por eles, decidindo por eles. E, assim, eles aprendem a ser pais, na prática da relação com a escola.

A escola, ao acionar os responsáveis pelas crianças, não apenas cobra que eles garantam o tipo de controle exigido, mas também (e especialmente) os insere na lógica disciplinar existente nos livros de ocorrência. Tal lógica, tendo os livros de ocorrência como instrumento, não objetiva só as crianças, mas todos aqueles envolvidos com a instituição escolar: docentes, pedagogas, diretoras, funcionários, famílias. Ainda que as crianças sejam os principais alvos de disciplinamento, todos, em alguma medida, conforme cada tipo de situação ou de correlação de forças, estão inseridos em cenários de infantilização, em cenários criminosos e pecaminosos, em cenários de vigilância, exame e normalização, tornando-se permanentemente culpáveis e puníveis.

Cabe frisar, no entanto, que o fato de as narrativas apresentarem sinais de comprometimento, obediência, acordos ou colaboração não garante que os responsáveis concordem plenamente com o discurso escolar ou que ajam efetivamente nas direções exigidas pela escola. Até porque, mesmo concordando, nem sempre conseguem se impor diante das adversidades constitutivas de suas vidas. Uma infinidade de reações ocorrem a partir dessas relações. Há narrativas em que aparecem registros que explicitam a impotência dos responsáveis, ainda que não só a deles:

> **Ocorrência 176.** Aos "x" dias do mês de "x" de "x", esteve na escola a Senhora Célia Quevedo para justificar as faltas da aluna Denise Quevedo, da série "x". Ao todo a mesma possui 21 faltas até o mo-

mento. *Ano passado a aluna freqüentou uma Classe de Aceleração de Estudos pois estava em defasagem idade/série, sendo aprovada para a 3ª série, porém, como estava 'fraca',* decidimos que a mesma profa. da Classe de Aceleração do ano anterior faria o acompanhamento neste ano na 3ª série. Porém, com as constantes faltas da referida aluna na escola, sua aprendizagem está em defasagem. A mãe alega que não consegue dominar os filhos e a Denise acaba fazendo o que quer. O caso já foi levado para o Conselho Tutelar e a família será notificada, segundo a Gertrudes do próprio Conselho. [Constam a data, as assinaturas da pedagoga e da mãe.]

Ocorrência 177. Aos "x" dias do mês de "x" de "x", esteve presente na sala da Coordenação Pedagógica da escola, a Senhora Angélica B. Zaleski, mãe dos alunos Aécio B. Zaleski e Bartolomeu B. Zaleski, *ambos matriculados nas Classes de Aceleração 2 e 1*, respectivamente. *A mãe foi convocada* pela equipe pedagógica *para justificar as faltas constantes* dos alunos. *A mãe disse que os meninos não lhe obedecem e que ambos ficam na casa da tia* na [nome de um bairro]; a mesma assinou dois termos de compromisso, ficando ciente de que, se os meninos continuarem faltando, eles serão removidos para a série de origem. [Constam a data, a assinatura da pedagoga e a impressão digital do polegar da mãe.]

Ocorrência 178. Aos "x" dias do mês de "x" de "x" [ano], compareceu à Escola, a pedido da Coordenação Pedagógica a Sra. Miguelina M. de Mello, avó do aluno Alceu G. de Mello da série "x", para ficar ciente das ocorrências do mesmo. Alceu não realiza nenhuma das atividades propostas em sala pelos professores, sai da sala sem permissão e fica andando pela Escola, durante as atividades *fica desenhando folhas de maconha e falando sobre drogas (diz que usa, que é bom* — o que tememos que pode influenciar negativamente os alunos). No momento em que redigia esta ocorrência, entrou na sala, a profª Menga, que cobre a permanência na série "x" (turma de Alceu) dizendo que Alceu e mais um colega estavam fumando dentro da sala de aula (Alceu disse que foi outro colega que trouxe 'o bagulho' — sic). *A professora* Lorena, regente da Classe, *disse que é impossível fazer qualquer tipo de avaliação pois o menino não realiza nenhuma atividade.* Alceu é rebelde, não corresponde ao que é pedido pelos professores e é agressivo. Na data de hoje, quando foi chamado, disse que ia 'arrebentar os dentes' da menina que o dedou. *A avó disse que não sabe mais o que fazer e que as duas vezes em que ficou internado* *fugiu*. Conversamos com a avó e comunicamos que este caso será levado ao Conselho Tutelar. [Constam a assinatura da pedagoga e a impressão digital do polegar da avó]

Trata-se de narrativas em que, dentre os vários aspectos presentes, mencionam-se termos relativos à impotência dos responsáveis diante das demandas escolares: "a mãe alega que não consegue dominar os filhos", "a mãe disse que os meninos não lhe obedecem", "a avó disse que não sabe mais o que fazer" — expressões que reconduzem à problemática antes situada em termos do tipo de concepção de disciplina e de educação aí implicado.

Excluindo da discussão a última narrativa, que coloca o problema de uso de drogas (em que a impotência da avó pode ser lida como sendo o que há de impotência em todos nós e na escola diante dessa problemática), as outras duas ocorrências narram situações relacionadas à história do fracasso escolar das crianças mencionadas. Na primeira, a narrativa traça a história pregressa da aluna, que estava em situação de defasagem idade/série, passara por uma classe de aceleração, foi provavelmente colocada na série adequada — tendo em vista que o objetivo maior dessas turmas de aceleração de estudos é o de adequar a idade do estudante à série prevista —, mas continuava "fraca", sendo que o problema das faltas estava agravando defasagens na aprendizagem. Na outra ocorrência, os dois meninos também apresentam problemas de falta; são ambos de turmas de aceleração de estudos, o que, mais uma vez, indica uma história anterior de insucesso escolar. As duas mães justificam-se, afirmando não conseguir controlar ou "dominar" seus filhos.

O discurso da escola relaciona os problemas de aprendizagem com as faltas. Mas o que levaria a casa dessa tia citada em uma das ocorrências ser mais atraente do que a escola? Que poder têm os pais para mudar a estrutura escolar? Em que medida as escolas públicas se perguntam sobre o que leva uma gama significativa das crianças a faltarem? E, dentre essas prováveis causas, o que faria parte de sua alçada rever? O que está em questão é justamente pensar a respeito de como uma certa concepção de disciplina, articulada a uma certa concepção de infância e de Pedagogia, podem atuar sobre tais problemáticas.

E se, por um lado, os pais são alvo de cobranças, por outro, eles também exercem certo tipo de pressão sobre a escola, que, acolá do que se refere à dimensão que constitui seus direitos, acaba por reproduzir ou alimentar a lógica do tipo de disciplina apresentada aqui. Boa parte das narrativas em que os(as) responsáveis vêm à escola por vontade própria (cerca de 11% das ocorrências de 1998 e 1999, rever Quadro 2) relaciona-se com registros feitos a partir de queixas dos pais das crianças:

Ocorrência 179. Aos "x" dias do mês de "x" de "x", após a saída, às 17 horas, a senhora Jacira Vieira Guimarães, *mãe da aluna* Camila Vieira Costa, da série "x", *esteve aqui na escola para fazer queixa contra o aluno* João Paulo Brito Alves, série "x", pois o mesmo vem diariamente agredindo a menina fisicamente e neste dia, na saída da escola (na rua) o aluno foi chutando a menina e deu-lhe também alguns tapas. Os dois envolvidos foram chamados à Coordenação Pedagógica para esclarecer o ocorrido. *O menino confirmou ter agredido à menina devido às suas provocações em sala* de aula juntamente com outra aluna, a Marisa Xavier de Lemos, série "x". *As meninas confirmaram as provocações. Após a conversa, ficou decidido que, os três envolvidos irão parar com as provocações, pois, se isto continuar, a Coord. Pedag. irá comunicar aos pais ou responsáveis.* [Constam a data, a rubrica da pedagoga e as assinaturas dos três alunos.]

Ocorrência 180. O aluno Emílio N. Garcez, foi trazido até a Coordenação Pedagógica, por puxar o cabelo de sua colega Dalva F. Picoli. *A mãe da Dalva veio conversar com a professora Noela dizendo que todos os dias ele puxa seu cabelo.* Logo depois que a mãe saiu ele tornou a puxar o cabelo dela, junto com a professora. [Constam a data e a assinatura da pedagoga.]

Ocorrência 181. Antes de bater o sinal de entrada, *a mãe da aluna Jasmim* Kominek (série "x") *veio queixar-se* que a aluna Tânia (série "y") juntamente com a Irene (série "y") *deram chutes e empurrões [na Jasmim]. A Jasmim voltou para casa chorando e acabou entrando na sala 8:30.* [Constam a data abreviada e a assinatura da pedagoga.]

Ocorrência 182. *O pai* Dejair *veio à escola reclamar que seu filho* Cipriano Miranda (série "x") *vem freqüentemente sendo agredido* pelo aluno Ary Marques da Costa (série "x"). [Consta apenas a data abreviada no final.]

 A maior parte das ocorrências desse tipo refere-se aos responsáveis que vêm até a escola para reclamar de situações de ameaça ou de agressão a seus filhos. Assim, cabe frisar que os responsáveis também exercem pressões e cobranças sobre a escola, vindo até ela para cobrar atitudes resolutivas imediatas. Abstraindo-se o grau de gravidade de cada situação, percebo que os pais também reforçam essa rede disciplinar e exigem ações corretivas da escola — podendo até colocá-la, a qualquer momento, no "banco dos réus" (Ratto, 2002: 105) —, além de alimentar toda essa lógica de uma intervenção pedagógica fortemente baseada na necessidade de vigilância, exame, normalização, punição e correção.

Alguns cenários relativos à resistência dos responsáveis pelas crianças e ao "hospício escolar"

Refiro-me agora às situações que podem ser interpretadas como sinais de resistência. Como foi afirmado, tal qual com relação às crianças, os pais também são alvo das relações de poder que disciplinam e, sendo assim, pode haver a qualquer momento resistência. Tendo em vista que os responsáveis também são, em alguma medida, cobrados, examinados, vigiados, normalizados, ameaçados, punidos, fazem parte de suas possíveis reações as manifestações de resistência. As narrativas que podem ser interpretadas como resistência são menos freqüentes, mas adquirem visibilidade, pois consomem significativas energias dos envolvidos, movimentando o que há de frágil e conflitivo nesse tipo de relações disciplinares. Eis alguns exemplos:

Ocorrência 183. *A mãe da aluna* Gislaine (série "x") *compareceu a Escola a pedido da O. E.* Letícia [Orientadora Educacional] *para conversarmos sobre a questão das aulas de Educação Física. A menina se recusa usar shortes por debaixo da saia e tem algumas atividades que não é possível fazer de saia;* então o shortes é necessário. *A mãe argumentou que a menina não pode usar calça comprida e nem dançar, por motivos religiosos (Assembléia de Deus).* A O. E. [Orientadora Educacional] *sugeriu* [para a mãe] *que a menina coloque o tal shortes só no horário da aula de Educação Física* e depois o retire. *Não houve acerto. Conversarei novamente com a menina.* [Constam "Curitiba", data abreviada, assinatura da pedagoga e impressão digital do polegar da mãe.]

Ocorrência 184. Aos "x" dias do mês de "x" de "x" [ano], *compareceu à Escola* o Sr. Nero Saldanha, *pai do aluno* Francisco [citado na ocorrência 96], à pedido da Direção, *para ficar ciente do comportamento de seu filho.* Francisco tem desrespeitado os professores, não acata ordens, agride colegas e até mesmo professores. Conversamos com o pai e *decidimos em conjunto que, se o comportamento de Francisco persistir o caso será levado ao Conselho da Escola e, posteriormente para o Conselho Tutelar,* para que este, tome as providências cabíveis. O Sr. Nero concorda que seu filho extrapolou nas suas atitudes e com os procedimentos que a escola tomou até esta data, *mas como foi a primeira vez que ele esteve na escola para conversar à respeito de seu filho ele deixa de assinar esta ocorrência e se compromete a assinar as outras ocorrências* que por ventura vierem a ocorrer. [Constam "Curitiba", data por extenso e assinaturas de duas pedagogas.]

Ocorrência 185. Aos "x" dias do mês "x" de "x" [ano] *a tia da aluna* Eulália M. Silveira *esteve na escola para tomar satisfações sobre supostas agressões à sua sobrinha* (Lurdes Martins da Mota — tia) às 17 h, hora da saída dos alunos. *A tia não quis ouvir o que a Coord. Pedagógica tinha a dizer e retirou-se prometendo denunciar a escola p/ a Secretaria de Educação.* [Constam "Curitiba" e data abreviada, a rubrica da pedagoga e a assinatura da aluna.]

Resistência a fazer acordos ou "acertos", resistência a assinar o livro de ocorrência, ameaça de denunciar a escola. A primeira narrativa refere-se a um dos raros momentos em que se expressa a recusa de uma mãe em fazer acordo com a escola. E, não por acaso, refere-se a um tipo comum de autoridade que a religião pode ter sobre os indivíduos. Às vezes, diante da autoridade materna e escolar, impõe-se a autoridade divina, determinando se e quando vai haver aula, o tipo de vestimenta ou de cabelo a ser usado, dentre outros aspectos relevantes. No entanto, cabe perguntar em que medida nós e as escolas em geral — já que o tipo de impasse apresentado nessa narrativa é comum no cotidiano escolar — somos incentivados a conviver efetivamente com a diversidade de valores, em um mundo de discursos em que a tolerância é tão valorizada. O direito à liberdade religiosa é um direito inviolável conhecido da sociedade em geral. No caso escolar, diante do fato de que tal direito é inviolável, penso que uma das questões centrais seria a da responsabilidade da família sobre as implicações que certos mandatos religiosos têm sobre a freqüência e a aprendizagem das crianças. Este seria o acerto a ser buscado. E, se não é, cabe perguntar que tipo de cultura impulsiona a escola na busca de "competir com os Deuses".

Na segunda narrativa, aparece um dos vários exemplos que envolvem uma "decisão conjunta" com os responsáveis, dado que o pai é chamado para ouvir uma série de reclamações contra seu filho e, na seqüência, é ameaçado com o acionamento do Conselho Tutelar, caso o menino não se corrigisse. No entanto, chamo a atenção para o acordo feito com o pai. Tendo em vista que todos os pais devem assinar as ocorrências, que este deixa de assinar aquela ocorrência em particular e se compromete a assinar as demais que eventualmente venham a surgir, caracteriza-se a resistência desse pai em corroborar a lógica que envolve tais assinaturas — uma lógica baseada no seguinte tipo de modelo: a criança fez algo de "errado"; a "verdade dos fatos" está escrita no livro; a escola "inocenta-se" e apresenta as medidas anteriores ou atuais encaminhadas para a resolução do problema disciplinar; os responsáveis "concordam" com tudo e assumem a responsabilidade sobre o que acontecer no futuro, assinando seu nome neste texto, assinatura que funciona tanto como concordância, quanto como prova de verdade e de culpa. Não assinar a ocorrência interrompe esse encadeamento e rompe em ato com esse tipo de lógica, voltada sobretudo para a culpabilização dos pais e das crianças e para a absolvição da escola. E note-se que uma lógica de culpabilização é muito diferente de uma lógica de responsabilização.

Por fim, há a narrativa que situa a vinda de uma tia, que chega na escola "para tomar satisfações sobre supostas agressões à sua sobrinha". Note-se que essa tia faz com a escola exatamente o que a escola freqüentemente parece fazer com os pais e as crianças: não escuta o que a escola tem a dizer e a ameaça, prometendo denunciá-la para uma instância superior.

Essa narrativa remete-me a uma impressão compartilhada por algumas das pessoas com quem tenho entrado em contato, sejam elas meus alunos e alunas, sejam colegas de profissão: a de que a escola, às vezes, se parece com um hospício. Essa impressão de que, nas escolas, de repente, já não sabemos mais o que estamos fazendo e não entendemos o que leva os outros a fazerem o que fazem. Não estou, com isso, pressupondo que seja possível, ou desejável, entendermos tudo o que se passa, mas chamando a atenção para o que há de produção nessa espécie de loucura diária da escola. Se, conforme Foucault, nós produzimos a nossa loucura e a dos outros, a nossa infância e a dos outros, por intermédio do conjunto de discursos e de práticas com quem constituímos o mundo, resta apontar para a perplexidade que podemos sentir diante de cenários como estes:

> **Ocorrência 186.** Aos "x" dias do mês "x" de hum mil, novecentos e noventa e "x", a sra. Helena Maria de Braga, *mãe do aluno* Bernardo P. M. de Braga da série "x" *esteve na Escola exigindo o remanejamento de seu filho para outra turma. Ela alega que seu filho estava apanhando na hora do recreio, pois todos os dias fica no portão da Escola observando o movimento das crianças.* No dia "x", porém, segundo as professoras Lorena Aguiar e Isaura, *a mãe agrediu o colega do seu filho no horário da entrada das aulas e entrou aos gritos na coordenação pedagógica. As pedagogas Verônica e Isolda tentaram acalmá-la, mas a mãe só repetia que no horário do recreio entraria no pátio para agredir o menino. As pedagogas esclareceram que se ela fizesse isso seriam forçadas a chamar a polícia. Diante do exposto e para evitar maiores discussões, o*

aluno está sendo remanejado para outra turma porém, solicitamos à mãe que evite permanecer nos arredores da Escola na hora do recreio pois sua atitude poderá trazer insegurança a seu filho. [Constam as assinaturas de duas pedagogas, da mãe e mais uma, irreconhecível.]

Ocorrência 187. O aluno Maurílio [citado na ocorrência 142], da série "x", cortou com a tesoura a jaqueta da aluna Valquíria *e qdo foi chamado p/ conversar com a Pedagoga, tentou bater-lhe c/ a sombrinha, mordê-la e chutou-a.* O aluno só entrará na 2ª feira dia "x" com o pai ou responsável. [Consta a rubrica da pedagoga e a data abreviada.] A mãe da aluna Valquíria esteve aqui e presenciou o ocorrido. [Consta uma assinatura não identificável, provavelmente da mãe de Valquíria ou de Maurílio.]

Ocorrência 188. *A irmã do aluno* Luiz Roberto Castro *esteve aqui na escola* no dia "x" a pedido da Coordenação Pedagógica, *pois o mesmo*, na sexta-feira dia "x", *ameaçou a professora Joyce que iria "pegá-la" na hora da saída.* O aluno foi suspenso pela coordenação até que a mãe comparecesse na escola. A mãe não pôde comparecer pois está doente, mas mandou em seu lugar a filha Dóris de 14 anos. Os fatos foram esclarecidos e ficou estabelecido que, se o aluno não melhorar a conduta o mesmo será suspenso até que a mãe ou pai apareçam na escola para tomar as devidas providências. [Constam "Curitiba" e data abreviada; assinam a pedagoga, o aluno, a sua irmã e a professora.]

Ocorrência 189. A Sra. Jandira, mãe do aluno Osvaldo Leite V. Chaves foi convocada a comparecer na Escola para conversar e tomar ciência do comportamento muito agressivo do seu filho. Relatou que seu filho é uma criança impossível, que ela não suporta a convivência com ele e que a escola deveria providenciar um colégio interno para ele. Disse ainda que não toma nenhuma providência, que as crianças xingam-na de todos os nomes feios possíveis, que já fez sua parte e que em "x" [nome da cidade em que morava] ele seria internado quando vieram de volta para "x" [nome do bairro em que mora]. Tentamos falar argumentando como ela poderia orientar seu filho e ela disse que não tomará uma providência sequer. *Se chamarmos mais uma vez ela virá na escola para quebrar tudo*. A escola por sua vez se compromete a contatar uma instituição que oriente a família. [Constam "Curitiba", data abreviada, as assinaturas da pedagoga, da diretora, da mãe e de mais uma pessoa, não identificável.]

CAPÍTULO 6

A Problematização da Moral e da Ética na Disciplina Escolar Cotidiana

> Em resumo: à diferença de outros seres, vivos ou inanimados, os homens podemos *inventar* e *escolher* em parte nossa forma de vida. Podemos optar pelo que nos parece bom, quer dizer, conveniente para nós, frente ao que nos parece mal ou inconveniente. E como podemos inventar e escolher, podemos equivocar-nos [...]. De modo que parece prudente fixar-nos bem no que fazemos e procurar adquirir um certo saber viver que nos permita acertar. A esse saber viver, ou arte de viver se você prefere, é ao que chamam *ética*. Disso, se você tem paciência, seguiremos falando nas seguintes páginas deste livro.
>
> (Savater, 2002: 31; minha tradução; grifos no original)

Introdução: disciplina e moral na tradição pedagógica moderna

Inicialmente, quero chamar a atenção sobre a forte dimensão moral presente na tradição pedagógica e escolar, já que a ênfase histórica existente na função disciplinadora da escola moderna é indissociável de sua dimensão "moralista". Savater lembra que

> a palavra "moral" etimologicamente tem a ver com os costumes, pois isso precisamente é o que significa a voz latina *mores*, e também com as ordens, pois a maioria dos preceitos morais soam assim como "você deve fazer tal coisa" ou "nem pense em fazer tal outra". (Savater, 2002: 53-54; minha tradução; grifo no original)

Recuperarei uma citação de Kant, feita por Veiga-Neto, como ponto de partida das análises que desenvolve em um de seus textos:

> "Enviam-se *em primeiro lugar* as crianças à escola não com a intenção de que elas lá aprendam algo, mas com o fim de que elas se habituem a permanecer tranqüilamente *sentadas* e a observar *pontualmente* o que lhes ordena", uma vez que "a falta de disciplina é um mal pior que a falta de cultura, pois esta pode ser remediada mais tarde, ao passo que não se pode abolir o estado selvagem e corrigir um defeito de disciplina". (Kant, apud Veiga-Neto, 2000: 9; grifos no original)

Nessa perspectiva, a escola, fundamentalmente, serve para disciplinar os jovens, pois a instrução ou a cultura eles podem adquirir de outras formas e em outros momentos de sua vida. Veiga-Neto, referindo-se a esta citação de Kant, ressalta que "ele talvez tenha sido o primeiro a caracterizar, formalmente, a escola moderna como a grande instituição envolvida com o disciplinamento dos corpos infantis" (Veiga-Neto, 2000: 9), chamando a atenção para o termo "sentadas", que sinaliza para um dos padrões utilizados na disciplinarização dos corpos com relação ao espaço, e para o termo "pontualmente", que, da mesma forma, aponta para as relações a serem estabelecidas com o tempo. Nesse sentido, La Taille faz a seguinte provocação:

> Para o filósofo Kant, por exemplo, a disciplina é condição necessária para arrancar o homem de sua condição natural selvagem. Não se trata, portanto, apenas de "bons modos": trata-se de educar o homem para ser homem, redimi-lo de sua condição animal. Permanecer parado e quieto num banco escolar é, para Kant, necessário, não para possibilitar o bom funcionamento da escola, mas para ensinar a criança a controlar seus impulsos e afetos. Não que, levantando, andando, falando, não pudesse se alfabetizar, mas não conseguiria se "humanizar". Logo, perante espetáculos de indisciplina em sala de aula, Kant (e, com ele, boa parte dos defensores sérios do ensino dito tradicional [...]), se preocuparia com o futuro da humanidade. Contra ele, autores como Piaget apostaram numa "autodisciplina", não imposta de fora, mas inspirada pela busca pessoal de equilíbrio: do autogoverno das crianças nasceria uma disciplina muito mais estável e, aparente paradoxo, livre. Tais idéias tiveram e têm grande influência na educação moderna (notadamente na classe média brasileira). Que resultados? [...] Promoveu-se, realmente, o autogoverno das crianças ou apenas "se brincou" de dar-lhes certa autonomia em áreas marginais (como escolher a decoração da sala de aula)? (La Taille, 1996: 10-11)

Assim, na direção do que afirma Kant, constitui-se historicamente na tradição pedagógica a centralidade da noção de que educar significa "humanizar o homem", para o que é prioritária a tarefa de disciplina-lo, em uma perspectiva fortemente moral e comportamental, como veremos, dado que se trata de ensiná-lo, desde cedo, "a controlar seus impulsos e afetos", tendo por base um conjunto de valores, hábitos ou atitudes a serem internalizados na forma de deveres invariáveis ou de obrigações universais.

Por outras vias, Antelo recorre a Foucault para ressaltar a tendência presente na Modernidade de passar a julgar alguém não pelo que fez, mas pelo que é.

> Então, alguém que por exemplo começou uma briga na sala, não é mais alguém que cometeu um ato indisciplinado e que deve responder por tal questão, mas que passa a ser uma criança transtornada com graves problemas de conduta, um retardado pedagógico, um débil, small, large ou extra-large. [...] A figura do indisciplinado é impensável sem a lamentável prosa que a acompanha e que temos desdobrado neste livro: desinteresse, apatia, desmotivação, bla, bla, bla. Parte-se da causa, quer dizer, multiplicidade de causas para dar-lhe ar de seriedade — estas que mencionamos — e desenha-se uma figura. (Antelo, 2000b: 67-68; minha tradução)

Nessa direção, Foucault aponta para a moralização das condutas, para o estabelecimento dos valores, costumes e regras de ação obrigatórias que definem o que cada um é ou deve ser, a partir da proliferação dos procedimentos de vigilância, exame e normalização fortemente acionados no campo das ciências humanas e das relações de poder de tipo disciplinar ao longo da Modernidade. O poder de normalização, por exemplo, trata de administrar essa espécie de "economia moral", promovendo valores, estabelecendo deveres, reprimindo os desvios, assegurando conformidade máxima às regras e direcionando o mais intensamente possível a configuração de cada indivíduo. Em um dos textos que compõem o livro *Microfísica do poder*, ao reconhecer mais uma vez a importância de Nietzsche em seu pensamento, Foucault afirma: "Se fosse pretensioso, daria como título geral ao que faço 'genealogia da moral'" (Foucault, 1982: 143).

Milstein e Mendes também auxiliam na visualização dos tipos de ação moral cotidiana da escola, ao se referir ao já explicado princípio ordenador da busca pelo "justo meio" no que se refere aos textos escolares, nos quais tal princípio é facilmente localizável. Os autores citam o exemplo de um texto sobre alimentação:

> Estas bebidas, assim como o café, devem tomar-se com *moderação*. [...] Não deve fazer-se abusos de comidas com condimentos [pois] prejudicam o estômago, os intestinos e o fígado. [...] A boa dona de casa deve saber economizar. Isto não quer dizer ser mesquinha na quantidade ou na qualidade dos alimentos. Significa que não deve desperdiçar nada. [...] A *ordem*, a *limpeza* e a *economia* na cozinha são o espelho do bem-estar de uma casa. (Milstein e Mendes, 1999: 123-124; minha tradução; grifos no original)

Trata-se de um exemplo das várias situações em que a escola não transmite qualquer tipo de informação: trata-se de um tipo de informação que moraliza, apresentando normatizações indissociáveis de efeitos normalizadores. Nesse caso, estabelecendo, por exemplo, a "moderação" como norma-padrão de comportamento, como dever universal e obrigatório, "moderação" esta que remete à valorização de tudo o que aponta para o ideal do "equilíbrio entre os extremos" como parâmetro de constituição do "ser normal". Como os próprios autores, de forma bem-humorada, apontam:

> Estes conselhos triviais funcionam, objetivamente, como uma oportunidade a mais para reiterar o sentido "do correto" mediante a eqüidistância dos extremos [...]. O conselho culinário que não aconselha nada, mas anuncia um princípio geral: "nem amesquinhar nem desperdiçar", de impossível refutação e de nula aplicabilidade culinária, mas de imediata recepção no sentido comum do justo meio. Em tal sentido, as referências explícitas à ordem e o rápido deslocamento do discurso do plano informativo ao plano normativo é redundante, dado que um dos princípios da ordem foi já inequivocamente apresentado sob uma forma aparentemente descritiva e naturalizada. (Milstein e Mendes, 1999: 124; minha tradução)

Alguns exemplos sobre a "moralização dos modos de atuar" cotidianos na escola

Milstein e Mendes aprofundam suas análises quanto à identificação e à análise sobre o que chamam, de modo geral, de a "moralização dos modos de atuar" cotidianos da escola, aspecto fundamental que freqüentemente passa despercebido em nossas ações educativas.

> Segundo o senso comum, as questões relativas à ordem moral relacionam-se com o que "está bem/está mal" e, portanto, com o que se deve ou não fazer. As ações são interpretadas e constituídas através de um conjunto de regras de cumprimento obrigatório, designadas também como "normas morais". Seu não cumprimento é considerado uma transgressão sujeita a alguma forma de sanção, através de autoridade legítima. Estas regras são vividas como mandatos derivados de uma autoridade pessoal ou impessoal, natural ou sobrenatural — Deus, a sociedade — mas também sustentadas desde a subjetividade dos indivíduos pela "consciência moral" ou o "sentido moral". (Milstein e Mendes, 1999: 97; minha tradução)

Os autores esforçam-se exatamente para identificar os modos como tais normas morais são ensinadas, relacionando-as com o que é estabelecido como parte da necessária ordem ao funcionamento escolar, regras que são aprendidas com conotações naturalizadas, na medida em que vão se corporificando nos sujeitos na forma de predisposições. Assim, muitas dessas regras não estão explicitadas no currículo escolar, nem fazem parte de algum conteúdo específico, por exemplo, ao longo da própria formação dos professores. São ensinadas como parte dos modos corretos e incorretos, adequados e inadequados, de ser e estar na escola, não sendo com freqüência experimentadas como ensinamentos morais, mas, sim, como parte da "realidade óbvia" e inerente ao dia-a-dia escolar, aquela sobre a qual o professorado freqüentemente se refere como parte da necessária formação dos hábitos de ordem nos alunos.

Ainda que em muitos casos os valores e deveres escolares sejam ensinados pelas(os) professoras(es) na medida em que atuam e mostram às crianças como elas devem atuar — constituindo-as na forma de "bons" ou "maus" alunos nas várias situações e espaços escolares —, às vezes isso tudo é verbalizado em discursos sobre os deveres e regras obrigatórias para a convivência escolar. Os autores remetem-se a algumas situações observadas no cotidiano das práticas docentes em que isso é verbalizado em sala de aula, enfatizando três momentos básicos interligados nos quais se dá a moralização dos modos de atuar.

O primeiro momento refere-se à necessidade de que docentes e estudantes verbalizem reiteradamente as regras obrigatórias da escola, já que essas repetidas situações fazem com que as crianças incorporem as predisposições de percepção, pensamento e ação articulados ao arbitrário cultural de ordem escolar. O segundo refere-se ao processo de internalização da moral, no qual se pede que as crianças demonstrem que estão adquirindo autocontrole e independência de autoridades externas, processo que se refere ao que é geralmente conhecido como "formação da consciência moral das crianças". E o terceiro momento de moralização reforça os dois anteriores, dando-se por intermédio do estímulo freqüente para que as crianças confessem publicamente suas próprias "falhas", uma estratégia fundamental e útil, pois serve como ensinamento coletivo e reforço das obrigações para consigo. Tal confissão freqüentemente funciona como sanção, implícita ou explícita.

Para auxiliar a visualização das formas e estratégias adquiridas por tais ensinamentos, vale recuperar alguns trechos dos registros de observação de sala dos pesquisadores. Os autores reproduzem uma situação em que a professora atende um aluno em particular, e, enquanto isso, a turma vai se inquietando, algumas crianças vão ao quadro-negro, outras conversam entre si, outras deixam as carteiras. A agitação vai crescendo, e a professora diz: "Não, não! Assim não pode!" (Milstein e Mendes, 1999: 104; minha tradução). A professora desloca-se no sentido de recuperar um lugar de autoridade na sala e dali prossegue:

— Está bem. Sentem-se! Assim não pode! [...] Calem-se! Escutem!

As crianças correm, acomodam-se rapidamente em seus lugares e permanecem sentadas em suas carteiras, olhando para a professora.

A professora coloca o dedo junto da boca, põe a outra mão na cintura e diz:

— Parece-me... que se esqueceram de algo.

— Dos deveres — responde Carlos.

A professora move a cabeça de um lado ao outro.

— A tarefa — diz Alessandra.

A professora continua a balançar a cabeça.

— De cumprimentar [saudar] — diz Flávio.

Algumas crianças olham-se entre si, outras mordiscam objetos, algumas conversam. Flávio continua parado, sorrindo, sem atinar com sentar-se outra vez.

— Não, não — diz a professora. — Do contrato.

A professora espera e prossegue:

— E como dissemos que era o contrato?

— Calar-se — diz Oscar, pondo as mãos sobre a mesa.

A professora assente e agrega:

— Claro, calar-se quando o outro fala. E que mais?

— Não fazer nada — diz Adriana.

— Sim, mas não é somente isso — diz a professora. — Falamos de um compromisso, lembram-se? Eu os escuto e vocês me escutam, e se escutam entre vocês [...].
(Milstein e Mendes, 1999: 104-105; minha tradução)

Todas essas situações referem-se ao primeiro momento de aprendizagem das regras morais citado pelos autores. De início, as crianças responderam rapidamente à intervenção da professora, reorganizando-se de imediato a partir do que a professora está ensinando: "Sentem-se... Calem-se...". Ou seja, a professora é a autoridade na sala, o silêncio é precioso e cada corpo deve estar em seu lugar.

A estratégia seguinte é a do "esquecimento": "Parece-me... que se esqueceram de algo". Com isso, ela busca fazer com que as crianças verbalizem quais regras foram esquecidas. Desta vez, as crianças exprimem que ainda não as incorporaram devidamente, posto que sabem ter feito algo errado, mas não sabem bem o quê, remetendo-se indiscriminadamente às várias regras vigentes nas relações escolares. Com isso, expressam que ainda não aprenderam, de modo convincente, "a experimentar certas situações como desordem" (Milstein e Mendes, 1999: 105; minha tradução).

E em seguida aparece a complementação da estratégia, quando a professora afirma o que foi esquecido, o "contrato", cuja retomada com as crianças serve para reapresentar e reforçar o ensinamento das regras. E então, as respostas das crianças são muito interessantes, pois se referem ao contrato — que é verbalizado na escola na forma democrática de um acordo em que todos supostamente participam de modo igual —, na forma em que o vivem, ou seja, em termos de obrigações e ordens: "calar-se", como diz um dos alunos.

Os autores salientam que essa estratégia de "esquecimento do contrato", no sentido de compromissos firmados entre docentes e estudantes, é muito utilizada no cotidiano escolar, na esteira das propostas de democratização surgidas a partir das críticas ao tradicional caráter autoritário das relações escolares. No entanto, trata-se de mais um momento em que emergem as atuais ambivalências ou contradições presentes no cotidiano escolar. Nesse caso, ambivalências que apontam para os questionamentos a respeito do quão consensuais, voluntários ou democráticos são, na prática, tais acordos: "Com efeito, se deve ensinar o obrigatório como um acordo voluntário, as proibições como negociações, o absoluto como surgido de um 'nós' grupal" (ibid.: 106; minha tradução).

Essa questão pode ser visualizada por meio dos livros de ocorrência, especialmente nas narrativas que explicitam alguns dos modos usados na resolução das questões com os responsáveis pelas crianças. Por vezes, como constava em certos exemplos apresentados ao longo deste livro (rever, por exemplo, as ocorrências 163, 43 e 11), aparecem termos mencionando ter havido "acertos", "combinados", "termos de compromisso". Eis um novo exemplo nessa direção:

> **Ocorrência 190.** A mãe do aluno Dorival Flink esteve na Escola nesta data para justificar a quantidade de faltas de seu filho às aulas (37), argumentando que gostaria de mudar o horário dele para a tarde. A professora Anita foi consultada à respeito e achou que tal providência não é viável pois a quantidade de alunos no período da tarde é muito maior e o atendimento ao aluno sofrerá queda na qualidade. *Ficou então acertado que a mãe conversará com o Dorival e explicará que tem a responsabilidade sobre ele e sua freqüência as aulas e por esse motivo ele retornará a freqüentar a escola* no próximo dia "x". Caso isso não ocorra, o Conselho Tutelar será comunicado, via relatório. [Constam a data abreviada, as assinaturas da mãe e as de duas pedagogas.]

Cabe perguntar o que esse tipo de estratégia de resolução dos problemas, mesmo com relação aos pais, tende a significar, tendo em vista o conjunto das relações disciplinares estabelecidas sobre eles. Um contrato geralmente pressupõe entendimentos e acertos entre duas partes, precedido de negociações que desemboquem em um mínimo de vantagens para ambos os lados. Dado o processo de infantilização que também incide sobre os responsáveis pelas crianças, tal estratégia tende a apontar mais na direção de uma intimação que na de um acordo.

Voltando aos autores, o segundo momento de aprendizagem das regras morais é apresentado na continuação do relato da situação: "Todos trabalhamos juntos, eu não tenho que lhes gritar. Tampouco tenho que dizer a cada um o que fazer. [...]" (Milstein e Mendes, 1999: 105; minha tradução). É uma fala destinada a ensinar às crianças que elas devem internalizar as regras, expressando autocontrole e autovigilância sobre seus próprios atos, sem que seja necessário lembrá-las a todo momento do que é certo e do que é errado. Trata-se de construir nas crianças um dever sobre si mesmas, que independa o mais possível da professora ou de autoridades externas, assegurando a formação do que é geralmente apresentado como sendo sua consciência moral.

E o terceiro momento relaciona-se com a parte final desse relato: "[...] Vocês têm que dizer entre vocês [...]. Agora há alguém que está fazendo outra coisa, e vocês têm que lhe dizer. — O Hugo, o Oscar! — diz Maria" (Milstein e Mendes, 1999: 105; minha tradução). Os autores trazem então uma situação ocorrida com este Hugo, uma semana depois. A professora novamente está usando a estratégia do "esquecimento do contrato" (quando um fala, o outro escuta), só que, dessa vez, Hugo "denuncia-se", reconhecendo que era ele quem estava falando quando deveria estar escutando. Ele confessa publicamente seu erro, completando o processo em termos de aprendizagem da moralização das regras, ao assumir seus deveres perante todos e perante si mesmo.

O intuito, portanto, é incutir a moralização das regras na criança mediante um conjunto de ações, respaldadas por valores, obrigações e estratégias necessárias à constituição do "bom aluno", para o que são garantidas, segundo Milstein e Mendes, aprendizagens relativas a esses três momentos básicos que as constituem: a enunciação reiterada das regras obrigatórias para todos; a internalização dessas regras, por meio do desenvolvimento de autocontrole por parte das crianças; e a necessidade de a criança reconhecer publicamente tais deveres, em confissões que funcionam como ensinamento coletivo, ao mesmo tempo que estabelecem vínculos obrigatórios da criança consigo mesma e com o coletivo.[1]

No Capítulo 2, por outras vias, abordei detalhadamente a questão da confissão no pensamento de Foucault, articulando-a com as narrativas dos livros de ocor-

---

1. Destaco, também com relação à moralização dos modos de atuar cotidianos na escola, a relevância de pesquisas que explorem especificamente tal temática, investigando o processo de efetivação destas e de outras possíveis estratégias de moralização da conduta dos sujeitos envolvidos com a instituição escolar.

rência e apontando para a constituição de cenários em que uma espécie de crimes e de pecados circula cotidianamente na escola. As menções, nas narrativas dos livros de ocorrência, a convocações, testemunhos, provas, acareações, acusações (a uma espécie de crimes), ou a conversas conscientizadoras, a pedido de desculpas, a busca de entendimento ou de promessas de não-reincidência (pecados), movem uma lógica de tipo inquisitorial, em que as autoridades escolares potencialmente possuem a razão e o poder de afirmar a verdade de cada caso e a criança ocupa uma permanente perspectiva de culpa. Ambos os tipos de cenários relacionam-se profundamente com a dimensão moralizadora da lógica disciplinar que impulsiona o funcionamento dos livros de ocorrência, em que essa espécie de confissão que a criança é chamada a praticar por intermédio dos livros marca um encontro com certas verdades, pressupostos e valores, encontro que funciona em meio àqueles três momentos de aprendizagem das regras morais vigentes apontados por Milstein e Mendes, questão sobre a qual voltarei mais adiante.

Alternativas à ênfase moral na disciplina escolar: a disciplina como método, como um "saber-fazer"

Em uma perspectiva de retirada do acento moralista no exercício da disciplina escolar, Carvalho (1996) problematiza as questões disciplinares aproximando-as da noção de método em suas relações com as várias conotações que o termo "regra" pode adquirir. Seus argumentos vão na direção de que a disciplina pode ser entendida como um "caminho para a aprendizagem", uma forma específica de realizar alguma tarefa que supõe a aplicação de certas regras ou, ainda, como método para conseguir finalizar uma atividade, que é, ao mesmo tempo, condição para que esta possa se dar.

Dentre as várias acepções do termo disciplina, tiradas do dicionário de Caldas Aulete, Carvalho aponta esta como sendo a que mais fortemente se encontra presente nos meios escolares: disciplina, "'o conjunto das prescrições ou regras destinadas a manter a boa ordem resultante da observância dessas prescrições e regras: a disciplina militar; a disciplina eclesiástica'" (Carvalho, 1996: 131). Ou seja, a noção da boa ordem, vinculada a um modo de vida, própria de outras instituições sociais, que é transposta para o ambiente escolar. Nos dois casos citados — o da disciplina militar e eclesiástica —, trata-se de um tipo de disciplina que pressupõe uma ordem fixa para as atividades diárias, hábitos invariáveis, submissão rígida e acrítica às determinações, pois está atrelada ao que garante a própria sobrevivência dessas instituições, voltadas para, respectivamente, garantir "uma força armada pronta para o conflito ou atingir uma beatitude" (Carvalho, 1996: 131).

No entanto, o autor pondera que, se pensamos na acepção de disciplina escolar vinculada às várias áreas do conhecimento, das ciências, das artes e demais aspectos relevantes da cultura, chama a atenção o fato de ela existir no sentido plural e variado, tendo em vista a particularidade de a escola trabalhar com as várias disciplinas ou matérias existentes nos currículos escolares. Não há uma disciplina no currículo escolar, mas várias, atreladas a uma pluralidade de objetos de conhecimento específicos, cada qual com suas próprias formas de abordagem e, portanto, a exigir disciplinas distintas para que possam ser aprendidas. Carvalho retoma etimologicamente a palavra disciplina a partir da raiz latina *disco*,

> que significa "aprendo". Sua raiz encontra-se na idéia de uma submissão do aprendiz às regras e estruturas do que pretende aprender ou à autoridade do mestre, como aquele que inicia o *discípulo* em uma arte ou área de conhecimento. As regras não têm validade autônoma, como um imperativo categórico que valha por si, mas encontram seu significado como um *caminho* para a *aprendizagem*. [...] Tal recorte implica renunciar à tentação essencialista de imaginarmos que há a verdadeira *disciplina*, cujo conceito ou idéia — que deve se transformar em comportamento — define-se independentemente do contexto e impõe-se como um objetivo único e universal para o qual devemos *sempre* tender ou do qual devemos *sempre* nos aproximar. Acredito mesmo que essa crença de que exista um único tipo de comportamento a que chamamos *disciplinado* é responsável por muitas das aflições que temos em relação à suposta *indisciplina* dos alunos. (Carvalho, 1996: 132; grifos no original)

Para exemplificar essa noção de disciplina como "caminho para a aprendizagem", o autor coteja o tipo de disciplina implicada nas aprendizagens que se dão em um jogo de futebol, em uma prática científica ou no cotidiano de um mosteiro, cada uma das situações exigindo não só práticas disciplinares distintas, mas também relações diferentes com as próprias regras existentes em cada contexto. O silêncio não é igualmente necessário para a realização desses três tipos de ação. Em um jogo de futebol, por exemplo, tende a ser um estorvo. A criação e a ousadia, fundamentais no trabalho científico ou nas práticas artísticas, tendem a ser um obstáculo para a constituição de um monge.[2] Aulas expositivas tendem a exigir silêncio, algo que pode ser um empecilho para a realização de uma atividade de resolução de problemas, para a qual o "barulho" envolvido na troca de idéias se faz oportuno.

---

2. Carvalho lembra das três palavras inscritas na entrada do principal museu de arte contemporânea de Nova York, o MoMA: *ousadia, criatividade e disciplina*, o que sugere, ao contrário do que circula fortemente no senso comum, a idéia de que um certo tipo de disciplina é fundamental na constituição de um artista (Carvalho, 1996: 133).

Quando abordamos a questão da disciplina e da indisciplina, "tocamos não em um conjunto fixo de modalidades de comportamento, mas em uma série de atitudes que em diferentes contextos lingüísticos e sociais podem representar ou requerer diferentes comportamentos" (Carvalho, 1996: 133). A disciplina é, nesse sentido, entendida como um "modo de fazer algo", um tipo de ação, um "saber-fazer" profundamente vinculado às especificidades presentes no tipo de atividade e de objetivos a serem realizados. Portanto, estamos também diante da necessidade de relativizar as próprias noções de regra e método ligadas à noção de disciplina, indissociáveis do contexto em que se dão, do tipo de atividade que devem viabilizar, dos objetivos que perseguem, da comunidade de praticantes em que circulam. Assim,

> A palavra "regra" pode, entre outras funções, expressar a idéia de um regulamento tácita ou explicitamente formulado, através de proibições, exigências e permissões (como as de trânsito, as de um jogo ou dos estatutos de um clube); pode expressar instruções (como as regras para o uso de um aparelho); ou, ainda, preceitos morais e religiosos que visam guiar a ação de um indivíduo (como os mandamentos bíblicos). (Carvalho, 1996: 134)

Todos esse usos são legítimos e dependem do contexto em que se dão, da vinculação com o tipo de atividade ou de finalidade em questão em cada caso. O autor problematiza também a noção de método, entendendo-o como "*uma maneira de fazer algo que é passível de ser aprendida*" (Carvalho, 1996: 135, grifos no original). O método pressupõe a aplicação de certas regras ou preceitos que sejam úteis na realização de certa atividade, tendo em vista as experiências relativas a essa mesma atividade já desenvolvidas por outras pessoas ou por nós mesmos.

Carvalho apresenta o exemplo de uma criança que sobe no telhado para buscar uma bola; alguém que esteja com ela pode lhe indicar caminhos ou regras que irão facilitar seu êxito, evitar esforços desnecessários ou ações que a coloquem em risco, neste tipo de situação ou em situações que apresentem certas semelhanças com esta. Se o que está em questão é ensinar essa criança a subir no telhado, a pessoa que a está ensinando não poderá subir por ela nem poderá eliminar o que há de próprio na forma de subir no telhado que essa criança desenvolverá a partir dos ensinamentos recebidos. Essa aprendizagem será tanto mais útil quanto mais a criança conseguir aplicá-la na subida de novos telhados. Na mesma direção,

> Estar alfabetizado implica ter o domínio do *modus operandi* implicado na leitura e na escrita; significa ter uma certa habilidade que se demonstra concretamente, da mesma forma que saber andar de bicicleta pressupõe que se superem os exercícios

padronizados pelos quais nos ensinaram as primeiras manobras. Em ambos os casos — alfabetizar-se e andar de bicicleta — o aprendizado implica a posse de uma *disciplina*, de um *método*, um modo de *fazer* algo, de regras que a constituem e possibilitam. (Carvalho, 1996: 136; grifos no original)

Como ensina Carvalho, um jogo de futebol, por exemplo, não seria possível sem a existência de regras, regras estas que constituem o jogo e possibilitam a existência de "craques" ou de jogadas criativas. Nessa perspectiva, uma professora que apresente regras e modos de atuar favorecedores para a aquisição de uma aprendizagem possibilita que os alunos desenvolvam sua capacidade criativa. E se o processo de ensino—aprendizagem de cada disciplina ou matéria curricular está a exigir tipos diferenciados de disciplina — como um "saber-fazer" que lhe é próprio —, não há como um aluno ser, da mesma forma, disciplinado em tudo, agindo sempre da mesma maneira, independentemente das particularidades existentes em cada situação escolar e das ênfases ligadas ao que se quer ensinar.

Entender a disciplina escolar a partir da ênfase na padronização dos comportamentos refere-se menos às demandas de aprendizagem vinculadas às especificidades dos objetivos e conteúdos próprios de cada área de conhecimento e do que se quer realmente ensinar do que às demandas relacionadas à utilização da disciplina com fins morais, visando à obrigatoriedade e à universalidade de certos comportamentos estabelecidos como incondicionalmente necessários dentro do ambiente escolar.

Tais considerações podem auxiliar tanto na direção de repensar e recriar as normas disciplinares vigentes na escola, quanto na de viabilizar aproximações com uma vivência disciplinar em termos éticos, no sentido foucaultiano, questões sobre as quais voltarei a seguir. Em ambos os casos, trata-se de experimentar um distanciamento crítico com relação ao papel preponderantemente moralizador das práticas disciplinares escolares — baseado em normas voltadas sobretudo para os aspectos comportamentais normalizantes que constituem um dever-ser invariável vinculado à universalização de certos valores, costumes ou atitudes —, em direção ao entendimento da disciplina no plural, vinculada às ênfases do que se quer realmente ensinar, do que é específico à realização de cada atividade ou do programa curricular.

Moral e ética em Foucault

Foucault sinaliza haver muita ambigüidade em torno do termo moral, referindo-se a este, genericamente, como "um conjunto de valores e regras de ação propostas aos indivíduos" (Foucault, 1998: 26). Na direção de situar seus entendimentos sobre a questão, estabelece algumas diferenciações, conforme a ênfase que se dê a um ou outro aspecto da moral, o que terá conseqüências também para o tipo de história que se pretenda realizar. Assim, a moral pode ser entendida como um leque de prescrições, códigos morais, de regras de comportamento, colocados de modo sistemático ou difuso, explícito ou implícito. Uma análise histórica voltada para a ênfase nesses aspectos é chamada, por Foucault, de

> História dos "códigos", a que analisa os diferentes sistemas de regras e valores que vigoram numa determinada sociedade ou num grupo dado, as instâncias ou aparelhos de coerção que lhes dão vigência, e as formas tomadas por sua multiplicidade, suas divergências ou suas contradições. (Foucault, 1998: 29)

Mas, tendo em vista que o conhecimento de uma regra moral não significa que necessariamente será adotada na vida diária dos sujeitos, a moral pode ser entendida também como "o comportamento real dos indivíduos" (Foucault, 1998: 26), as condutas que eles efetivamente adotam, considerando aquelas prescrições, que podem variar e expressar complexos e móveis graus de adesão ou de resistência, com relação aos valores ou às regras, das quais os sujeitos estão relativamente conscientes. Foucault chama esse último aspecto de moralidade do comportamento. As condutas, nesse caso, podem ser avaliadas ou medidas em relação às regras que são estabelecidas e transmitidas aos indivíduos. Aqui, tratar-se-ia de fazer uma história das moralidades.

E costuma-se também entender por moral "a maneira pela qual é necessário 'conduzir-se' — isto é, a maneira pela qual se deve constituir a si mesmo como sujeito moral, agindo em referência aos elementos prescritivos que constituem o código" (Foucault, 1998: 27). Neste caso, tratar-se-ia de uma história da ética, a qual ele anuncia que irá fazer:

> [a] história da maneira pela qual os indivíduos são chamados a se constituir como sujeitos de conduta moral: essa história será aquela dos modelos propostos para a instauração e o desenvolvimento das relações para consigo, para a reflexão sobre si, para o conhecimento, o exame, a decifração de si por si mesmo, as transformações que se procura efetuar sobre si [...] a história da subjetivação moral e das práticas de si destinadas a assegurá-la. (Foucault, 1998: 29)

Do ponto de vista histórico, Foucault ressalta poder haver algumas morais em que a tônica recaia, por exemplo, no zelo quanto aos códigos e prescrições, nas instâncias de autoridade e de controle, e outras em que a ênfase tenda para a ética, para a subjetivação dos indivíduos — subjetividade entendida como "as formas e as modalidades da relação consigo através das quais o indivíduo se constitui e se reconhece como sujeito" (Foucault, 1998: 11) —, para as práticas de conhecimento e de transformação com relação a seus próprios pensamentos, ações e sentimentos.

Ao contrário do que se costuma pensar de modo reducionista, nem todas as culturas cristãs enfatizaram homogeneamente os códigos, dado que as práticas de si também fizeram parte da longa história do cristianismo. Por outro lado, Foucault anuncia que, daquilo que pôde analisar da moral na Antigüidade Clássica, esta lhe parece tratar-se precisamente de um exemplo em que não se enfatizavam os sistemas de códigos e as obrigatoriedades, mas, sim, a ética, a condução da vida como arte da existência (rever notas 12 e 13 do Capítulo 2). Daí que Foucault explicita as especificidades que comporão a direção do método genealógico a ser aplicado no domínio da ética: não perder de vista a inseparabilidade, as relações de coexistência, mas também de autonomia entre os códigos morais e as práticas de si neste campo, buscando considerar os aspectos que podem indicar a ênfase na dimensão ética dessas morais (Foucault, 1998: 30-31). Foucault ressalta ainda que a ética

> não é simplesmente "consciência de si", mas constituição de si enquanto "sujeito moral", na qual o indivíduo circunscreve a parte dele mesmo que constitui o objeto dessa prática moral, define sua posição em relação ao preceito que respeita, estabelece para si um certo modo de ser que valerá como realização moral dele mesmo; e, para tal, age sobre si mesmo, procura conhecer-se, controla-se, põe-se à prova, aperfeiçoa-se, transforma-se. (Foucault, 1998: 28)

Para Foucault, a ética refere-se a um processo de subjetivação de cunho moral, através do qual a pessoa constrói relações consigo mesma e busca transformar-se permanentemente mediante as técnicas, os cuidados ou as práticas de si que lhes são apresentados. Como isso implica relações ativas consigo mesmo — desdobrando-se em escolhas, em renúncias, em aperfeiçoamentos, em valores que direcionam o que deve ser controlado e/ou estimulado no indivíduo —, a dimensão do pensamento está tão presente quanto a dimensão das práticas de si. Donde a ética, esse processo de autogoverno em Foucault, possui forte dimensão tanto reflexiva, quanto prática, relacionando-se intimamente com a questão do poder, da liberdade, da estética, com os cuidados de si, com as artes de existência — enfim, com o dar forma à existência.

Uma das questões constantes no trabalho de Foucault é sua preocupação com as formas: formas de saber, formas de poder, formas de sexualidade, formas de castigo — em suma, com as formas que historicamente dão formas aos sujeitos. Pode-se dizer que, em um primeiro momento, trata-se de sua permanente crítica às concepções essencialistas presentes na tradição epistemológica ocidental. Do ponto de vista das teorias do sujeito, que acentuam seus elementos constantes, universais, Foucault afirma que

> [o sujeito] não é uma substância. É uma forma, e esta forma não é nem antes de tudo nem sempre idêntica a si mesma. Vocês, por exemplo, não têm a respeito de vocês mesmos o mesmo tipo de relações quando se constituem como sujeito político que vai votar ou que toma a palavra em uma assembléia, ou quando buscam realizar seu desejo em uma relação sexual. Há, sem dúvida, relações e interferências entre estas diferentes formas de sujeito, mas não estamos em presença do mesmo tipo de sujeito. Em cada caso, se jogam e se estabelecem consigo mesmo formas de relação diferentes. E precisamente o que me interessa é a constituição histórica destas diferentes formas de sujeito. (Foucault, 1999d: 403-404; minha tradução)

As preocupações em torno da ética — e na medida em que Foucault se aproxima das especificidades da cultura antiga — vão trazer explicitamente conotações estéticas a seu pensamento. A estética da existência, definida por Foucault como artes da existência, como técnicas de si, ou seja,

> práticas refletidas e voluntárias através das quais os homens não somente se fixam regras de conduta, como também procuram se transformar, modificar-se em seu ser singular e fazer de sua vida uma obra que seja portadora de certos valores estéticos e responda a certos critérios de estilo. (Foucault, 1998: 15)

Uma das questões presentes a animar a genealogia de Foucault em direção à ética é a da profunda dicotomização histórica produzida entre a arte e a vida, em que a arte passa a referir-se apenas a objetos — e não à vida —, assim como se torna atividade restrita a um grupo de especialistas, os artistas: "Não poderia a vida de todos se transformar numa obra de arte? Por que deveria uma lâmpada ou uma casa ser um objeto de arte, e não a nossa vida?" (Foucault, 1995a: 261).

As perguntas de Foucault voltam-se sobre as possibilidades e as impossibilidades de cada pessoa manter consigo relações e atividades criativas, de focar sua vida mesma como um campo decisivo para a aplicação de valores estéticos, valores estes referidos fundamentalmente à forma, à configuração e à transformação (cf. Schmid, 2002: 270).

> Sem dúvida, se algo define significativamente a experiência artística — suscetível de tomar como uma possível forma à elaboração de uma estética da existência — é o trato criativo com elementos múltiplos, o exercício de eleição em meio a sistemas de grande complexidade, a configuração do próprio na variedade, a elaboração de múl-

tiplas perspectivas e a abertura de outros modos de ver. (Schmid, 2002: 271-272; minha tradução)

A forma manifesta-se, possui exterioridade, o que pressupõe, do ponto de vista artístico, um complexo trabalho de experimentação, de práticas, de reflexões, de escolhas, de exercícios, de rupturas, de provocações, de perspectivismos, tendo em vista as relações existentes entre a matéria, o sujeito e o mundo em que se encontram. Vale citar um trecho de Schmid em que este se refere às dimensões éticas e estéticas no pensamento de Nietzsche, remetendo-se à centralidade da forma, em suas relações com o saber, no contexto escolar:

> Nietzsche criticava um saber relacionado unicamente consigo mesmo e não com a educação e formação dos homens. Este saber, afirmava, tinha que se transformar em *formas*, e deixar de seguir sendo um saber reduzido a meros conteúdos enciclopédicos. O saber se converte em vida real não quando se reprega a alguma sorte de "interioridade", mas na exterioridade da forma. (Schmid, 2002: 169; minha tradução; grifo no original)

Do ponto de vista da estética da existência, o processo de dar forma à própria vida na condução de si mesmo implica o desenvolvimento de um determinado estilo, o que não significa que ambos sejam a mesma coisa. Se a ética acarreta autogoverno, tal condução é constituída por instrumentos, por técnicas que funcionam como meios para a realização dessa dimensão estética da vida. "Se o estilo é uma técnica, a estética da existência é seu resultado" (Schmid, 2002: 209; minha tradução). O estilo refere-se às atividades próprias desse processo de autoconstituição, de autocondução, o que remete fundamentalmente às escolhas complexas a serem feitas a todo o momento e relacionadas aos mais diversos aspectos presentes na configuração da vida. O estilo ocorre dentro de um processo de formação que nunca se finaliza e, portanto, nunca está delineado de uma vez por todas. O que se destaca aqui, no pensamento de Foucault, é a questão de a subjetividade ser construída a partir da noção de estilo, apoiada na importância que especialmente para os gregos adquiria a noção de ética enquanto *ethos*:[3]

> O *ethos* era a maneira de ser e de comportar-se. Era um modo de ser do sujeito e uma maneira de proceder que resultavam visíveis para os outros. O *ethos* de alguém se

---

3. É bom explicitar que Foucault não vai à ética da Antigüidade a fim de buscar revivê-la tal e qual na atualidade. Em várias passagens, ele desenvolveu avaliações que apontavam, por exemplo, seu caráter elitista e viril. Não se trata de propô-la como modelo, mas de ativar a crítica, relacionando a problematização histórica com as condições intransferíveis que compõem o presente, na medida em que isto possa ser produtivo (cf. Veyne, 1996).

refletia através de seu vestir, de seu aspecto, de sua forma de andar, da calma com a qual respondia a todos os acontecimentos etc. (Foucault, 1999d: 398-399; grifos no original; minha tradução)

No campo das relações fundamentais entre a ética e o poder em Foucault, Schmid situa uma série de questões nevrálgicas, a começar pela questão atual que remete aos jogos e às confrontações existentes entre a normalização da existência e as possibilidades decorrentes dos aprendizados relativos à condução de si mesmo. "Haverá sempre uma relação consigo que resiste aos códigos e aos poderes; a relação consigo é, inclusive, uma das origens desses pontos de resistência" (Deleuze, 1998: 111). Se a ética é compreendida como uma autocondução dotada de valores estéticos, uma questão crucial será a do enfrentamento dos poderes normalizantes sobre o indivíduo; a reação ou a crítica às normas, quando estas se referem ao âmbito da normalização, corresponde à estetização de sua vida:

> A ética tem a ver com a questão da forma que cada um se dá a si mesmo e a sua vida, assim como com o tipo de reflexão que pratica sobre ela. Esta se constitui à luz do *ethos*, da atitude do indivíduo, mas não do cumprimento de normas. Isto não significa a suspensão da validade das normas legais, mas que estas — e, em geral, as normas sociais — são suscetíveis de serem criticadas pelas formas individuais. [...] Em uma ética compreendida como arte de viver, o que importa, pois, é enfrentar um poder que centrou sua atenção em organizar os indivíduos sob as normas e convenções dominantes e em normalizar a forma de sua existência. Contra a norma está a forma que o indivíduo se dá a si mesmo. [...] Desenvolve-se em oposição à intervenção de um poder individualizante, assim como contra a sujeição a uma identidade determinada. [...] Em lugar de deixar-se governar, na ética do indivíduo trata-se de governar-se a si mesmo. Deste modo, a ética preocupa-se com que as relações de poder não cheguem a se solidificar como situações de domínio. (Schmid, 2002: 205-206; grifo no original; minha tradução)

Daí é possível compreender que a norma, quando atrelada à normalidade e à normalização, é excludente em relação ao enfoque que Foucault dá à questão ética, tendo em vista o acento singular ou estético aí existente. Tratar-se-ia de uma relação excludente, tanto na medida em que a normalização implica medidas comparativas voltadas para a individualização máxima de cada um, voltadas para a formatação homogeneizante do ser conforme padrões, modelos ou preceitos, quanto na medida em que implica o acento nos códigos morais que prescrevem deveres universais e obrigatórios voltados para a subjetivação dos indivíduos.

Já a normatização referir-se-ia a certo ordenamento que possibilitasse a vida coletiva, útil e imprescindível, desde que posto em um contexto que garantisse a "*criticabilidade* de qualquer normatividade" (Schmid, 2002: 85; grifo no original; minha tradução), desde que pudesse ser revisto e reinventado. Um pouco antes da passagem citada, Schmid volta a referir-se, em sentido estrito, ao plano normativo como aquele em que se define "para nosso comportamento as normas, as autorizações regulares e as proibições" (Schmid, 2002: 82; minha tradução). Entendo que tal plano refere-se às normas sociais ordenadoras que adquirem legitimidade e validade, na medida em que sejam consideradas úteis ou necessárias para a viabilização das relações entre os sujeitos, algo distinto de normas que visem constituí-los a partir de padrões homogeneizantes, destinadas a sujeitá-los a identidades pré-moldadas. Como já afirmado antes, no pensamento de Foucault, a reação às normas não significa que seja possível, ou desejável, viver fora de seu âmbito, tenham essas normas conotações legais ou sociais; significa, sim, que possam ser criticadas e reinventadas no exercício das possibilidades, politicamente importantes, de os sujeitos agirem ativamente sobre sua constituição. Assim, está fora de questão pensar em sociedades onde não haja restrições ou ordenamentos.

Essa discussão articula-se com outra questão nodal apontada por Schmid, que remete à dimensão individual existente na ética foucaultiana. A noção de autogoverno implícita nesta ética não significa também o isolamento no universo do privado para que a partir daí sua construção aconteça. A ética, em Foucault, possui uma dimensão fundamentalmente individual, na medida em que é entendida em suas relações com a arte de viver e, como tal, é intransferível, irrepetível, própria. O que não quer dizer que as relações sociais, as relações com o outro, não sejam fundamentais para que se realize essa construção. Eis por que isso se dá em meio das relações de poder. No entanto, há uma necessária relação de auto-referência aí, dado que a ética implica uma constituição que é de cada um. Daí por que não haja, no pensamento de Foucault sobre a ética, uma dimensão universal à qual todos deveriam submeter-se, assim como não há uma dimensão de obrigatoriedade que possa responder à pergunta de como se deve atuar.

Isso também não significa que tal condução de si mesmo remeta a alguma essência, a um eu profundo e original, que se encontraria descontaminado das perversidades sociais ou do poder. Tal constituição se dá em meio à cultura e às relações de poder que historicamente constituem os indivíduos e, ao mesmo tempo, em meio às suas possibilidades de reflexão crítica e de intervenção sobre elas.

Tendo em vista o que já foi explicado no Capítulo 4 no que se refere à diferenciação feita por Foucault entre estados de dominação e relações de poder — em suas respectivas correlações com as práticas de libertação e de liberdade —, é mediante o exercício das relações de poder que o exercício da liberdade acontece. A liberdade, nesse sentido, não é o outro do poder, lhe é inerente. É assim que

Foucault define "as relações de poder como jogos estratégicos entre liberdades" (Foucault, 1999d: 413; minha tradução).

Daí por que as práticas de liberdade são centrais. "Daí Foucault falar de 'práticas de liberdade', que tratam não de se ver livre do poder, mas da liberdade positiva, pública, isto é, a liberdade para constituir a própria existência segundo critérios estéticos: a ética do cuidado de si como prática de liberdade" (Ortega, 2000: 28).

As relações de poder são pensadas *agonisticamente* e, portanto, também as práticas de liberdade o serão, onde as forças se encontram em confronto permanente e insolúvel, operando em um campo de possibilidades abertas, sobre sujeitos que são, em alguma medida, ativos e podem, a qualquer momento, fazer valer tanto seu apoio, quanto sua vontade e sua resistência ao poder:

> [...] no centro da relação de poder, "provocando-a" incessantemente, encontra-se a recalcitrância do querer e a intransigência da liberdade. Mais do que um "antagonismo" essencial, seria melhor falar de um "agonismo" — de uma relação que é, ao mesmo tempo, de incitação recíproca e de luta; trata-se, portanto, menos de uma oposição de termos que se bloqueiam mutuamente do que de uma provocação permanente. (Foucault, 1995b: 244-245)

É nesse contexto que se pode entender a definição de ética dada por Foucault enquanto "prática da liberdade, a prática reflexiva da liberdade" (Foucault, 1999d: 396; minha tradução). A ética, a autocondução moral dos sujeitos, implica constituir-se em meio ao exercício de relações de poder e ao exercício da liberdade.

As práticas de liberdade, portanto, precisam se apoiar em reflexões voltadas para a atualidade em que ocorrem, o que significa partir tanto da permanente crítica às relações de poder e de domínio, quanto do diagnóstico dos problemas sobre os quais tais relações se voltam no presente. Como afirma Schmid (2002: 72-80), trata-se de uma "ética agonal" (ética agônica ou agonística), em que a liberdade não remete a estados essenciais de equilíbrio, de harmonia, de consenso, de ausência de poder ou de reencontro com situações ideais, mas ao incessante confronto, à incitação e à provocação de forças, à condução cotidiana dos enfrentamentos exigidos. Por isso, a ética foucaultiana é, irremediavelmente, política e reflexiva.

Schmid também chama a atenção para a importância que o "pensar de outro modo" tem no âmbito da ética foucaultiana, vista a partir das questões do presente. Foucault pergunta-se:

> Mas o que é filosofar hoje em dia — quero dizer, a atividade filosófica — senão o trabalho crítico do pensamento sobre o pensamento? Se não consistir em tentar saber

de que maneira e até onde seria possível pensar diferentemente em vez de legitimar o que já se sabe? (Foucault, 1998: 13)

Trata-se de problematizar as evidências, o que significa refletir sobre as condições que definem o presente, mas também sobre o que há de frágil nessas condições, abrindo possibilidades de mudanças. Trata-se de dirigir a crítica ao mundo, mas também a si mesmo, exercitando aquilo que pode conduzir os sujeitos a uma incessante e agonística reinvenção, tendo em vista o trabalho reflexivo cotidiano contido no âmbito da estética da existência.

Dimensões morais presentes no funcionamento dos livros de ocorrência

Do ponto de vista foucaultiano, a problematização das formas modernas de governo sobre os indivíduos e, particularmente no que é enfatizado aqui, sobre as crianças, articula-se com o que há de vigilância, de exame e de normalização nas práticas de poder que disciplinam os indivíduos, todas se referindo necessariamente ao complexo campo moral de uma sociedade, às virtudes e malefícios que estabelece, aos valores, modelos de relação consigo e conjunto de prescrições ou códigos morais que define como hegemônicos a partir dos regimes de verdade constituídos. Tais formas de governo,

> [...] não apenas disciplinam aqueles que se submetem a elas como, ainda e mais importante, imprimem profunda e permanentemente, em cada um, certas disposições (disciplinares) que funcionam para o resto da vida, como códigos. Tais códigos — mais implícitos do que explícitos — nos orientam acerca do que pode (ou não pode) ser feito, pensado, dito etc. Segundo Foucault, viver [...] numa sociedade disciplinar significa viver sob uma rede quase invisível de normas, valores, verdades, proibições etc., cujo objetivo é fazer com que cada um seja capaz de se autogovernar. (Veiga-Neto, 2001: 47)

O tipo "clássico" de livro de ocorrência aqui pesquisado está inserido em uma lógica disciplinar e em um tipo de autogoverno que se vincula à centralidade da obediência aos códigos (às obrigatoriedades, às autoridades, às instâncias externas de controle homogeneizadoras) e não à ética, esta entendida como a constituição moral dos sujeitos a partir da relevância na condução da vida enquanto arte de existência.

Agora, tendo em vista mais especialmente os processos de subjetivação — não perdendo de vista, no entanto, serem indissociáveis dos processos de objetivação aí implicados —, há um trabalho fundamental de Larrosa voltado "às práticas pedagógicas nas quais se estabelecem, se regulam e se modificam as relações do sujeito consigo mesmo e nas quais se constitui a experiência de si" (Larrosa, 1994: 44). Nesse denso texto, intitulado "Tecnologias do Eu e Educação", o autor aponta cinco dimensões de subjetivação a serem buscadas nas práticas pedagógicas, entendidas como dispositivos, ou seja, práticas "com determinadas regras e determinadas formas de realização" (Larrosa, 1994: 58). São a dimensão ótica (o que o sujeito aprende a ver em si mesmo), a jurídica (como o sujeito aprende a se julgar), a discursiva (o que o sujeito diz de si mesmo), a narrativa (como o sujeito constrói e organiza sua identidade no tempo) e a prática (a ação do sujeito sobre si mesmo).[4]

Que tipo de olhar, de julgamento, de discurso, de narrativa e de prática especialmente as crianças estariam sendo levadas a estabelecer sobre si mesmas, por intermédio de instrumentos disciplinares como os livros de ocorrência? Que tipo de moral estaria direcionando todas essas dimensões de subjetivação?

Não enfocarei separadamente cada uma dessas cinco dimensões, mas farei um exercício de pensar a partir de que tipo de parâmetros todas se constituem, tomando por referência alguns dos aspectos existentes nas narrativas dos livros de ocorrência, muitos já enfocados, de alguma maneira, nos capítulos anteriores. Elegerei como fio condutor das análises algumas das várias dimensões de conscientização existentes nas narrativas, já que se vinculam com uma das capacidades humanas mais valorizadas socialmente no campo da subjetivação dos indivíduos. Apresentarei, a seguir, variações através das quais a consciência infantil se constitui por meio da lógica disciplinar apontada nos livros de ocorrência.

A expressão "ficar/estar ciente" é amplamente utilizada, tanto com relação às crianças, quanto aos responsáveis e às autoridades escolares, algo a ser entendido de modo articulado à necessidade de os sujeitos implicados nos livros de ocorrência assinarem as ocorrências, demonstrando "ciência" ("sabendo que"), comprovando ter tomado conhecimento das questões ali narradas, mas que é também indissociável do tipo de lógica que estabelece sentidos gerais para os movimentos de conscientização aí circulantes, como apontarei adiante. Eis alguns exemplos:

> **Ocorrência 191.** Aos "x" dias do mês de "x" de hum mil novecentos e noventa e "x", *fomos chamadas a sala da profa.* Jocilene *para tomar ciência* do que vem ocorrendo durante às aulas. Segundo relato da professora, o aluno Cauby [citado antes nas ocorrências 66 e 158]

---

4. Há que se ressaltar a fecundidade das pesquisas que se voltem especificamente para o apontamento e a problematização dessas dimensões de subjetivação implícitas nas práticas pedagógicas cotidianas da escola.

não faz as lições propostas e fica passeando na sala incomodando os demais alunos que querem aprender. Já conversamos com ele por diversas vezes, conversamos com a mãe e de nada adianta. Cauby é um aluno que não tem limites e não aceita normas e regulamentos, assim, torna-se impossível estabelecer um relacionamento de companheirismo com os colegas e até mesmo com a professora e não há produção alguma pelo mesmo. *Fica o aluno ciente* de que se não houver vontade de aprender, de participação, a família será comunicada e se mesmo assim o problema persistir, acionaremos o Conselho Tutelar para providências. [Constam a data abreviada, as assinaturas da pedagoga, da professora e da mãe do aluno.]

Ocorrência 192. Os alunos Darlan Wilde e Cândido Favile série "x"), foram trazidos à Coordenação Pedagógica pela professora Raquel, pois os mesmos brigaram na sala de aula, chegando até a derrubar o copo de suco da mesa da professora. *Os alunos foram advertidos e ficam cientes* de que na próxima ocorrência só entrarão com a presença dos pais. [Constam a data abreviada e as assinaturas dos dois alunos.]

Ocorrência 193. No dia de hoje, Amarildo Buzato, série "x", estrapalou os limites. Trocou os cadernos dos colegas, estragou suas próprias atividades, negou fazê-las, gritou, empurrou carteiras e respondeu mal à professora: "Que se dane". O aluno foi *alertado* por tais atitudes indesejadas, *sabendo que* na próxima ocorrência convocaremos os pais e suspenderemos da aula em sala, ficando na mecanografia, com atividades próprias. [Constam a data abreviada e a assinatura da pedagoga.]

Outros termos muito utilizados são os que se relacionam com conversas vinculadas a "alertas", tal qual já aparecia no exemplo anterior, ou "esclarecimentos":

Ocorrência 194. Os alunos Ubaldino, Wallace e Viriato (série "x") trocaram chutes e socos nas costas na hora do recreio. *Foi alertado* que na próxima ocorrência perderão uma semana de recreio. [Constam data e a assinatura da pedagoga.]

Ocorrência 195. Aos "x" dias do mês de "x" de "x" [ano], esteve na Escola o Sr. Lidson, pai da aluna Suzete Klemtz, da série "x", para queixar-se de que por duas vezes o aluno Frank Zak, da série "y", bateu em sua filha. Quando isso ocorreu a menina voltou para casa sozinha chorando. *Conversamos com o garoto e deixamos claro* que se tornar a acontecer os pais serão chamados para tomar ciência. [Constam apenas a rubrica da pedagoga e a data abreviada.]

Por fim, termos que associam a questão das conversas com a "conscientização":

Ocorrência 196. Aos "x" dias do mês de "x" de "x", foi trazido à Coord. Pedagógica pela profa. Rosita Vargas, regente da série "x", o aluno Nicanor A. Bozza, pois segundo a profa., desde o início da aula, o mesmo vem provocando os colegas, dizendo-lhes palavras de baixo calão, o que vem gerando conflitos na sala de aula. *Conversamos com aluno e professora, fizemos a leitura dos direitos e deveres dos alunos no Regimento Escolar e refletimos juntos* sobre o ocorrido. Ficou decidido que o aluno deve modificar o seu comportamento, pois até o final do 1º semestre estava indo bem com a professora Rosita. Pensou-se, também, em posteriormente, caso seja necessário, mudá-lo de sala; porém, decidimos esperar por mais um tempo. [Constam a rubrica da pedagoga e a data.]

Ocorrência 197. Aos "x" dias do mês de "x" de "x", foram chamados à sala da Coordenação Pedagógica, os alunos Egberto M. Paim, da série "x" e Magnus G. Feldman, série "y", para esclarecer o fato ocorrido ontem na Educação Física [data abreviada]. O aluno Egberto (na data de "x") chutou a barriga do aluno Magnus quando disputavam a posse da bola no jogo de futebol. O garoto agredido ficou com a marca do chute na barriga e o pai do mesmo falou com a diretora para que fossem tomadas as devidas providências. No dia "x" [data abreviada, correspondendo a data da ocorrência], os alunos envolvidos foram chamados; *esclarecidos os fatos* o aluno Egberto explicou que na disputa da bola ("sem querer") chutou a barriga do colega. *Conversamos no sentido de conscientizar o aluno* quanto a esse tipo de agressão e após esta conversa, o garoto pediu desculpas para o aluno que havia agredido. [Constam "Curitiba", data abreviada, rubrica da pedagoga e assinaturas dos dois alunos.]

Ocorrência 198. O aluno Luiz Roberto Castro [já citado na ocorrência 188] está sendo advertido por, na data de hoje, [data abreviada], ter desrespeitado as normas da Escola. Luiz disse que pediu para a profa. Lenira [nome da disciplina] para ir ao banheiro e que esta o permitiu, porém, como demorou, segundo ele 5 minutos, a professora disse que ele não mais entraria em sala de aula por causa do atraso. Então Luiz ficou andando pela escola, alunos dizem que chegou até a jogar água nos alunos (pela janela) da série "x" (Profa. Olga, a quem o aluno também ameaçou e jogou água). Segundo a profa. Lenira, ela permitiu sim, ao aluno ir ao banheiro, porém, alertou-o que deveria voltar logo; Luiz desobedeceu à ordem e ficou com o inspetor Leôncio "ajudando-o" e/ou conversando com ele. Vinte minutos após, Luiz voltou à sala e a profa. advertiu-o pedindo que chamasse o inspetor para que esclarecesse a sua história. Luiz saiu da sala e não mais voltou, sendo "resgatado" pela diretora Edna na quadra de esportes. *Conversamos com o aluno e professora, no intuito de conscientizá-lo* sobre a importância da permanência dele em sala. [Constam a rubrica da pedagoga e a observação de que a assinatura da professora Lenira será colhida posteriormente, ainda que esta não apareça.]

As crianças (e seus pais) "sabem que/estão cientes", "foram esclarecidas", "alertadas" e "conscientizadas". São expressões que se relacionam com as possibilidades de o ser humano conhecer, discernir, julgar, raciocinar, identificar, responsabilizar-se, escolher, todas intensamente requeridas em especial na construção da subjetivação das crianças; e, para além das especificidades que cada um desses termos pode adquirir, sinalizam para sentidos comuns articulados ao tipo de lógica que move os livros de ocorrência e os movimentos de conscientização aí implicados. Voltarei a algumas das ocorrências antes citadas no sentido de analisar tal lógica.

Com relação à primeira narrativa do bloco de ocorrências antes citado, "Cauby não faz as lições" (e "não há produção alguma pelo mesmo"), "fica passeando na sala" (não pára quieto), fica "incomodando os demais alunos que querem aprender" (já que ele não quer aprender), "não tem limites e não aceita normas e regulamentos". Na direção do que afirma a narrativa, o aluno só perturba a ordem escolar e não apresenta qualquer "positividade", sendo a encarnação de tudo o que de "ruim" pode haver em um aluno. Em síntese, ele não tem limites, e a escola parece ter extrapolado todos os seus (limites de tolerância), o que sinaliza para o momento em que os livros de ocorrência entram em ação, colocando sobre esse aluno todo o peso da lógica disciplinar que os move.

Também é possível visualizar como se dá, através dos livros de ocorrência, aquele contexto referente aos momentos que compõem a "moralização dos modos de atuar" da escola, explicados por Milstein e Mendes. Nesta narrativa, há interessantes elementos que apontam tanto para o constante processo de reiteração das normas disciplinares obrigatórias na escola, quanto para o tipo de intervenção feita com relação à internalização das mesmas e à subjetivação das crianças. Tais regras, neste caso, vinculam-se ao contexto já detalhado nos capítulos anteriores referentes à exigência do enquadramento e da quietude do corpo infantil na escola ("fica passeando na sala"), da produtividade fabril imposta às crianças ou, situando de um modo genérico, do acatamento do conjunto das normas vigentes.

A crítica que a escola faz, ao mesmo tempo que reapresenta para o aluno as regras vigentes, explicita que de "nada adianta" conversar com ele (conscientizar, esclarecer, informar, alertar etc.), ou seja, ele se nega a internalizá-las e a construir independência com relação às autoridades exteriores, não se corrigindo, não se vigiando ou não se controlando. E, nesse momento, a narrativa explicita também a incompetência, a imaturidade, a culpabilidade da mãe, posto que de "nada adianta" conversar também com ela, já que ela não tem domínio sobre o filho. Na parte final, assim como na grande maioria das ocorrências, apresenta-se uma estratégia fundamental para a lógica de funcionamento dos livros, ou seja, as ameaças: "fica o aluno ciente" (e sua mãe também, pois ela assina a ocorrência) de que, se não houver correção, o Conselho Tutelar será acionado, não perdendo de vista que a outra ameaça feita, a de que a família seria comunicada, concretizou-se de fato.

Na ocorrência 193, de novo o aluno extrapolou os limites e as margens de tolerância da escola: "trocou os cadernos dos colegas, estragou suas próprias atividades, negou-se a fazê-las, gritou, empurrou carteiras e respondeu mal à professora". As normas disciplinares que o aluno transgrediu e que são a ele reapresentadas, nesse exemplo, referem-se à centralidade do silêncio, ao mandato de que cada "coisa" (as carteiras, os corpos) tem seu devido lugar, à obediência às autoridades, dentre outras possíveis. "O aluno foi alertado, sabendo que" (estando ciente, avisado, esclarecido, informado, conscientizado), se não internalizar a obediência a tais regras, os pais serão convocados e ele será suspenso das aulas, ficando na mecanografia.

Na ocorrência 196, narra-se uma variação na forma de reapresentar as regras disciplinares vigentes, mediante a leitura dos direitos e dos deveres dos alunos no regimento escolar. Registra-se ter havido uma conversa (uma conscientização) com aluno e professora (o que dá margem para a dúvida em torno de esta também ter sido "conscientizada de algo"), a leitura do regimento, uma reflexão conjunta sobre o ocorrido, ficando decidido (pelas autoridades escolares) que o aluno iria modificar seu comportamento, agindo sobre si mesmo e corrigindo-se, internalizando a lógica disciplinar e as normas vigentes. Na seqüência, anuncia-se outra possível estratégia de intervenção, se o aluno não se modificar; neste caso, a de que posteriormente ele também poderia ser transferido de sala, quem sabe com o intuito de puni-lo, de premiar a professora, livrando-a do desgaste da relação com este aluno, e/ou de passar um "atestado de incompetência" para esta professora, já que outra pode conseguir o domínio que ela não conseguiu.

Por fim, a ocorrência 198 versa sobre o desrespeito de uma norma disciplinar relacionada com os usos do tempo na escola (a ser usado o mais possível para o cumprimento das tarefas de sala), nesse caso, a que se refere à utilização do banheiro durante o "recreio". A flexibilização desta regra depende da autorização da professora, exatamente o que é narrado na ocorrência. O aluno parece ter se "aproveitado" dessa flexibilização, tendo "demorado" para retornar à sala de aula. Com isso, o aluno "ficou andando pela escola" de forma descontrolada, descumpriu outras normas disciplinares, e foi "resgatado" pela diretora.

É interessante observar que esse tipo de situação, a de flexibilizar a aplicação de determinada regra e isso resultar em transtornos para as autoridades, é um dos motivos recorrentemente usados no sentido de justificar a necessidade de todos se sujeitarem do modo mais rigoroso possível ao conjunto das regras existentes. Ou seja, é se apoiando no exemplo das crianças que se "aproveitam" dos espaços de liberdade e da flexibilização das normas — e que, diante de tudo o que foi analisado neste trabalho, não parecem representar a maioria delas — que muitos de nós justificam uma relação a mais inflexível possível com relação às regras.

A conseqüência narrada é a de ter havido uma conversa com o aluno e a professora — o que abre a possibilidade de que também ela tenha sido conscientizada, talvez no sentido de repreendê-la, caso ela tenha proibido o aluno de entrar na sala, tendo em vista todos os problemas acarretados —, ainda que se tenha explicitado apenas a conscientização sobre o aluno, no sentido de reapresentar-lhe a regra disciplinar que se refere à necessidade da permanência em sala e de levá-lo a internalizá-la. Nesta narrativa, não aparecem menções a ameaças, ainda que o "simples fato" de o aluno estar presente em uma ocorrência já sinalize para uma estratégia disciplinadora fortemente coercitiva, como observei ao longo deste livro.

Assim, por intermédio dos livros de ocorrência, as crianças ficam cientes, sabem que, são esclarecidas, alertadas, conscientizadas, informadas, a partir do pressuposto comum de que tudo isso se refere a uma concepção de conscientização que implica concordância ou adesão às verdades estabelecidas pelas autoridades escolares e obediência às regras vigentes. E, com o intuito de afirmar a força disciplinadora da escola, há um variado leque de ameaças e de formas de reapresentação das normas vigentes, no sentido de levar as crianças a internalizá-las: leitura do regimento, acionamento dos pais ou do Conselho Tutelar, suspensão, perda de uma semana de recreio etc., leque este que atua sobre a subjetivação do conjunto das crianças e não apenas sobre as que estão presentes nos livros de ocorrência.

As crianças são levadas a ver-se (dimensão ótica), julgar-se (dimensão jurídica), falar sobre si (dimensão discursiva), organizar temporalmente sua identidade (dimensão narrativa) e a agir sobre si (dimensão prática) a partir de certos pressupostos comuns que lhes são ensinados por meio da lógica que sustenta o funcionamento dos livros de ocorrência. Alguns apontam na direção de que a criança é um ser "imaturo", "dependente", repleto de "faltas" ou insuficiências a serem permanentemente corrigidas ("infantilização"), na direção de que "ela é" de um jeito, mas deveria "não ser", ambos sendo permanentemente ensinados; de que a criança está "errada" e as autoridades estão "certas" (já que a verdade tende a funcionar a favor da escola); de que sua posição central é a da obediência; de que ela se encontra em constante posição de culpabilidade, sob permanente ameaça e possível punição.

Os ensinamentos feitos a partir do funcionamento desses livros de ocorrência parecem, sobretudo, estar comprometidos com uma moral voltada para a obediência, a resignação, a docilidade, a não-resistência, a conformação. O desrespeito a esse tipo de moral é que pode ser visto como o que encarna o criminoso e o demoníaco na escola, a ser combatido arduamente, na medida em que representa não apenas a negação da estabilidade identitária pretendida, mas sua impossibilidade. E tais dimensões, a meu ver, apóiam-se fortemente na tradição pedagógica baseada no entendimento de que educar (e disciplinar) implica, fundamentalmente, domesticar ("humanizar", corrigir, controlar) as crianças, na perspectiva apresentada no início deste capítulo. Algo que Foucault coloca em termos dos fins voltados para a formação de "indivíduos dóceis e úteis" (cf. Foucault, 1977: 126).

A imperiosidade desse tipo de finalidade, hoje em dia pouco explicitada, insere os livros de ocorrência em um tipo de disciplinamento que privilegia a dimensão comportamental, baseada em pressupostos valorativos que configuram um dever-ser incondicional. No esforço de situar, não de resolver ou superar, o tipo de ambigüidades que acompanha essa problemática na atualidade, tem-se, de um lado, o contexto pedagógico de afirmação dos compromissos de uma educação voltada para a "cidadania", a "criticidade", a "autonomia" das crianças; de outro lado, o contexto de relações pedagógicas "autoritárias", baseadas em espaços marginais de escolha das crianças ou em sua infantilização. De um lado, o contexto de promover a "criatividade" das crianças, respeitando sua "originalidade", suas "características" ou "ritmos de aprendizagem próprios"; de outro, a força do cotidiano escolar, baseado, por exemplo, em usos homogeneizadores do tempo, na imobilidade do corpo infantil, na rígida predefinição de lugares e ordenamentos, em uma espécie de "ativismo" ou na normalização das condutas.

Penso que esse tipo de acento moral existente nas relações disciplinares relaciona-se ainda com aquela tradição pedagógica situada especialmente no Capítulo 3 na forma de uma "Pedagogia da Completude", que busca eliminar o que diz "não", o conflito, o negativo, combatendo o que é diferente, o que falta, o que impede seus ideais de plenitude de se realizarem. Como afirma provocativamente Dussel, "por sorte, nunca conseguiremos que nos obedeçam de todo" (Dussel, 2000: 11; minha tradução). Ou ainda:

> O ideal de um ensino transparente, harmonioso, sem problemas, onde os alunos não se aborreçam, sempre estejam atentos e motivados e se portem sempre bem, não é possível. A sociedade, a história, estão feitas de acontecimentos, de eventos, de inadequações e interrupções. As histórias de amor, a política e a psicanálise mostram que para que algo se passe [aconteça], tem que haver conflitos, desacordos, desajustes: [...] para que haja transmissão, para que a educação ocorra, há que dar lugar ao outro, à sua diferença, à sua própria marca. O "desejo do diálogo" e de fazer a aula mais participativa é muitas vezes um álibi para autorizar as vozes mais adequadas à nossa planificação e para rechaçar as que "fazem ruído", "não contribuem", "distraem-se" em relação à tarefa. A pedagogia da clonagem, de querer formar os outros exatamente à nossa imagem e semelhança (e se não o aceitam, então relegá-los, sancioná-los, excluí-los) é uma forma de fascismo, de supressão do outro, de ruptura da transmissão. (Dussel, 2000: 10; minha tradução)

Assim, os livros de ocorrência podem ser situados em uma tradição histórica na qual os próprios discursos e práticas pedagógicas são indissociáveis de uma contínua vontade controladora e vigilante baseada, para além dos aspectos antes apontados no âmbito do tipo de moral veiculada pelos livros, no rechaço à indeterminação, ao contingente, imprevisível, aos conflitos e a tudo o que negue os ideais de plenitude, de harmonia ou de perfeição existentes na forma de uma "Pedagogia da Completude".

Cabe perguntar não apenas se o sonho pedagógico de uma aula (ou turma/classe) que funcione plenamente seria possível, mas, sobretudo, desejável, se pensarmos que a alteridade, a negação da identidade é o que a impede de fechar-se em si mesma (cf. Antelo, 2000a: 152). Não se trata de fazer apologias à indisciplina, à indeterminação ou a seja lá mais o que for.

> Não se trata de fazer esforços para que a aula não funcione. Tampouco devemos fazer-nos de distraídos. É que, ainda que quiséssemos não nos notificar, isto é impossível, já que, se há algo que é próprio do que nos renega, é fazer-se ver [...] É que o não funcionar da aula não é outra coisa que *a presença do conflito*. O que ensina se vê obrigado a lidar com o conflito. Um conflito bem complexo e, a nosso ver, insolú-

vel [...]. Conflito em uma classe, conflito em toda relação humana, é o que há. Enquanto não conhecemos uma sociedade humana da qual esteja ausente o conflito não vemos argumentos para que nossas aulas sejam uma exceção. (Antelo e Abramowski, 2000a: 83; minha tradução; grifos no original)

O reconhecimento do que escapa ao nosso controle, do caráter eventual ou contingente das relações humanas, não conduz necessariamente ao imobilismo ou à desresponsabilização, mas, ao contrário, abre um fértil campo em que os resultados não estão previamente definidos, o que pode dinamizar particularmente as relações entre educação e política. Nessa direção, a questão seria a de a escola aprender a conviver com o que falta, elaborando cotidianamente o que esses autores chamam de "Pedagogia da Incompletude" (Antelo, 2000b: 59; minha tradução; rever nota 23 do Capítulo 1), aquela que busca conviver e dialogar com o conflito, com o que diz "não". E, acrescento eu, uma Pedagogia que questione sua exacerbada vontade controladora, a fim de se manter aberta à reinvenção de suas próprias normas e ordenamentos cotidianos.

Possibilidades de um enfoque ético sobre a disciplina escolar

Se nos apoiamos na perspectiva de que as regras de convívio social não são intrinsecamente boas ou ruins, ou, conforme Schmid, que criticá-las não significa pressupor que seja possível, ou desejável, viver sem sua existência, abre-se um fecundo campo de permanente problematização das formas atuais como as normas funcionam (a normatização), articulado ao exercício de nossas possibilidades e impossibilidades de reelaborá-las, restabelecê-las, reinventá-las.

Assim, não cabe olhar para esses livros de ocorrência e para os processos de disciplinamento aos quais estão vinculados pressupondo que não deva haver limites ou respeito às autoridades escolares, ou que as crianças devam fazer incondicionalmente o que quiserem, na hora em que quiserem, da forma que quiserem. Cabe, isso sim, refletir sobre que tipo de normas estabelece — e com quais efeitos —, por exemplo, a transformação do "corpo-criança" em "corpo-aluno", como afirmam Milstein e Mendes, ou sobre os significados e usos do tempo, do espaço ou das atividades escolares, dentre outros aspectos, constituindo assim o conjunto de aprendizagens relativas ao que é considerado como necessário para o ordenamento escolar e que resultam na configuração do comportamento disciplinado e indisciplinado na escola, com todas as implicações que isso têm para nossas intenções de formar cidadãos críticos, criativos e autônomos.

Articulada a essa possibilidade, a disciplina também pode ser pensada a partir do que o referencial foucaultiano coloca em termos de ética, em que a ênfase não recai nos códigos morais, nas obrigatoriedades invariáveis que constituem o sujeito moral, mas na singularidade que o constitui como sujeito moral a partir das escolhas e relações ativas que estabelece consigo mesmo. Trata-se da ênfase nos processos de subjetivação, de autogoverno ou autocondução dos indivíduos, a partir de uma indissociável vinculação com o universo estético, por meio do que tais processos são levados a adquirir certa plasticidade, experimentação e reflexividade, marcados por opções e pelas *agonísticas* práticas de liberdade que se dão em meio aos processos culturais de constituição da existência.

A forma moral que cada um se dá, no âmbito da ética foucaultiana, é inseparável do que pode haver de dimensão estética na existência, em que cada um se modifica e se transforma, definindo marcas próprias e intransferíveis em sua constituição como sujeito. Pensar a disciplina a partir dessa direção implicaria pensar em uma espécie de "estética disciplinar", em que os ordenamentos cotidianos da escola estariam mais preocupados com a singularidade de cada criança, com as possibilidades de ela desenvolver, a partir do disciplinamento efetuado sobre ela, uma estética da existência, exercitando escolhas, perspectivismos, aprendizagens, experimentações ou diversas formas de expressão de si mesma, incentivando-a a manter relações críticas, ativas e criativas consigo mesma e com o mundo. Um disciplinamento voltado para as aproximações entre arte e vida. Nessa ótica, pode ser pensado o conjunto das relações pedagógicas, o que envolve relações disciplinares não apenas a serem estabelecidas com as crianças, mas também com os pais ou com professoras(es), pedagogas e demais autoridades escolares, considerando-se aí as relações que todos sejam estimulados a estabelecer consigo mesmos.

Nessas direções, penso que Jorge Larrosa (professor do Departamento de Teoria e História da Educação da Universidade de Barcelona) traz significativas contribuições analíticas, por meio de uma produção que vem girando em torno de questões relativas a linguagem, subjetivação, pluralidade, diferença, formação/experiência e liberdade. Tal produção é estimulante, tanto no sentido da problematização crítica do presente, quanto no do convite para imaginar outras formas possíveis de relação no cotidiano das dinâmicas sociais. Suas inquietações referem-se, por exemplo, ao processo histórico de constituição das atuais sociedades de consumo massificado, com suas predominantes características em termos da centralidade do discurso técnico-científico, da poluição e da velocidade de informações, imagens e sons, dotadas de uma intensidade efêmera carregada de insignificância. Em seus desdobramentos escolares, manifestam-se, por exemplo, na ênfase ao controle, ao planejamento estéril e à intencionalidade dos ambientes pedagógicos; na centralidade do "que deve ser" em detrimento do "que é"; enfim, na ênfase em um processo educativo especialmente inclinado à formação como fabricação, a partir de uma noção de futuro baseada no predizer (já está dito) e no prescrever (já está escrito). É nesse contexto que Larrosa aponta desconcertantes questões para repensar o universo sócio-educacional. Na esteira da volumosa produção de crítica aos projetos da Modernidade Ilustrada, a produção artística tornou-se um terreno fértil a ser explorado.

Nas aulas ministradas por Larrosa,[5] ele falava das (im)possibilidades de poetizar o mundo; sobre o império da razão pura (desqualificadora da sensibilidade); perguntava-se se os aparatos pedagógicos não seriam predominantemente anestésicos (tendo em vista que estética vem de *stesis*, relacionando-se com a sensibilidade, com o que se sente, o contrário de anestésico, que tomamos para não sentir nada!). Daí seu interesse pela noção de formação a partir dos românticos alemães, cuja literatura baseia-se em heróis que partem em viagens de formação. Nestas, eles aprendem a habitar poeticamente a terra, movidos pelo desejo de liberdade e de criação, pela negação do destino previamente escrito, pela resistência à domesticação e pelo empreendimento de um caminho de busca, de experiências, de sentidos para a vida. Daí seu interesse pela literatura em geral, que diz muito mais sobre a infância, por exemplo, do que a ciência, no sentido de que a linguagem científica secundariza a experiência humana, marcada pela singularidade, que, nos sentidos aqui tratados, a rigor, é única e irrepetível. E não há ciência do singular. Para Larrosa, vivemos em um mundo pobre de experiências:

> A experiência seria o que nos passa. Não o que passa, mas o que nos passa. Vivemos em um mundo em que se passam muitas coisas. Tudo o que acontece no mundo nos é imediatamente acessível. Os livros e obras de arte estão a nossa disposição como nunca antes haviam estado. Nossa própria vida está cheia de acontecimentos. Mas, ao mesmo tempo, quase nada nos passa. Os acontecimentos da atualidade, convertidos em notícias fragmentadas e aceleradamente caducas, não nos afetam naquilo que nos é próprio. Vemos o mundo passar diante de nossos olhos e permanecemos exteriores, alheios, impassíveis.[...] Sabemos muitas coisas, mas nós mesmos não mudamos com o que sabemos. Isto seria uma relação com o conhecimento que não é experiência posto que não se resolve na formação ou na transformação do que somos. (Larrosa, 1998: 18-19; minha tradução)

Larrosa pensa a experiência, na educação e na vida, como sendo o que nos passa, pondo em jogo o que somos, deixando-nos vulneráveis em nossa identidade. "Ex-per-ientia significa sair para fora e passar através de" (Larrosa, 1998: 23,

---

5. Realizei um estágio de estudos em Barcelona, contando com uma bolsa *sanduíche* cedida pela Capes, no período de novembro de 2002 a agosto de 2003, tendo como professor-orientador Jorge Larrosa.

minha tradução). Algo que, ao passar, nos forma e transforma. Torna-se elucidativo trazer um pouco das diferenciações que ele faz entre o saber que vem com a experiência e o conhecimento, tal qual tende a ser predominantemente entendido na escola e na sociedade, ou seja, como algo tanto mais válido quanto mais universal, utilizável, objetivo e impessoal for:

> Atualmente o "conhecimento" é essencialmente a ciência e a tecnologia, algo essencialmente infinito, que somente pode crescer; algo universal e objetivo, de alguma forma impessoal; algo que está aí, fora de nós, como algo do que podemos apropriar-nos e que podemos utilizar; e algo que tem a ver fundamentalmente com o útil em seu sentido mais estreitamente pragmático, com a fabricação de instrumentos. [...] Nestas condições, é claro que a mediação entre o conhecimento e a vida não é outra senão a apropriação utilitária. (Larrosa, 1998: 22-23; minha tradução)

E pensa o sujeito da experiência como um território de passagem, onde o que lhe passa deixa algum afeto/efeito, um sujeito disponível espiritualmente, receptivo, vulnerável, paciente. Ao contrário das expectativas dominantes presentes na definição do bom professor e do bom aluno, por exemplo, seria um sujeito mais passional do que ativo, mais impotente do que poderoso, um sujeito exposto, para o qual o importante não é como se põe/impõe/opõe, mas, sim, como se abre para o mundo.

> O saber de experiência não está, como o conhecimento científico, fora de nós, senão que somente tem sentido no modo como configura uma personalidade, um caráter, uma sensibilidade ou, em definitivo, uma forma humana singular que é ao mesmo tempo ética (um modo de conduzir-se) e estética (um estilo). (Larrosa, 1998: 24; minha tradução)

Tais considerações trazem aportes analíticos tanto para a crítica da escola atual — baseada ainda fortemente em um quase infinito mosaico de informações que muitas vezes não fazem sentido aos aprendizes e imersa em suas expectativas de previsibilidade, controle e generalização do comportamento humano —, como para a construção de um imaginário alternativo à idéia de formação vigente no cotidiano escolar, onde os livros de ocorrência funcionam. A questão em aberto é a de pensar sobre as (im)possibilidades, hoje, de uma outra concepção de formação na escola, na qual a experiência, a de si e a do outro, funcionasse como um dos parâmetros relevantes para a organização dos ambientes pedagógicos e para as relações de subjetivação que aí se dão.

É importante também considerar que, a rigor, não pode haver uma política de produção da experiência ou um modelo pedagógico para a produção de experiências. Pois o que é experiência para um, não é para outro; mesmo sendo experiência para ambos, não será a mesma. Pois não há como determinar ou prever quando se dará uma experiência, nem sequer há como conceituá-la, a rigor, para nomeá-la universalmente. Trata-se de uma perspectiva em que a experiência é um acontecimento, algo único, irrepetível, imprevisível. É possível criar certas condições facilitadoras para que as experiências aconteçam no dia-a-dia escolar, mas nada garante que se dêem efetivamente.

O que tentei, como dizia, foi recuperar certa sonoridade perdida da palavra "experiência". E, sobretudo, como condição de possibilidade dessas ressonâncias, limpar a palavra "experiência" de algumas contaminações empíricas que a fazem demasiado cômoda, demasiado segura, demasiado inofensiva. Além do mais, estou cada vez mais convencido de que a experiência é algo do que não se pode ter conceito. Ao menos essa experiência da que eu falo e que está próxima à existência mesma, à vida mesma [... a experiência] é impossível conceitualizar porque ultrapassa imediatamente qualquer conceito, porque excede qualquer idéia que trate de determiná-la. A experiência seria precisamente o indeterminado da vida, esse passar do que nos passa quando não sabemos o que nos passa, essas afecções que nos levam a questionar o que já sabemos, o que já queremos [...]. Dito de outro modo, se a experiência não está do lado do ser, mas do lado do devir, é impossível dizer o que é a experiência. E se a experiência não está do lado do que sabemos, senão do que interrompe o que sabemos, é impossível saber o que é a experiência. (Larrosa, 2004: 330-331-332)

Articulado a esse tipo de perspectiva sobre a formação, em que a singularidade e a pluralidade das experiências pudesse ter lugar, Larrosa tece suas considerações em torno da centralidade do funcionamento da linguagem na constituição das identidades. A língua é enfocada como sendo, ao mesmo tempo, o mais comum (com ela nos comunicamos) e o mais próprio (leio, digamos, o poeta Drummond com as palavras dele e, ao mesmo tempo, com as minhas palavras). As palavras dizem o que dizem e, além disso, dizem algo mais, pois há nelas uma irremediável dimensão pluralizadora, que remete à diferença, ao que é outro, à heterogeneidade. Como afirma o poeta argentino Antônio Porchia, muito citado por Larrosa nas aulas, "o que dizem as palavras não dura. Duram as palavras. Porque as palavras são sempre as mesmas e o que dizem não é nunca o mesmo" (Porchia, apud Larrosa, 2001: 290); dizem coisas diferentes conforme quem ouve e fala.

Nessa perspectiva, nos entendemos com a língua e, ao mesmo tempo, nos desentendemos. Mas o pressuposto dominante na escola, no entanto, é o de que a língua é um instrumento transparente, em que aquilo que se fala carrega os mesmos significados do que aquilo que o outro escuta. A língua como mera transmissão segura de sentido, com a qual ensinamos o conteúdo das matérias e também tudo o mais, inclusive os comportamentos idealizados pressupostos nos livros de ocorrência. Larrosa chama a atenção para a dimensão da linguagem aberta para a diferença, a subjetividade, a pluralidade, onde não é apenas instrumento de transmissão mas é pessoal, é tradução, é babélica. No limite, para Larrosa, cada um de nós fala uma língua própria. Como ele dizia em sala, "graças a Deus, não nos entendemos!".

A leitura predominante sobre o mito de Babel é a de que a confusão, a multiplicidade, a pluralidade, é um desastre a ser remediado.

> Babel diz que não há tal coisa como a linguagem. Que a linguagem, assim no singular e com letra maiúscula, é uma invenção dos filósofos antibabélicos. Como o homem, ou a razão, ou a história, ou a realidade. Hannah Arendt escreveu que a condição humana da pluralidade deriva do fato de que "são os homens, não o Homem, os que vivem na terra e habitam o mundo". A condição humana da pluralidade, poderíamos acrescentar, deriva do fato de que o que há são muitos homens, muitas histórias, muitos modos de racionalidade, muitas línguas e, seguramente, muitos mundos e muitas realidades. Isso é óbvio, embora nunca seja demais recordá-lo e prevenir-se, de passagem, contra toda essa série de palavras genéricas e maiúsculas que nos escapam sem querer, quase constantemente. E também para desconfiar de todos aqueles que querem nos incluir em sua realidade, com pretensões de ser a única realidade; em seu mundo, com pretensões de ser o único mundo; em sua linguagem, com pretensões de ser a única linguagem; em sua razão, com pretensões de ser a única razão; em sua história, com pretensões de ser a única história; ou em sua humanidade, com pretensões de ser a única humanidade. (Larrosa e Skliar, 2001: 17-18)

Culturalmente, há um forte privilégio da unidade nas relações sociais e na relação com a linguagem, entendida como mero instrumento de comunicação. O entendimento e a expectativa geral é a de que existe uma, *A* linguagem, *A* razão, *A* história, *O* homem, *A* infância, sendo que a tradição filosófica em que Larrosa se inspira e se esforça por descrever reivindica a invenção de muitas formas de racionalidade, de história, de homens e mulheres, de crianças.

Voltando à questão da linguagem, Larrosa pergunta-se sobre o que poderia significar o funcionamento da linguagem na formação, o dar a palavra em educação. Em *Pedagogia profana* cita Hannah Arendt, que afirma que "a educação tem a ver com o nascimento, com o fato de que continuamente nascem seres humanos no mundo" (Arendt, apud Larrosa, 1999: 186). A educação tem a ver com o como recebemos os que nascem e os convertemos em parte de nós; relaciona-se com a transmissão/conservação do mundo (a continuidade), mas também com a transformação (descontinuidade), pois os novos recebem o mundo e o fazem distinto. Nesse sentido, a educação relaciona-se com o dar a palavra, mas dando a possibilidade de que com a palavra comum se digam coisas distintas.

No entanto, poucos de nós não se esquecem de que aquilo que é dado generosamente não nos pertence mais. Larrosa aborda a ética do dom, o dom não entendido como um talento inato, mas como aquilo que nos é dado. E provoca, afirmando que só podemos dar aquilo que não temos, que não possuímos: "Somente aquele que não tem pode dar. Aquele que dá como proprietário das palavras e de seu sentido, aquele que dá como dono daquilo que dá... esse dá ao mesmo tempo as palavras e o controle sobre o sentido das palavras e, portanto, não as dá" (Larrosa, 2004: 20).

O dar a vida, o dom da vida, no qual também a morte está inscrita. Nesse sentido, a vida que eu dou não é minha vida, é a vida do outro; não posso estar nela, nela está inscrita minha morte, ao mesmo tempo em que esta outra vida necessita da minha para dar-se. Assim também com a palavra, o tempo, os valores, pensamentos, leituras e tantas outras variações exploradas por Larrosa. A questão seria a de dar palavras (e pensamentos, valores, saberes...) que não serão a continuação ou a repetição de minhas palavras, mas as do outro. Só algo que é capaz de produzir nascimentos, fazer nascer, é fecundo. E só um ser mortal é capaz de fazer nascer. Assim, só se minhas palavras (leituras, pensamentos, tempo etc.) são mortais, elas são fecundas. Larrosa brincava em sala de aula perguntando-se se nós, professoras(es), estaríamos alegremente dispostos a "morrer"...

Outro aspecto implícito na questão do nascimento é o de que o que nasce, o novo, é o que nunca antes existiu, é único, vem ao mundo em forma de milagre, de criação singular, de surpresa. Maria Zambrano, uma filósofa espanhola também muito citada por Larrosa, ao dizer que um de seus livros nasceu, não foi fabricado, afirmou: "O que se fabrica é o que vai do possível ao real [...] o que nasce é o que vai do impossível ao verdadeiro" (Zambrano, apud Larrosa, 2001: 286). E, no nascimento, também está inscrita a liberdade, como faculdade de começar, como descontinuidade do tempo: como o imprevisível, como o porvir, o acontecimento, como o que não se controla ou pode antecipar.

Daí resultam diversas possibilidades analíticas sobre os livros de ocorrência. A face disciplinar do processo de formação implícito nesses livros é a da normalização, da vigilância, da produção dessa espécie de crimes e de pecados apontados neste trabalho. Os livros de ocorrência podem ser vistos como um dos dispositivos voltados para a fabricação de sujeitos previsíveis, estáveis, com as características idealizadas pelos discursos de cunho científico, fortemente imersas nas promessas da Modernidade. Os livros fazem parte de uma complexa cultura em que a singularidade, o acaso, a vulnerabilidade, a resistência, a imprevisibilidade, a experiência, conforme as abordagens antes resumidas, são predominantemente desqualificadas no cotidiano das relações sociais. Ainda que nos recentes discursos sociopedagógicos a diferença e a pluralidade apareçam cada vez mais valorizadas, na prática somos herdeiros de processos históricos homogeneizantes, fortemente apoiados em expectativas unilaterais, em utopias que idealizam o presente com base em noções de assepsia voltadas, por exemplo, para a ordem, o progresso, o entendimento, a harmonia, a plenitude.

> Os aparatos de produção e de transmissão do conhecimento (os aparatos pedagógicos) tentaram quase sempre forçar uma tendência corretiva. Sua aposta tem sido pela homogeneidade e estabilidade. E as noções de universalidade, de consenso ou de verdade têm sido os instrumentos dessa homogeneização e estabilização de sentido. Os aparatos pedagógicos têm estado quase sempre comprometidos com o controle do sentido, quer dizer, com a construção e a vigilância dos limites entre o dizível e o indizível, entre a razão e o delírio, entre a realidade e a aparência, entre a verdade e o erro. E neste momento em que a principal ameaça é a homogeneização, quem sabe seja tempo de deixar de insistir na verdade das coisas e começar a criar as condições para a pluralidade do sentido. O papel do professor, me parece, é fazer com que a pluralidade seja possível. (Larrosa, 1998: 40; minha tradução)

Quem sabe se a reflexão e o cultivo de artes de existência não poderia abrir outras formas e pressupostos para a vivência do cotidiano social e escolar... Larrosa explora alguns possíveis pontos de partida. Por exemplo, a arte do silêncio, não como a da censura ou de qualquer outra forma de dominação, mas como a que suspende os juízos, mantendo-se como atenção, sensibilidade e abertura, ao mundo e ao outro. A arte ou o cuidado de morrer, não como exercício mórbido, mas como intensificação da vida, a partir da percepção de sua fragilidade, finitude, caducidade. A arte da escritura de si, baseada na produção de um certo espelho em que, por intermédio das palavras, pode dar-se a construção de uma subjetividade baseada na alteridade, a escrita que produz duplos de nós, em que existe espaço para o que é distinto do que pensamos que somos; não no sentido do diário enquanto prática narcisista, mas como experimentação da alteridade para nós mesmos. A arte da risada, como a que desnaturaliza a ordem e a previsibilidade das coisas e dos sujeitos, a risada profana, subversiva, na qual se ri de si e do outro, como forma de resistir à cristalização do mundo e contactar com os desafios da invenção. A arte da disciplina — esta acrescentada por mim —, que se desvincula dos aspectos comportamentais e morais invariáveis para dar-se no plural, como o que viabiliza a criação, a experimentação ou os perspectivismos próprios das aprendizagens no âmbito das especificidades que marcam as várias áreas do conhecimento, das artes e demais campos relevantes da cultura. Ou, dentre outras tantas artes possíveis, a noção mesma de Pedagogia como arte, consciente da precariedade de suas afirmações, de que se volta para o milagre da criação, para a singularidade do que é novo, do que nunca antes existiu.

Considerações finais

Como deve ter ficado claro (e isso não é uma ameaça...), a complexidade das situações disciplinares enfrentadas nas escolas é incalculável e permite fecundo e variado leque de leituras e problematizações. Encerro este livro lastimando ter citado apenas 198 ocorrências, já que abrem um mundo de possibilidades analíticas, se vistas tanto isoladamente, como em conjunto.

As minhas escolhas basearam-se fundamentalmente no aproveitamento das ferramentas analíticas trazidas pelo referencial foucaultiano, e, na leitura que dele faço, não se trata de, ao desenvolver a crítica, pressupor que, em si, a disciplina, a ordem, a obediência, os limites, a resistência e tudo o mais sejam, em si mesmos, "bons" ou "ruins". Tampouco se trata de fazer apologias à indisciplina ou de construir veredictos sobre as ações da escola. O que busquei desenvolver, tendo por base o referencial teórico adotado, foi o apontamento e a problematização do tipo de lógica que move os livros de ocorrência pesquisados — que são de tipo "clássico", antigos e ao mesmo tempo atuais em nossa cultura escolar, em tom fortemente inquisitorial, dentre outros —, identificando alguns dos pressupostos, valores, estratégias ou efeitos a partir dos quais a disciplina e a indisciplina são produzidas, são instituídas na escola.

Iniciei as reflexões propriamente analíticas sobre as narrativas dos livros de ocorrência quando apontei para a circulação de uma espécie de crimes e de pecados no cotidiano escolar. Ao selecionar ocorrências nas quais são mencionadas provas, testemunhos, confissões, pedidos de desculpas ou promessas de não-reincidência por parte das crianças, indiquei o funcionamento de uma lógica disciplinar em que, dentre os vários aspectos mencionados, as autoridades escolares potencialmente têm a razão e o poder de afirmar "a verdade de cada caso", assim como especialmente as crianças encontram-se em permanente perspectiva de culpabilidade — algo distinto de uma perspectiva de responsabilidade, aquela que me parece ser a mais necessária, tendo em vista o contexto de infantilização no qual estão inseridas.

Nos capítulos seguintes, busquei aprofundar o delineamento de tal lógica, particularmente a partir do cruzamento entre o conteúdo das narrativas e o funcionamento dos instrumentos comuns através dos quais, conforme Foucault, o poder disciplinar apóia-se para se viabilizar. Quanto ao aspecto da vigilância constantemente exercida pelas relações de poder de tipo disciplinar, os livros de ocorrência foram vistos como parte de uma rede de olhares que vigiam e colocam em especial as crianças sob permanente observação, avaliação e julgamento, com o objetivo de identificar e corrigir irregularidades e no sentido de que todas devem extensivamente ser vigiadas, como estratégia garantidora de que os comportamentos esperados e exigidos serão praticados e como ameaça de que os desviantes serão detectados e corrigidos. O ideal em questão é o de que cada criança internalize esse olhar vigilante dentro de si, tornando-se seu próprio vigia.

Articulei o caráter vigilante existente na lógica que move os livros de ocorrência com uma certa tradição pedagógica — chamada aqui de "Pedagogia da Completude" — na qual há a pretensão totalizante de controlar, o mais possível, tudo o que acontece no processo educativo das crianças. Tal tradição apóia-se em processos de infantilização, ou seja, na constituição da infância a partir do que se define como suas características universais e necessárias, acentuando traços de dependência, imaturidade e desprestígio, o que acarreta a exigência de intermitente intervenção do professorado em sentidos controladores, corretivos e vigilantes. Mais uma vez, não se trata de pressupor que a vigilância (e tudo o mais) seja em si mesma problemática. Pelo contrário, por mais que se possa estranhar, considero ser bem vindo algum grau ou tipo de vigilância nas relações educativas a serem estabelecidas com as novas gerações. No entanto, o que se problematizou aqui foi um certo tipo de vigilância, no contexto de um tipo específico de lógica disciplinar, voltadas para o extensivo controle, normalização ou exame das crianças.

No que se refere às relações que estabeleci entre as narrativas dos livros de ocorrência e a questão das normas, busquei identificar e problematizar alguns dos aspectos que informam a normatização vigente na escola no sentido das relações a serem estabelecidas pelas crianças com o tempo, o espaço, as atividades e com as autoridades escolares. E, no movimento de questionar a normatização que institui o comportamento disciplinado e indisciplinado na escola, analisei alguns aspectos vinculados aos processos de normalização implicados nessas dinâmicas disciplinares.

Nessa perspectiva, a utilização dos livros de ocorrência indica o momento em que as margens de flexibilidade e de tolerância existentes na escola foram transpostas, emergindo então o que há de central ou prioritário nesse tipo de relações disciplinares — por exemplo, a obediência, a pontualidade, a utilização uniforme e sincronizada do tempo, as aprendizagens relativas ao lugar próprio das pessoas e das coisas etc. Também ressaltei que, tomando-se por base a diferenciação estabelecida entre normatização e normalização, embora estas não necessariamente se dêem de modo indissociável, tendo em vista o tipo de tradição pedagógica delineada ao longo desta pesquisa, ambas tendem a se vincular estreitamente, já que o uso que é feito da normatização está fundamentalmente voltado para a normalização, para a padronização ou a homogeneização das condutas infantis, a partir de uma lógica disciplinar baseada em valores que moldam o processo de objetivação e de subjetivação das crianças de modo incondicional e necessário.

No campo dos aspectos presentes nas narrativas dos livros de ocorrência relacionados à abordagem feita por Foucault a respeito do exame, abordei a questão dos vários encaminhamentos que a escola faz — aos setores psicológicos, médicos, assistenciais, ao Conselho Tutelar — e a das parcerias ou alianças instituídas, com destaque para as relações estabelecidas com os responsáveis pelas crianças. A escola, ao acionar freqüentemente os pais na resolução dos problemas disciplinares vivenciados, não apenas cobra que eles garantam o tipo de controle exigido, mas, especialmente, os insere na lógica disciplinar que move os livros de ocorrência, tornando-os também alvo de vigilância, normalização, exame e infantilização.

Isso remete à amplitude do alcance da lógica disciplinar no contexto geral das relações sociais, tal qual Foucault detalhou no âmbito de seus estudos sobre a proliferação dos saberes e técnicas disciplinadores para o conjunto das sociedades modernas. Nessa perspectiva e voltando a atenção para as especificidades presentes nos livros de ocorrência, ainda que as crianças sejam os principais alvos de disciplinamento, todos os sujeitos envolvidos com a escola, em alguma medida, conforme cada situação e jogo de correlação de forças, estão inseridos em cenários de infantilização, em cenários criminosos e pecaminosos, em cenários de vigilância, exame e normalização, tornando-se permanentemente culpáveis e puníveis.

E se, por um lado, apresentei recorrentemente análises apontando para a significativa eficiência obtida através da utilização dos livros de ocorrência e da lógica que os orientam, por outro lado, enfoquei também o caráter conflitivo c frágil das relações disciplinares em questão, já que o ideal da interiorização plena dos dispositivos de controle em cada sujeito é freqüentemente frustrado, ameaçado, afirmado e negado, tendo em vista, por exemplo, a visibilidade e o incômodo causados por todos os que resistem em disciplinar-se.

Por fim, analisei a questão disciplinar a partir da ênfase pedagógica historicamente dada na direção da padronização dos comportamentos, em que a utilização da disciplina volta-se eminentemente para fins moralizantes, visando à obrigatoriedade e à universalidade de certos comportamentos estabelecidos como incondicionalmente necessários, na perspectiva apresentada no último capítulo deste livro em termos dos recorrentes propósitos pedagógicos de "humanizar" as novas gerações ou em termos de uma "Pedagogia da Completude", voltada para o rechaço de tudo o que negue seus ideais de plenitude, de harmonia ou de perfeição. Desse modo, os livros de ocorrência foram problematizados a partir de uma lógica disciplinar "moralista", vinculada à centralidade da obediência aos códigos, às autoridades, às instâncias de controle homogeneizadoras, aos hábitos invariáveis, à dimensão comportamental do disciplinamento, baseada em pressupostos que configuram um dever-ser incondicional.

Na direção de pensar a partir de uma "Pedagogia da Incompletude", tratar-se-ia de reconhecer a inerência dos conflitos nas relações sociais e pedagógicas, com todas as dificuldades e "vertigens" aí envolvidos, mas também com todas as possibilidades de aprendizado, de questionamento e de mudança. Isso significa, portanto, pressupor que os problemas disciplinares estarão sempre presentes, dado que, havendo relações de poder, haverá também, a qualquer momento, resistência a elas, uma constatação que não necessariamente desemboca em imobilismos.

Pelo contrário. Como procurei argumentar ao longo deste trabalho, se assumimos a perspectiva de que a disciplina e a indisciplina são cotidianamente produzidas pela escola, a partir das configurações específicas adquiridas pelas relações de poder e pelo tipo de lógica que, em cada contexto, institui a ambas, é possível desnaturalizá-las, retirá-las de uma dimensão de inevitabilidade, na direção de exercitarmos nossa capacidade de revê-las e de reinventá-las. É nesse sentido que nosso olhar sobre as crianças não necessariamente tem que ser o da vigilância, o da infantilização, o da normalização ou o do controle extensivo e pormenorizado. É nesse sentido que a disciplina pode também ser vista no plural, como um caminho para a aprendizagem que varia em função das especificidades do que se quer ensinar e enquanto o que dinamiza a capacidade crítica e criativa do alunado. E é nesse sentido também que a disciplina pode ser articulada ao enfoque dado por Foucault à questão ética, na perspectiva de uma espécie de "estética disciplinar", ambas entendidas no contexto da ênfase aos processos de autogoverno dos sujeitos no campo moral a partir de vinculações com o universo das artes de existência. Nessa perspectiva, os ordenamentos cotidianos da escola estariam mais voltados para as singularidades de cada criança, incentivando-a a manter relações ativas e criativas consigo mesma.

Quero terminar este livro remetendo-me novamente a certas especificidades relativas à atualidade do momento em que vivemos. Certamente, nem tudo o que acontece na escola pesquisada ou em outras escolas baseia-se em punições, moralismos, ameaças, na aplicação rígida das regras, em obediência ou resignação por parte das crianças. Nas escolas coexistem diferentes tipos de lógica disciplinar, podendo inclusive haver o uso de livros de ocorrência (ou correlatos) articulado a outro tipo de lógica diferente daquele aqui apontado. Nesse sentido, a lógica disciplinar que problematizo não circula apenas através do livro de ocorrência, nem inversamente é o livro isoladamente que traz consigo um determinado tipo de lógica. Tal lógica está inserida de alguma maneira nas tradições pedagógicas e escolares e, portanto, pode se manifestar de diferentes modos. Sendo assim, se as narrativas dos livros apontam para a constituição de uma espécie de crimes ou de pecados, de vigilância, normalização, etc, tudo isso circula no cotidiano escolar através dos livros, mas também para além deles.

Associados a essa pluralidade de possibilidades, vivemos nos chamados tempos pós-modernos, tempos em que as subjetividades são constituídas a partir de uma infinidade de frentes e em que é possível até considerar uma dimensão de certo refluxo da ênfase na normalização dos sujeitos, já que somos constantemente incentivados a sermos únicos, diferentes, originais, ainda que tais apelos estejam muitas vezes vinculados ao império do consumo. Certamente, as lógicas e estratégias disciplinares são inúmeras, sendo de máxima relevância dar seqüência às pesquisas voltadas sobre elas.

No entanto, como observei ao longo do trabalho, a chamada Pós-Modernidade nem atinge a todos com o mesmo alcance, nem representa uma ruptura radical com a Modernidade. E, nessa perspectiva, sempre que forem identificados parte ou o conjunto dos elementos caracterizados como constitutivos da lógica que anima estes livros de ocorrência, em escolas que os utilizam ou que não os utilizam, poderemos estar diante de tudo o que há de atual nas problematizações feitas por Foucault no âmbito das relações de poder de tipo disciplinar.

Há que continuar questionando, atentos para as especificidades existentes em cada temática de pesquisa e, particularmente, ao que interessa aqui, para a questão disciplinar. Acredito que a riqueza de elementos analíticos existentes nas narrativas dos livros de ocorrência, amplamente exemplificada ao longo deste livro, já é uma marca importante, que disponibiliza um fecundo material de reflexão, tanto para novas pesquisas vinculadas a outros referenciais analíticos, quanto para as de cunho foucaultiano.

Por outro lado, na medida em que fui pesquisando as narrativas dos livros de ocorrência, emergiram muitas questões relevantes no contexto de uma discussão sobre a disciplina escolar, tal como fui apontando ao longo do trabalho, a serem aprofundadas em estudos particularmente direcionados a elas. Por exemplo, problematizações voltadas para as possíveis especificidades do disciplinamento efetuado sobre meninos e sobre meninas; análises em torno de cada uma das temáticas delineadas na tipologia das situações e das conseqüências narradas (brigas, sexualidade, os problemas disciplinares na Educação Física, as faltas excessivas, as fugas ou gazeteamento de aulas, a presença de policiamento na escola etc.); a problemática das alianças estabelecidas entre a escola e os especialistas ou a rede de instituições voltadas ao atendimento da infância; pesquisas concentradas em torno dos vários parâmetros através dos quais o ordenamento cotidiano da escola é instituído (tempo, espaço, currículo, o belo e o feio etc.), em suas implicações disciplinares; as diversas formas e estratégias de moralização da ação escolar; ou, ainda, estudos que enfoquem a questão da resistência, seja por parte das crianças, das(os) docentes, dos pais ou de qualquer outro segmento envolvido com a escola, buscando escutá-los, problematizando o que pensam sobre suas atitudes, as das autoridades escolares ou sobre as normas disciplinares.

Concluo explicitando meu atual posicionamento a respeito do polêmico uso ou não de livros de ocorrência no cotidiano escolar. Enquanto estivermos vivendo em meio a uma cultura social e escolar que, a qualquer momento, pode nos colocar no "banco dos réus", penso que pode ser necessário usá-los, especialmente em algumas situações disciplinares mais graves nas quais seja prudente, sim, a escola proteger-se de possíveis processos de acusação. No entanto, parece-me que, nesse âmbito, tratar-se-ia de manter uma relação menos pedagógica e mais burocrática com esses registros, na direção de usá-los no contexto de outros tipos de lógicas disciplinares, mais favorecedoras das necessárias contribuições que a escola tem a dar para a democratização social. Nesse caso, caberia inventar outros nomes para designá-los, na direção de marcar um movimento de distanciamento com as tradições pedagógicas aqui apontadas. O que talvez seja o mais importante (e difícil) é justamente evitar que, junto com esses registros, circule toda a lógica delineada ao longo deste livro. A questão norteadora seria pensar constantemente em que medida as práticas disciplinares da escola estão viabilizando nossos cultivados compromissos em torno da formação crítica, criativa e autônoma das novas gerações.

Desse modo, as questões relacionadas à disciplina no cotidiano escolar estão entre as mais prementes, já que em torno destas concentra-se um dos maiores focos de angústia por parte do professorado ou dos que estão envolvidos com a difícil "arte de educar". Trata-se também de uma temática privilegiada de reflexão e intervenção, pois se articula indissociavelmente à totalidade das bases sobre as quais a escola se assenta, referindo-se às maneiras como ordena as relações a serem estabelecidas entre cada um dos sujeitos que dela faz parte e seu corpo, o tempo, o espaço, as atividades e os papéis que devem desempenhar, os valores a serem cultivados ou o tipo de vínculos a serem estabelecidos com os demais sujeitos aí presentes. Se pude realizar aproximações analíticas com este complexo leque de dinâmicas, isto passou pela generosa disponibilização dos livros de ocorrência de uma escola pública de Curitiba que, anonimamente, tornou acessíveis os dados a partir dos quais foi possível refletir sobre muitas questões que, certamente, estão para além das especificidades desta escola. Agradeço, mais uma vez, a esta escola e às pessoas com as quais ali entrei em contato.

Referências bibliográficas

ANTELO, E. De los procesos pedagógicos: La retracción de lo necesario en educación. In: ANTELO, E.; ABRAMOWSKI, A. L. *El renegar de la escuela*: desinterés, apatía, aburrimiento, violencia y indisciplina. Rosario: Homo Sapiens, 2000a. p. 135-171.

_____. La educación que hace falta: In-disciplina y violencia escolar. In: ANTELO, E.; ABRAMOWSKI, A. L. *El renegar de la escuela: desinterés, apatía, aburrimiento, violencia y indisciplina*. Rosario: Homo Sapiens, 2000b. p. 47-77.

ANTELO, E.; ABRAMOWSKI, A. L. Clases perfectas, chicos conocidos y relaciones peligrosas: ¿Como abandonar la pedagogía "Ingalls"?, o El chirriar de los poli-modales. In: ANTELO, E.; ABRAMOWSKI, A. L. *El renegar de la escuela*: desinterés, apatía, aburrimiento, violencia y indisciplina. Rosario: Homo Sapiens, 2000a, p. 79-93.

_____. *El renegar de la escuela*: desinterés, apatía, aburrimiento, violencia y indisciplina. Rosario: Homo Sapiens, 2000b.

AQUINO, J. G. A desordem na relação professor-aluno: indisciplina, moralidade e conhecimento. In: AQUINO, J. G. *Indisciplina na escola*: alternativas teóricas e práticas. São Paulo: Summus, 1996, p. 39-55.

BARBOSA, M. C.; XAVIER, M. L. Os primeiros estudos. In: XAVIER, M. L. (Org.). *Disciplina na escola*: enfrentamentos e reflexões. Porto Alegre: Mediação, 2002. p. 23-31.

BAUMAN, Z. *Modernidade e ambivalência*. Rio de Janeiro: Jorge Zahar, 1999.

BORGES, J. L. Labirinto. In: BORGES, J. L. *Obras completas*. São Paulo: Globo, 1999. v. 2.

BRASIL. Lei nº 8.069, de 13 de julho de 1990. Dispõe sobre o Estatuto da Criança e do Adolescente e dá outras providências.

BUARQUE, C. As cartas. In: BUARQUE, C. *Chico Buarque*. Barclay Discos, 1984.

BUJES, M. I. E. *Infância e maquinarias*. Tese (Doutorado em Educação) — Programa de Pós-Graduação em Educação da Faculdade de Educação, Universidade Federal do Rio Grande do Sul, Porto Alegre, 2001.

_____. *Infância e maquinarias*. Rio de Janeiro: DP&A, 2002.

CARVALHO, J. S. F. de. Os sentidos da (in)disciplina: regras e métodos como práticas sociais. In: AQUINO, J. G. *Indisciplina na escola*: alternativas teóricas e práticas. São Paulo: Summus, 1996. p. 129-138.

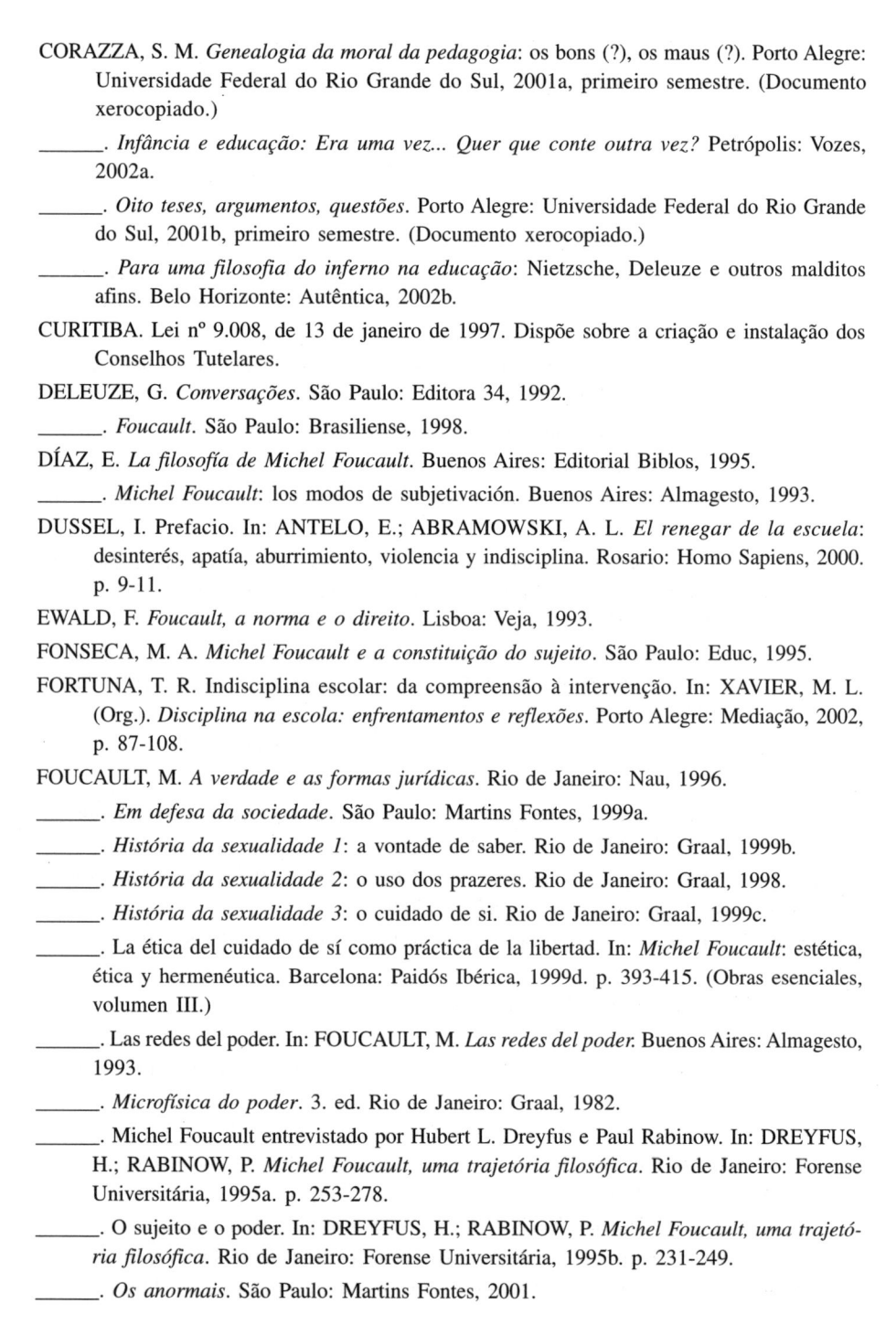

CORAZZA, S. M. *Genealogia da moral da pedagogia*: os bons (?), os maus (?). Porto Alegre: Universidade Federal do Rio Grande do Sul, 2001a, primeiro semestre. (Documento xerocopiado.)

_____. *Infância e educação: Era uma vez... Quer que conte outra vez?* Petrópolis: Vozes, 2002a.

_____. *Oito teses, argumentos, questões*. Porto Alegre: Universidade Federal do Rio Grande do Sul, 2001b, primeiro semestre. (Documento xerocopiado.)

_____. *Para uma filosofia do inferno na educação*: Nietzsche, Deleuze e outros malditos afins. Belo Horizonte: Autêntica, 2002b.

CURITIBA. Lei n° 9.008, de 13 de janeiro de 1997. Dispõe sobre a criação e instalação dos Conselhos Tutelares.

DELEUZE, G. *Conversações*. São Paulo: Editora 34, 1992.

_____. *Foucault*. São Paulo: Brasiliense, 1998.

DÍAZ, E. *La filosofía de Michel Foucault*. Buenos Aires: Editorial Biblos, 1995.

_____. *Michel Foucault*: los modos de subjetivación. Buenos Aires: Almagesto, 1993.

DUSSEL, I. Prefacio. In: ANTELO, E.; ABRAMOWSKI, A. L. *El renegar de la escuela*: desinterés, apatía, aburrimiento, violencia y indisciplina. Rosario: Homo Sapiens, 2000. p. 9-11.

EWALD, F. *Foucault, a norma e o direito*. Lisboa: Veja, 1993.

FONSECA, M. A. *Michel Foucault e a constituição do sujeito*. São Paulo: Educ, 1995.

FORTUNA, T. R. Indisciplina escolar: da compreensão à intervenção. In: XAVIER, M. L. (Org.). *Disciplina na escola: enfrentamentos e reflexões*. Porto Alegre: Mediação, 2002, p. 87-108.

FOUCAULT, M. *A verdade e as formas jurídicas*. Rio de Janeiro: Nau, 1996.

_____. *Em defesa da sociedade*. São Paulo: Martins Fontes, 1999a.

_____. *História da sexualidade 1*: a vontade de saber. Rio de Janeiro: Graal, 1999b.

_____. *História da sexualidade 2*: o uso dos prazeres. Rio de Janeiro: Graal, 1998.

_____. *História da sexualidade 3*: o cuidado de si. Rio de Janeiro: Graal, 1999c.

_____. La ética del cuidado de sí como práctica de la libertad. In: *Michel Foucault*: estética, ética y hermenéutica. Barcelona: Paidós Ibérica, 1999d. p. 393-415. (Obras esenciales, volumen III.)

_____. Las redes del poder. In: FOUCAULT, M. *Las redes del poder*. Buenos Aires: Almagesto, 1993.

_____. *Microfísica do poder*. 3. ed. Rio de Janeiro: Graal, 1982.

_____. Michel Foucault entrevistado por Hubert L. Dreyfus e Paul Rabinow. In: DREYFUS, H.; RABINOW, P. *Michel Foucault, uma trajetória filosófica*. Rio de Janeiro: Forense Universitária, 1995a. p. 253-278.

_____. O sujeito e o poder. In: DREYFUS, H.; RABINOW, P. *Michel Foucault, uma trajetória filosófica*. Rio de Janeiro: Forense Universitária, 1995b. p. 231-249.

_____. *Os anormais*. São Paulo: Martins Fontes, 2001.

FOUCAULT, M. Tecnologías del yo. In: FOUCAULT, M. *Tecnologías del yo y otros textos afines*. Barcelona: Paidós Ibérica, 1991. p. 45-94.

_____. *Vigiar e punir*. Petrópolis: Vozes, 1977.

FRANÇA, S. A. M. A indisciplina como matéria de trabalho ético e político. In: AQUINO, J. G. *Indisciplina na escola*: alternativas teóricas e práticas. São Paulo: Summus, 1996. p. 139-148.

FURLÁN, A. La cuestión de la disciplina: Los recovecos de la experiencia escolar. In: GVIRTZ, S. (Comp.). *Textos para repensar el día a día escolar*: Sobre cuerpos, vestuarios, espacios, lenguajes, ritos y modos de convivencia en nuestra escuela. Buenos Aires: Santillana, 2000. p. 17-58.

GALLO, S. Repensar a educação: Foucault. *Educação e Realidade. Dossiê Michel Foucault*. Porto Alegre, Universidade Federal do Rio Grande do Sul, v. 29, n. 1, p. 79-97, 2004.

GARIBAY, H. C. *Foucault y el poder*. México: Coyoacán, 1994.

GIL, J. *Monstros*. Lisboa: Quetzal, 1994.

GOIS, A. Crítica de Lula reacende debate sobre ciclos. *Folha de S.Paulo*. São Paulo, 12 abr. 2004.

GORE, J. Práticas negligenciadas: uma crítica foucaultiana de perspectivas pedagógicas tradicionais e radicais. In: *A paixão de aprender*. Secretaria Municipal de Educação de Porto Alegre. Porto Alegre, novembro, n. 8. p. 36-47, 1994.

GUIMARÃES, A. M. Indisciplina e violência: a ambigüidade dos conflitos na escola. In: AQUINO, J. G. *Indisciplina na escola*: alternativas teóricas e práticas. São Paulo: Summus, 1996. p. 73-82.

_____. *Vigilância, punição e depredação escolar*. Campinas: Papirus, 2003.

HALL, S. *A identidade cultural na pós-modernidade*. 6. ed. Rio de Janeiro: DP&A, 1999.

HARVEY, D. *Condição pós-moderna*: uma pesquisa sobre as origens da mudança cultural. São Paulo: Loyola, 2000.

HUYSSEN, A. Mapeando o pós-moderno. In: HOLLANDA, H. B. de. *Pós-modernismo e política*. Rio de Janeiro: Rocco, 1992. p. 15-80.

JAMESON, F. *Pós-modernismo*: a lógica cultural do capitalismo tardio. São Paulo: Ática, 1996.

KAFKA, F. *O processo*. São Paulo: Nova Época, 1963.

LAJONQUIÈRE, L. A criança, "sua" (in)disciplina e a psicanálise. In: AQUINO, J. G. *Indisciplina na escola*: alternativas teóricas e práticas. São Paulo: Summus, 1996. p. 25-37.

LARROSA, J. Dar a palavra: notas para uma dialógica da transmissão. In: LARROSA, J.; Skliar, C. *Habitantes de Babel*: políticas e poéticas da diferença. Belo Horizonte: Autêntica, 2001. p. 281-295.

_____. *Linguagens e educação depois de Babel*. Autêntica: Belo Horizonte, 2004.

_____. Literatura, experiencia y formación: Una entrevista. In: LARROSA, J. *La experiencia de la lectura, estudios sobre literatura y formación*. Barcelona: Laertes, 1998. p. 15-41.

SILVEIRA, R. M. H. Olha quem está falando agora! A escuta das vozes na educação. In: COSTA, M. V. (Org.). *Caminhos investigativos: novos olhares na pesquisa em educação*. Porto Alegre: Mediação, 1996. p. 61-84.

SKLIAR, C. B. *¿Y si el otro no estuviera ahí? Notas para una pedagogía (improbable) de la diferencia*. Buenos Aires: Miño y Dávila, 2002.

TOMAM posse os novos conselheiros. *Gazeta do Povo*. Curitiba, 16 jan. 2004.

VARELA, J.; ALVAREZ-URÍA, F. Prólogo. In: FOUCAULT, M. *Saber y verdad*. Madrid: La Piqueta, 1991. p. 7-29.

VEIGA-NETO, A. *A ordem das disciplinas*. Tese (Doutorado em Educação) — Programa de Pós-Graduação em Educação da Faculdade de Educação, Universidade Federal do Rio Grande do Sul, 1996.

_____. Correspondência trocada com Rosa Hessel Silveira em julho de 2004.

_____. Espaços, tempos e disciplinas: as crianças ainda devem ir à escola? In: ALVES-MAZZOTTI, A. J. et al. *Linguagens, espaços e tempos no ensinar e aprender*. Rio de Janeiro: DP&A, 2000. p. 9-20 (X Encontro Nacional de Didática e Prática de Ensino, 29 de maio a 1º de junho de 2000, Rio de Janeiro).

_____. Michel Foucault e educação: há algo de novo sob o sol? In: VEIGA-NETO, A. (Org.). *Crítica pós-estruturalista e educação*. Porto Alegre: Sulina, 1995. p. 9-56.

_____. Regulação social e disciplina. In: SCHMIDT, S. (Org.). *A educação em tempos de globalização*. Rio de Janeiro: DP&A, 2001. p. 45-48.

VELOSO, C. Vaca profana. In: VELOSO, C. *Totalmente demais ao vivo*. Polygram, 1986.

VEYNE, P. El último Foucault y su moral. *Anábasis*. Madrid, Gestión Editorial, ano III, n. 4, p. 49-58, 1er sem. 1996.

WEREBE, M. J. G. *30 anos depois*: grandezas e misérias do ensino no Brasil. São Paulo: Ática, 1993.

XAVIER, M. L. A disciplina escolar: origem do interesse pelo tema. In: XAVIER, M. L. (org.). *Disciplina na escola*: enfrentamentos e reflexões. Porto Alegre: Mediação, 2002, p. 11-22.

XAVIER, M. L. M.; Rodrigues, M. B. C. Organização escolar, planejamento pedagógico e disciplina. In: XAVIER, M. L. (Org.). *Disciplina na escola*: enfrentamentos e reflexões. Porto Alegre: Mediação, 2002. p. 33-36.

LARROSA, J. *Pedagogia profana*. Belo Horizonte: Autêntica, 1999.

_____. Tecnologias do eu e educação. In: SILVA, T. T. da (Org.). *O sujeito da educação*: estudos foucaultianos. Rio de Janeiro: Vozes, 1994. p. 35-86.

LARROSA, J.; LARA, N. P. de. Apresentação. In: LARROSA, J.; LARA, N. P. de (Orgs.). *Imagens do outro*. Rio de Janeiro: Vozes, 1998. p. 7-11.

LARROSA, J.; SKLIAR, C. A modo de apresentação. In: LARROSA, J.; SKLIAR, C. *Habitantes de Babel*: políticas e poéticas da diferença. Belo Horizonte: Autêntica, 2001. p. 7-30.

LA TAILLE, Y. de. A indisciplina e o sentimento de vergonha. In: AQUINO, J. G. *Indisciplina na escola*: alternativas teóricas e práticas. São Paulo: Summus, 1996. p. 9-23.

MAIA, A. C. A genealogia de Foucault e as formas fundamentais de poder/saber: o Inquérito e o Exame. In: BRANCO, G. C.; NEVES, L. F. B. *Michel Foucault*: da arqueologia à estética da existência. Londrina/Rio de Janeiro: Cefil/Nau, 1998. p. 103-145.

MANUAL do Devoto de Nossa Senhora Aparecida. Capítulo: Orações do Cristão. Aparecida do Norte: Editora Santuário, 1984.

MELO NETO, J. C. de. *A educação pela pedra e depois*. Rio de Janeiro: Nova Fronteira, 1997.

MILSTEIN, D.; MENDES, H. *La escuela en el cuerpo*: Estudios sobre el orden escolar y la construcción social de los alumnos en escuelas primarias. Madrid/Buenos Aires: Miño/Dávila, 1999.

MOREY, M. *Lectura de Foucault*. Madrid: Taurus Ediciones, 1983.

NARODOWSKI, M. *Infancia y poder*: La conformación de la pedagogía moderna. Buenos Aires: Aique, 1994.

ORTEGA, F. *Para uma política da amizade*: Arendt, Derrida, Foucault. Rio de Janeiro: Relume Dumará, 2000.

PORTOCARRERO, V. Instituição escolar e normalização em Foucault e Canguilhelm. *Educação e Realidade. Dossiê Michel Foucault*. Porto Alegre, Universidade Federal do Rio Grande do Sul, v. 29, n. 1, p. 169-185, 2004.

RATTO, A.L.S. Cenários criminosos e pecaminosos nos livros de ocorrência de uma escola pública. *Revista Brasileira de Educação*. São Paulo, n. 20. p. 95-106, 2002.

_____. *Livros de ocorrência*: disciplina, normalização e subjetivação. Tese (Doutorado em Educação) — Programa de Pós-Graduação em Educação da Faculdade de Educação, Universidade Federal do Rio Grande do Sul, 2004.

_____. Disciplina, infantilização e resistência dos pais: a lógica disciplinar dos livros de ocorrência. *Revista Educação e Sociedade*. Campinas, n. 97, p. 1259-1281, 2006.

SAVATER, F. *Ética para amador*. Barcelona: Ariel, 2002.

SAVIANI, D. *Escola e democracia*. São Paulo: Cortez, 1984.

SCHMID, W. *En busca de un nuevo arte de vivir*: la pregunta por el fundamento y la nueva fundamentación de la ética en Foucault. Valencia: Pre-Textos, 2002.

SILVEIRA, R. M. H. Correspondência trocada com Alfredo Veiga-Neto em julho de 2004.